本书为国家社科基金西部项目

"基于农村集体资产股权量化改革的农民收入增长机制研究"（17XJY015）的

最终研究成果

改革—产业—增收

REFORM-INDUSTRY-INCOME INCREASE

农民共同富裕的中国叙事

CHINESE NARRATIVE OF
FARMERS' COMMON PROSPERITY

李萍　胡雯　田世野　王军　韦锋 ◎ 著

社会科学文献出版社
SOCIAL SCIENCES ACADEMIC PRESS (CHINA)

序

　　美国著名学者罗伯特·E.派克（Robert Ezra Park）曾经说过："西方的问题出路在城市，东方——尤其是中国——问题的出路在农村。"①作为一个农业大国，中国的"三农"问题始终是关涉国家经济发展、社会稳定和民生福祉的基本问题，中国要富、农民必须富是党的二十大的重要关切，是实施乡村振兴战略、发展乡村产业、促进农民增收共富，从而实现全体人民共同富裕的中国式现代化发展最根本的问题。我们承担完成的国家社科基金项目"基于农村集体资产股权量化改革的农民收入增长机制研究"，力图构建一个改革话语优先，在"改革—产业—增收"暨"动力—过程—结果"双向度三元关系的深层逻辑上审思农民增收和共同富裕的中国叙事体系。

一

　　对现实的关怀，本身就是投射我们一贯恪守的"坐而论道不如起而行之"、理论与实践紧密结合基本原则的一种研究风范。近年来，在课题研究的过程中，笔者所在课题团队坚持走出自我苑囿的小圈子，走出书斋、走向"田野"、走近农民，用脚步丈量学问的深度，用农业农村改革与发展新的实践和广大农民群众关注的问题及问题解决的满意度来

---

　　① 转引自：孙平. 从派克到费孝通——谈费孝通忆派克对中国社会学、人类学的贡献 [J]. 开放时代，2005（4）：32 – 41。

检验检测经济学研究的新概念、新框架、新理论与分析工具的适用性，力求立足中国乡村大地，深耕时代沃土，以更具原创性和张力的理论分析框架及其结构来表达我们对乡村振兴、城乡融合发展战略背景下农村集体资产股权量化改革、产业发展、农民增收、共享共富的全新的观察、分析和判断，写出植根于中国土壤、有着中国特色以及体现中国农业农村改革、农村产业融合发展、农民和多元主体共享共富共生经济的规律性特征的理论与实践相结合的大文章。

从理论来看，作为课题负责人，在多年持续深耕城乡关系、收入分配理论、新型农村集体经济以及农村产业发展与农民增收等领域的基础上，我提出了总体框架和研究思路。遵循马克思主义唯物史观确立的宏观、系统、历史的制度分析方法，将农村集体资产股权量化改革下农民收入增长的"制度—收入"二元关系，拓展为"改革—产业—增收"暨"动力—过程—结果"双向度审视的三元关系，建立起一个可以深入展开研究的理论分析框架，以及树立起通往农民增收、共同富裕的一系列路标。

其中，"改革"作为重要的动力分为"始点改革"和"匹配改革"。我们不仅考察农村集体资产股权量化改革本身即始点改革，还须重点研究作为其后续过程的匹配改革何以促进农村产业发展、实现农民增收的内在逻辑，旨在刻画其中资产确权、股权量化（预期性收益）——产业发展（形成性收益）——结果共享（实现性收益）的逻辑理路。进一步地，要从作为始点改革的农村集体资产股权量化改革的"此岸"真正到达促进农民增收共享共富的"彼岸"，需要相关匹配改革协同实现：匹配改革Ⅰ的制度安排匹配始点改革，诱导形成推动产业发展、效率提高的制度结构及其协同作用，即"制度—产业"子机制；匹配改革Ⅱ的制度安排匹配始点改革，更重要的是适应产业发展结果的公平分配、确保农民增收共享共富的制度结构及其协同作用，即"制度—分配"子机制。始点改革、匹配改革Ⅰ和匹配改革Ⅱ的协调与配套，构成一个适宜的制度系统以打通从股权量化到农民增收的链条。以产业发展作为重要中介和基础,联结动力源和双重动力流,在"动力—过程—结果"的多元互动机制作用下,实现"改革—产业—增收"。

更具体地说,深入研究"匹配改革Ⅰ→产业发展"的"制度—产业"子机制,以及"匹配改革Ⅱ→共享发展"的"制度—分配"子机制两种意义融合的丰富内容。一方面,伴随着全力推进"资源基础型"农业向"科学基础型"农业的技术创新和转变,促进城乡间"内外结合""内外一体"意义的"三重融合",即城乡融合、三生融合、三产融合,实现农业生产方式和农村产业结构革命性重塑基础上农村生产力的新发展;另一方面,伴随着培育发展新型农村合作经济和集体经济、健全农村集体经济组织治理机制的微观组织重塑和制度环境创新,极大地提高农民个体行动的能力特别是农民集体行动的能力,促进"过程—结果"共享发展意义的"三个融合",即要素融合、主体融合、利益融合,实现集体、农民、企业各方完善利益联结机制以及农村生产关系进一步优化基础上的共建共享共富。

通过农村集体资产股权量化改革及其匹配改革推动集体经济组织从"身份集体"向"利益集体"转变,并将集体经济发展纳入农村产业融合发展全过程,从而有助于广大农民实现对农村产业融合发展的过程共享和结果共享。基于此,课题研究从理论上在农村集体资产股权量化改革、乡村产业振兴与农民增收和多方合作共富之间建立起一种深层的时代意义关联。

从实践来看,近五年来,我们团队辗转奔走于云贵川的山间田野:或穿行在秦巴山区山大沟深、交通不便的广元、巴中等地,跟踪调研广元市苍溪县兰池村农村集体资产股权量化改革与猕猴桃等特色经果种植业发展、农民收入变化;或行走在地处成都平原向川西北高原过渡地带,兼有山区、丘陵和平原三大地区和"七山一水二分田"地貌结构的大邑,调研新福村等村以种植专业合作社等组织形式发展现代粮油产业,以及国家数字乡村试验地数字技术作用下乡村产业振兴、农民得益增收的新情况新问题新特征;或造访调研贵州乌蒙崇山峻岭间的"资源变股权、资金变股金、农民变股民""三变"改革，以及以贾西村为代表的村社整合获得的财政涉农资源和普惠金融资源，依托"龙头企业＋股份专合社"的现代农业产业组织模式发展野生刺梨种植及深加工产业；或奔赴于横断山云岭的大理苍山调研资本下乡、鲜花果树种植、三次产业融合发展、农民增收、合作共享共富情况。

我们从中撷取了五个资源禀赋各异、市场化水平不同和产业发展各具特色的典型村庄进行案例分析，试图对"改革—产业—增收"及其细化拓展的理论分析框架进行价值检验和事实检验，为回答农村集体资产股权量化改革影响集体经济发展与农民增收等实证问题提供鲜活案例支撑。其一，剖析各地差异化农村集体资产股权量化改革进程的内生性及其原因；其二，挖掘实现"改革→产业"所需要的"匹配改革Ⅰ"，并阐明"始点改革"和"匹配改革Ⅰ"作用下的农村产业发展，是城乡融合、三生融合、三产融合协同促进的农村富民产业的发展，以及其中的作用机理；其三，探索实现"产业→增收"所需要的"匹配改革Ⅱ"，并在此基础上刻画农村集体经济组织演变的规律，即农村集体经济组织在产业化发展的不同阶段所具有的差异化有效实现形式；其四，揭示农村集体经济组织如何通过内嵌于要素融合、主体融合、利益融合的过程深度延展农村产业发展，最终实现"过程—结果"共享发展的内在机理。

需要指出的是，上述西部地区五个案例点村庄的资源禀赋以农地资源、生态资源和财政涉农资金转为集体资产为主，与东部地区村集体经济多以物业租赁和非农产业发展为主的产业发展模式不同的是，集体经济发展选择了以农业为基础的发展方向，并围绕农业进行产业链延伸和产业融合发展，体现出鲜明的西部区域特色。

二

源于学术自觉、学术创新的自我期许是成就高品质学术成果的前提。在课题研究过程中，围绕分析框架、研究进路，我们不时集中讨论，以激发深度思考、分享创见之维、淬炼思想之力，及时捕捉直觉判断与理性推理交流互动的思想片段，不断明晰完善课题研究的整体架构、核心思想和逻辑主线，致力于完成具有一定原创性贡献的研究成果。在课题研究期间，围绕研究主题，我们将课题研究的一些阶段性成果深化凝练为论文、学术专著、决策咨询报告等系列研究成果。

——陆续发表相关学术论文，主要发表于《马克思主义研究》《学术月刊》《中国人口·资源与环境》《教学与研究》《政治经济学评论》《社会科学研究》《四川大学学报》（哲学社会科学版）《财贸研究》《中国经济问题》《财经科学》《农村经济》，以及《光明日报》《四川日报》等报刊上（共计28篇）。其中，《财政支农资金转为农村集体资产股权量化改革、资源禀赋与农民增收——基于广元市572份农户问卷调查的实证研究》《新中国70年经济制度变迁：理论逻辑与实践探索》等4篇论文被人大复印报刊资料《体制改革》全文复印转载。《财政支农资金转为农村集体资产股权量化改革、资源禀赋与农民增收——基于广元市572份农户问卷调查的实证研究》除被人大复印报刊资料《体制改革》2018年第12期全文转载外，另于2018年7月被《中国农村学》全文转载荐读；《新中国70年经济制度变迁：理论逻辑与实践探索》在2019年第12期人大复印报刊资料《体制改革》转载的文章中位于首篇。

——先后撰写学术专著，包括《新中国经济制度变迁》《中国特色社会主义收入分配制度研究》《西部民族地区集体林权制度改革研究：制度困境与政策选择》《中国耕地质量保护与提升问题研究——一个政治经济学的分析框架》等5本。

上述系列研究成果得到了学界与政府部门的认可。《新中国经济制度变迁》《中国特色社会主义收入分配制度研究》等获教育部第八届高等学校科学研究优秀成果奖（人文社会科学）二等奖、四川省第十八次哲学社会科学优秀成果奖一等奖、四川省第十九次哲学社会科学优秀成果奖一等奖等3项；7份相关决策咨询报告被政府部门采纳（3份被四川省委书记等省市领导批示）。其中，胡雯等于2020年3月完成的决策咨询报告《疫情影响下贫困地区返乡农民工滞留困境及对策建议》为《四川省委办公厅信息专报》第80期采用，并报中办；李萍、王军等发表的《财政支农资金转为农村集体资产股权量化改革、资源禀赋与农民增收——基于广元市572份农户问卷调查的实证研究》一文以及在此基础上形成的《广元财政支农资金股权量化改革发展机制研究报告》分别被成都市发改委、广元市委市政府采纳，后者获广元市时任市委书记和市长的肯定性签批，并对后期政策推进产生了显著的影响。

三

本书是一项集体合作而成、汇聚了集体智慧的研究成果，具体承担研究和撰写工作的成员分别是：序，李萍；第一章，田世野；第二章，李萍、田世野；第三章，胡雯、冯梦黎；第四章，胡雯；第五章，付华；第六章，王军；第七章，韦峰；第八章，胡雯。此外，朱杰也参加了课题调研和第八章初稿的撰写。最终，由我逐章多轮反复修改提炼，审定成稿。王军在课题研究过程中始终如一，尽心负责课题组成员间、课题组与调研单位间等各方面的联络、协调与落实事务。借此机会，向课题组成员以及为课题组田野调查提供机会、为课题研究顺利完成给予帮助的各单位相关负责人表示真诚的谢意！

"却顾所来径，苍苍横翠微。"在课题研究的几年里，我们对农村集体资产股权量化改革、乡村产业发展、新型农村集体经济发展、城乡融合发展、多元经济主体共享与农民增收共富不断探索，力求实现理论与实践相结合、过去与现实及未来相衔接、纵向与横向相联系，在一定程度上对框架、观点、方法、结论做出新的探索和研究。饶是如此，我们对新时代全面推进社会主义现代化进程中农业农村农民的现代化发展及其过程的理解仍远远不够，至少还处于一个"我们知道我们知道的不够"的阶段。也许这正是开始新的研究方向的标靶。

李　萍　谨　识
二零二三癸卯年季夏于光华园

目　录

第一章　导论 ………………………………………………… 1

一　问题：审视与聚焦 ……………………………………… 1

（一）马克思主义经典理论中的集体所有制与合作制 ……… 2

（二）列宁和苏联社会主义建设时期的集体所有制与合作制

……………………………………………………………… 3

（三）中国农村集体所有制和合作制的形成与嬗变 ……… 5

二　视域：框架与逻辑 ……………………………………… 7

（一）"改革—产业—增收"的三元关系：基于马克思的

"生产—分配"理论与产权思想 ……………………… 8

（二）"农民增收"的再审视：基于马克思的共享发展观

……………………………………………………………… 9

（三）共享共富的实现路径：多样性下的共生、融合发展

…………………………………………………………… 10

三　方法论：本质与灵魂 ………………………………… 12

（一）继承中坚持：马克思的方法 ……………………… 13

（二）适应中调整：时代变迁、话语转型与视界转换 …… 15

（三）创新中发展：中国实践与理论创新 ……………… 18

第二章　相关理论基础与基本分析框架 ………………… 21

一　相关理论基础 ………………………………………… 21

（一）马克思的生产与分配关系理论 …………………… 22

（二）产权理论 ·············· 24

（三）制度变迁理论 ·············· 26

（四）农业现代化理论 ·············· 27

二 基本分析框架："改革—产业—增收" ·············· 30

（一）"改革—产业—增收"的分析框架与改革的二分法

·············· 31

（二）"匹配改革Ⅰ→产业发展"的基本逻辑 ·········· 33

（三）"匹配改革Ⅱ→共享发展"的基本逻辑 ·········· 38

第三章 农村集体经济嬗变与农民收入：历史、现实与逻辑

·············· 42

一 农村集体经济的嬗变与农民收入：历史脉络 ······ 44

（一）"一大二公"的传统农村集体所有制经济时期的农民

收入（1949～1978年） ·············· 45

（二）承包制改革下农村集体所有制经济"统分结合"

时期的农民收入（1978～2001年） ·········· 51

二 农村集体资产股权量化改革：筑基农民收入增长 ······ 66

（一）农村集体资产股权量化改革：农村集体经济发展壮大的

基础性建构 ·············· 67

（二）发展壮大集体经济与促进农民增收：改革的目标方向

·············· 73

三 农村集体经济嬗变与农民收入：逻辑阐释 ······ 75

第四章 农村集体资产股权量化改革与农村产业振兴：

"内外双向度"与"三重融合" ·············· 85

一 城乡融合发展下的农村产业振兴：外在向度改革视角 ····· 87

（一）从"对立"到"融合"：空间正义逻辑下的城乡关系

重塑 ·············· 87

（二）城乡融合的核心表达：基于要素、产业、空间三维

融合 ·············· 91

（三）农村集体资产股权量化改革与农村产业振兴：制度
耦合与生产促进 ………………………………… 101

二　"三生融合""三产融合"与农村产业振兴：内在向度
改革视角 …………………………………………… 105
（一）"三生融合"：乡村价值的再发现与价值实现 ……… 106
（二）"三产融合"：超越传统农业功能范畴的新型农村
产业结构塑造 …………………………………… 110
（三）农村集体资产股权量化改革与农村产业振兴：制度
调适与生产促进 ………………………………… 113

三　城乡融合发展单元：演绎"三重融合"的成都实践 …… 117
（一）城乡融合发展单元的缘起与基本内涵特征 ……… 117
（二）成都城乡融合发展单元的路径创新探索："三重
融合"的实践蓝本 ……………………………… 121

第五章　农村集体资产股权量化改革、"三个融合"与农民
增收长效机制 …………………………………… 127
一　农村集体资产股权量化改革基础上的分配制度变革
与农民增收 ………………………………………… 128
（一）分配基础："统""分"结合基础上的双向增强 …… 128
（二）分配原则：两种分配原则的协调与发展 ………… 131
（三）分配机制：市场化水平的进一步提高 ………… 133
（四）分配形式：农民收入总量增长与结构优化 ……… 134
（五）农村集体资产股权量化改革、产业发展、农民增收
与乡村振兴 ……………………………………… 136
二　改革、"过程—结果"共享发展背景下的"三个融合"
与农民增收长效机制 ……………………………… 137
（一）产业发展中的要素融合：拓展要素交流和配置空间
……………………………………………… 138
（二）产业发展中的主体融合：农村集体资产的多元赋权
……………………………………………… 144

（三）产业发展中的利益融合：构建紧密型利益联结机制
………………………………………………………… 149

第六章　农村集体资产股权量化改革、产业发展与农民增收：
　　　　基于农户和县域视角的实证 ……………… 158

一　分析框架：双重效应及其重心 ………………… 158

二　改革影响农民增收的模型构建与指标选取 ……… 160

　　（一）模型构建 ……………………………… 160

　　（二）指标选取及数据说明 ………………… 161

三　农村集体资产股权量化改革、产业发展与农民增收：农户
　　微观层面的实证 ………………………………… 163

　　（一）农村集体资产股权量化改革与农民增收：直接效应
………………………………………………………… 163

　　（二）农村集体资产股权量化改革与农民增收：产业发展的
　　　　间接效应 ………………………………… 168

四　农村集体资产股权量化改革、产业发展与农民增收：县域
　　层面的实证 ……………………………………… 171

　　（一）农村集体资产股权量化改革对农民增收的直接影响
………………………………………………………… 171

　　（二）农村集体资产股权量化改革对农民增收的影响：产业
　　　　发展的内在作用机制 ……………………… 172

五　"改革—产业—增收"实践中面临的现实梗阻 ……… 173

　　（一）"改革—产业"阶段面临的现实梗阻 ……… 174

　　（二）"产业—增收"阶段面临的现实梗阻 ……… 175

六　实证分析小结 …………………………………… 177

第七章　农村集体资产股权量化改革与农民增收：
　　　　案例分析 ……………………………… 179

一　理解农村集体资产股权量化改革与农民增收：一个细化的
　　分析框架 ………………………………………… 179

二　西部农村集体资产股权量化改革与集体经济发展：典型案例
　　分析 ·· 187
　　　（一）五大案例选择依据 ······················· 187
　　　（二）成都平原地区典型案例分析：郫都区战旗村 ······· 188
　　　（三）成都平坝地区典型案例分析：大邑县蔡场镇新福村
　　　　　　 ·· 191
　　　（四）川东北盆地周山地区典型案例分析：苍溪县兰池村
　　　　　　 ·· 196
　　　（五）川西北生态功能区典型案例分析：平武县民主村
　　　　　　 ·· 200
　　　（六）贵州西部乌蒙山区典型案例分析：盘州市贾西村
　　　　　　 ·· 206

三　主要结论与政策建议 ······························· 211

第八章　结论与政策意蕴 ·································· 214
一　改革继起性的协同系统：促进农村产业技术、组织、制度三维
　　创新及实现产业发展和增收共富的理论与政策意蕴 ······· 215
　　　（一）理论意蕴：产权改革的逻辑 ··············· 215
　　　（二）政策与实践意蕴 ························· 218
二　改革并存性的互促机制：农村集体经济组织"成员本位"
　　转向"股权本位"及其治理与成长的理论与政策意蕴 ······· 222
　　　（一）理论意蕴：综合配套改革的逻辑 ··············· 222
　　　（二）政策与实践意蕴 ························· 224
三　改革开放性的关联制约：农业农村内外双重循环及其现代化
　　转型的理论与政策意蕴 ······························· 228
　　　（一）理论意蕴：双重方法论的逻辑 ··············· 228
　　　（二）政策与实践意蕴 ························· 229

第一章 导论

一 问题：审视与聚焦

农村集体资产股权量化改革是近年来深化农村产权制度改革的重要举措，旨在探索市场经济环境下农村集体所有制的新的实现形式，突破农业农村发展和农民致富面临的要素困境和治理难题。深刻理解和把握这一重要改革的本质特征和发展趋向，不仅要立足当下，还应着眼于更广大的历史视野，基于现代化转型的大历史观。

对于一个农业大国而言，如何动员占人口大多数的农民，支持革命或经济发展，是现代化过程中的一个普遍问题。马克思主义经典理论对农村集体所有制与合作制的探讨基本是基于革命话语的，聚焦农民在无产阶级革命中的作用、如何争取农民的支持。社会主义革命胜利后，农村集体所有制的作用转变为动员农民支持经济建设，特别是社会主义国家工业化。在现代化进程中，农民的这种"工具性"定位伴随着现代化的转型而进入"惠利性"乃至"平等性"发展的历史性转向阶段，这是一个或早或晚的规律性趋向。经过长期发展，中国已基本渡过现代化转型的积累阶段，可以也必须致力于实现农民农村的共同富裕，构建新型工农城乡关系。农村集体资产股权量化改革正是在这一历史背景下进行的。我们认为，只有置于这样的大历史观下，才能深刻把握当前农村集体资产股权量化改革的本质特征，辨明其历史方位，把握其历史脉搏，从而才能始终保持正确的改革和发展方向。

（一）马克思主义经典理论中的集体所有制与合作制

马克思和恩格斯一贯认为，小农生产是落后的，不可避免地要被资本主义生产方式消灭。[①] 他们所描绘的小农普遍破产、农业资本主义化的场景在 19 世纪的英国得到充分体现，但在当时的法国、德国、俄国等欧洲大陆国家并不明显，这些国家中的小农经济仍占优势地位。马克思根据农业发展的不同情况，对各国的土地所有制改革提出了两种设想：一种是对于英国这样资本主义农业充分发展的地方，实行土地国有；另一种是对于法国这样资本主义农业没有充分发展、小农生产仍占优势地位的国家，应当采取集体所有制，而不是国有或农民个体所有。[②] 恩格斯的观点是："我们预见到小农必然灭亡，但是我们无论如何不要以自己的干预去加速其灭亡。"[③] 小农的愿望是永久保留自己的小块土地：既不被资产阶级吞并，也不被无产阶级革命所打碎。恩格斯认为："接近农民的正确方法"[④] 并不是向小农承诺永久维持小农户的个体生产和小土地所有制，而是通过合作制的方式将农民组织起来，以避免分散的小农户被资本所排挤。[⑤]

恩格斯所谈的合作制与马克思所谈的集体所有制有着明显的区

---

① 早在 1848 年的《共产党宣言》中，马克思和恩格斯就明确提出，那种资产阶级财产出现以前的小资产阶级的、小农的财产，"用不着我们去消灭，工业的发展已经把它消灭了，而且每天都在消灭它"。参见：马克思恩格斯选集（第 1 卷）[M].北京：人民出版社，2012：414。

② 黄道霞.集体所有制与合作制——对马列主义经典作家有关论述的考证 [J].经济研究，1984（1）：40-46.

③ 马克思恩格斯选集（第 4 卷）[M].北京：人民出版社，2012：370.

④ 马克思恩格斯选集（第 4 卷）[M].北京：人民出版社，2012：368.

⑤ 恩格斯在《法德农民问题》中详细地阐述了这一观点："这里主要的是使农民理解，我们要挽救和保全他们的房产和田产，只有把它们变成合作社的占有和合作社的生产才能做到。正是以个人占有为条件的个体经济，使农民走向灭亡。如果他们要坚持自己的个体经济，那么他们就必然要丧失房屋和家园，大规模的资本主义经济将排挤掉他们陈旧的生产方式。情况就是如此。"参见：马克思恩格斯选集（第 4 卷）[M].北京：人民出版社，2012：371。

别①，因为合作制并没有像集体所有制那样废除农民所有权，而是在农民所有权的基础上通过合作占有，逐渐地改造小农生产，实现向全民所有制的过渡。但是，在他们的论述中，合作制与集体所有制并不是截然对立的，而应理解为前后相继的、过程与目标的关系：合作制是一种农民个体所有制向集体所有制转变的过渡形式，是对马克思所设想的"促进土地的私有制向集体所有制过渡，让农民自己通过经济的道路来实现这种过渡"②，同时又不废除农民所有权的具体实现形式。

马克思和恩格斯关于集体所有制、合作制的论述，以及他们的农民政策主张一方面是基于对农业生产方式变革趋向的科学探讨，揭示了小农生产的落后性及其被资本主义生产方式所淘汰的历史必然性，另一方面有着明显的革命目的，即工人阶级如何通过土地制度争取占人口大多数的小农的支持。1871年巴黎公社失败后，马克思认识到，在那些小农生产占优势的国家，土地所有权是一个大问题，"工人阶级的未来将取决于这个问题的解决"③。在《巴枯宁〈国家制度和无政府状态〉一书摘要》中，他明确提出，在这些国家必须改善农民的状况，"把他们吸引到革命中来"④。这种革命话语是我们理解马克思和恩格斯阐述的集体所有制与合作制的内涵的关键要点。如前所述，恩格斯对合作制的阐述同样基于这一考虑。

（二）列宁和苏联社会主义建设时期的集体所有制与合作制

十月革命后，在苏联社会主义早期实践中列宁主张实现土地国有、共耕制，后提出合作制。列宁曾认为合作制是"国家资本主义的一个变种"，称之为"合作制资本主义"⑤，但后来修正了这一说法，认为合作

① 黄道霞. 集体所有制与合作制——对马列主义经典作家有关论述的考证［J］. 经济研究，1984（1）：40-46.
② 马克思恩格斯选集（第3卷）［M］. 北京：人民出版社，2012：338.
③ 马克思恩格斯选集（第3卷）［M］. 北京：人民出版社，2012：175.
④ 马克思恩格斯选集（第3卷）［M］. 北京：人民出版社，2012：338.
⑤ 列宁. 列宁选集（第4卷）［M］. 北京：人民出版社，2012：507.

制是社会主义性质的。列宁所说的合作制，强调的是交换、消费环节的联合，而共耕制等集体制则是生产环节的联合。① 斯大林在 1928 年底到 1933 年期间，从合作制迅速转向集体化，选择发展集体农庄，并在集体化后期明令取消了供销、信贷等合作组织形式。

从背后的逻辑来看，列宁和苏联社会主义建设时期的集体所有制与合作制不再是马克思和恩格斯当初围绕的中心——服务于无产阶级革命的需要、体现的是革命的逻辑，而是为了新生的社会主义国家的工业化、体现的是鲜明的发展逻辑。由于苏联的社会主义制度是建立在农业国的基础上，面对当时严峻的内外部环境，苏联迫切地要求实现工业化，特别是加快重工业的发展。斯大林推动合作社向集体农庄转变，目的仍然是动员农民，不过不是革命，而是建设——实现社会主义国家工业化。从列宁时期的合作制转向斯大林时期的集体化，农民的自主权被进一步限制，国家对农民的控制力显著增强。在这样的组织基础上，苏联得以通过工农业产品价格剪刀差，提取农业剩余，大大加快了国家工业化的进程。② 在这一体制下，国家与农民的直接利益是冲突的，农民为国家的工业化建设做出了极大的牺牲。

恩格斯曾经指出，为了争取农民的支持，应当"慷慨地对待农民"③，在未来逐渐实现农民与其他社会成员的平等化。④ 但是，从实践来看，在苏联所走的社会主义国家工业化道路上，农民仍然是被剥夺而非扶持的对象。笔者认为，除去主观上的政策偏误，在现代化转型中农民的"工具性"定位具有一定的客观性，因为农业农村农民是现代化

---

① 黄道霞. 集体所有制与合作制——对马列主义经典作家有关论述的考证 [J]. 经济研究，1984（1）：40 – 46.

② 一般认为，苏联社会主义工业化的基本实现时间是在 1937 年完成第二个五年计划之际。因为此时的苏联工业产值已经位居欧洲第一、世界第二，仅次于美国。

③ 马克思恩格斯选集（第 4 卷）[M]. 北京：人民出版社，2012：372.

④ 同时，恩格斯提出："至于怎样具体地在每一个特殊场合下实现这一点，那将取决于这一场合的情况，以及我们夺得政权时的情况。可能我们那时将有能力给这些合作社提供更多的便利"。参见：马克思恩格斯选集（第 4 卷）[M]. 北京：人民出版社，2012：371。

的起点，新生的工业、城市都只能通过剥夺农民获取发展资源①。因此，我们看到，各国在现代化初期普遍经历了剥夺农民、支持工业发展的阶段，只有到了工业化、城市化中后期，才逐渐实现"工业反哺农业，城市支持农村"，从而进入补偿、惠利农民的新阶段。

（三）中国农村集体所有制和合作制的形成与嬗变

在新民主主义革命时期，中国共产党领导的革命根据地内的合作社的主要任务是扶持群众生产、争取农民支持、支援革命战争。② 革命胜利后，我国开始推进重工业优先发展的社会主义国家工业化，对个体农民进行社会主义改造。20世纪50年代，按照互助组、初级合作社、高级合作社到人民公社的行进路径，在较短的时间内完成了对个体农民的社会主义改造，建立起"三级所有，队为基础"的人民公社体制。一般合作社中的初级农业生产合作社及其之前的互助组被视为合作经济，而高级农业生产合作社和人民公社则被认定为集体经济。在此之后的20年间，我国基本只提集体经济，不提合作经济，独立的农民个体经济以及建立在此基础上的合作经济已经被集体经济取代。

但是，人民公社体制并不适应我国当时的生产力发展水平，严重阻碍了农业农村的发展，同时导致工农、城乡的巨大差距。党的十一届三中全会后，我国开始进行以家庭联产承包责任制为主要内容的农业农村改革，重新恢复了农民作为独立的农业经营主体的地位。"交够国家的，留足集体的，剩下都是自己的"重构了国家、集体和农民之间的分配关系，在一定意义上与农民自主生产经营相关的个人利益得到尊重和体现。在这一背景下，我国开始重新使用合作经济的提法。在改革过程中，农业市场化、专业化程度越来越高，在客观上形成了发展合作经济的条件。20世纪90年代以来，我国各地开始自发形成各种农

---

① 当然，工业化先行国家，除了剥夺本国农民，还可以通过海外殖民掠夺来获得积累。
② 薛暮桥. 薛暮桥文集（第三卷）[M].北京：中国金融出版社，2011：235.

民合作组织①，以应对市场经济条件下"小农户与大市场对接"的难题，打开农产品销路、提高农产品价格。这是农民基于自身利益而进行的自发的组织和制度创新，与之前农业集体化这样基于国家发展战略而进行的制度和组织建构根本不同。虽然合作社的规范性问题颇受质疑②，但2006年《农民专业合作社法》颁布后，我国农民专业合作社在市场化、专业化基础上开展合作化的必要性得到广泛认可，在规范性发展上也获得了新的契机，产生了极大的政策推动效应。

另外，家庭联产承包责任制改革后，集体的土地、资产基本都被分到户，出现集体"空壳化"现象，集体经济的发展遇到了极大的困难。虽然80年代到90年代中期，由于乡镇企业的异军突起，我国农村集体经济曾经有过一段时间的蓬勃发展。但在90年代后期，因为外部环境变化以及集体经济内部的低效率，农村集体经济普遍遇到经营困难，此后普遍开展的私有化改制使得集体所有的乡镇企业基本退出了中国的历史舞台。但是，我国一直没有放弃探索农村集体所有制在市场经济环境下的实现形式，股份合作制的新型农村集体经济就是当前许多地方积极推进，并得到中央充分肯定的一种新的探索。③ 这种新型农村集体经济具有一些不同于传统农村集体经济的发展新规律，主要体现在三个方面：一是市场性更强，遵循市场导向，同时保留一定的社区性；二是借助混合型产权制度，实现了各种经济成分的"混生发展"④，有效解决了激励问题，实现了物质资本和人力资本的有机结合；三是弱化传统的

---

① 相关研究参见：杜吟棠，潘劲. 我国新型农民合作社的雏形——京郊专业合作组织案例调查及理论探讨［J］.管理世界，2000（1）：161-168+216；苑鹏.中国农村市场化进程中的农民合作组织研究［J］.中国社会科学，2001（6）：63-73+205-206。

② 相关研究参见：潘劲. 中国农民专业合作社：数据背后的解读［J］.中国农村观察，2011（6）：2-11；邓衡山，王文烂. 合作社的本质规定与现实检视——中国到底有没有真正的农民合作社？［J］.中国农村经济，2014（7）：15-26+38。

③ 中共中央、国务院于2016年12月26日颁发了《关于稳步推进农村集体产权制度改革的意见》，提出用5年时间完成农村经营性资产股份合作制改革。习近平总书记在2018年9月21日举行的第十九届中共中央政治局第八次集体学习时强调要"发展新型集体经济"。

④ 李萍等. 新中国经济制度变迁［M］.成都：西南财经大学出版社，2019：358.

生存保障职能，强化发展职能，充分发挥集体经济在治理相对贫困、促进共享发展方面的积极作用。[①]

农村集体资产股权量化改革是发展股份合作制的新型农村集体经济的制度基础。这一改革本质上是农村集体所有制的实现形式的创新，而不是私有化，这主要体现在三个方面：第一，农民获得的集体权益主要体现为收益权、参与权和决策权，并没有转让权（卖断）；第二，从集体财产的实际占有方式来看，股权量化后的集体资产仍然是集体占有，而不是农民个体占有；第三，建立在集体资产股权量化改革基础上的新型农村集体经济代表着集体的共同利益，集体在很大程度上也仍然是国家在农村的治理载体和依托，是保证党对"三农"工作领导的组织基础。[②] 这一改革一方面明确了农民的财产权利，有利于更好地保障农民的知情权、参与权和决策权，另一方面有利于各种形式的要素流动和优化配置。

二　视域：框架与逻辑

本书基于马克思的"生产—分配"理论和"产权现实性"思想，从农村集体资产股权量化改革本身，向实际的经济过程、农村产业发展乃至收益分配等延伸，搭建了一个宽视角的制度分析框架："改革—产业—增收"。基于马克思的共享发展观，我们提出了农民的两种收入增长类型——职能性收入增长和非职能性收入增长。以此为基础，对农村集体资产股权量化改革对农民增收的影响机制的分析就不是一般性的总量分析，而是一种更复杂的结构分析，其意义在于揭示改革对增进"发展过程共享"和"发展结果共享"的不同效应。我们的研究表明，实

[①] 田世野，李萍. 新型农村集体经济发展的新规律：一个三维分析框架 [J]. 社会科学研究，2021（3）：51 - 58.

[②] 李萍，田世野. 新发展阶段加强党对"三农"工作领导的政治经济学分析 [J]. 财贸研究，2021，32（2）：43 - 52.

现农村共享共富的路径是多样性下的共生、融合发展。

（一）"改革—产业—增收"的三元关系：基于马克思的"生产—分配"理论与产权思想

本书对农村集体资产股权量化改革对农民增收的影响机制的研究是广视角的，并不局限于农村集体资产股权量化改革本身，而是延伸到实际的产业发展、收益分配、农民增收等一系列制度运行中的实际问题。这种宽视角的制度研究建立在两个马克思主义政治经济学基本原理的基础上。

一是马克思的"生产—分配"理论。按照马克思的观点，生产决定分配，分配反作用于生产，生产与分配是不可分割的有机整体。基于这一原理，本书分析农村集体资产股权量化改革对农民增收的影响没有局限于直接的分配层面，而是延伸到改革对农村产业发展以及相应的收入分配结构的影响。因而，如何通过农村集体资产股权量化改革以及旨在促进农村产业持续发展和收益公平分配的匹配改革，保障农民收入的增加，成为本书研究的核心组成部分。

二是马克思关于"产权实现"或"产权现实性"的思想，侧重从产权的经济内容而非法律形式角度研究产权[①]。基于这种经济内容的考虑，马克思特别强调作为财产的生产资料的实际占有方式，即生产方式，认为只有在生产中得到了有效使用，这种财产制度才是现实的。马克思的这一产权思想对于本书所研究的农村集体资产股权量化改革的重大意义在于：第一，不仅要研究法律对农村集体资产的权利界定，还要实际考察农村集体资产在生产过程中的占有方式，这就必然要考虑农村产业结构和技术—经济范式；第二，农村集体资产股权量化改革虽然增强了对农民个体的赋权，但这种赋权要转变为实际的收入增长，而非仅仅是名义上的法定权利，因此必须深入生产环节，考察现代农业的发

---

① 李萍，田世野. 论马克思产权思想与我国农村产权改革的深化 [J].马克思主义研究，2020（6）：61 - 71 + 155 - 156.

展，深入分析各种农业经营组织形式，如集体经济、合作经济、农户经济和资本下乡等。

基于马克思的这两个基本原理，本书基于所构建的"改革—产业—增收"分析框架，探讨从作为始点改革的农村集体资产股权量化改革的"此岸"真正到达促进农民增收共享共富的"彼岸"的实践路径。具体而言，这一路径包括与农村集体资产股权量化这一始点改革相应的两个方面的匹配改革。匹配改革Ⅰ：诱导形成推动产业发展、效率提高的制度结构及其协同作用，即"制度—产业"子机制；以期推动"资源基础型"农业向"科学基础型"农业转变，促进农业产业发展，为农民稳产增收提供有力支撑。匹配改革Ⅱ：适应产业发展结果的公平分配、确保农民增收共享共富的制度结构及其协同作用，即"制度—分配"子机制。农村集体资产股权量化改革、匹配改革Ⅰ和匹配改革Ⅱ的协同作用，构成一个制度系统，打通从股权量化到农民增收的链条。由此，将农村集体资产股权量化改革下农民收入增长的"制度—收入"二元关系，拓展为"改革—产业—增收"三元关系。在这一拓展的三元关系中，资产确权（预期性收益）—产业发展（形成性收益）—结果共享（实现性收益），在"动力—过程—结果"的多元互动机制作用下，实现"改革—产业—增收"。

（二）"农民增收"的再审视：基于马克思的共享发展观

本书对农民增收的分析遵循了马克思的共享发展观：在农村改革和发展中实现共享发展，不仅要实现发展结果的共享，促进农民收入的增长，还必须实现发展过程的共享，即增强发展的包容性、普惠性，让普通农民拥有参与经济发展、在发展过程中提升自身能力的经济机会。[①] 基于马克思的这种共享发展观，本书特别区分了两种农民收

---

① 这种对共享发展内涵的二元理解——包括发展过程的共享和发展结果的共享，参见：田学斌. 共享发展的逻辑机理和实现路径 [J]. 中国党政干部论坛，2017（9）：33 - 40。

入：一种是基于农民实际参与农村产业发展过程、履行生产或流通职能而获得的收入，将之称为"职能性收入"，包括经营性收入和工资性收入；另一种是那些并非因为实际参与农村产业发展、直接履行某种经济职能而获得的农民收入，称之为"非职能性收入"，包括财产性收入和转移性收入。① 基于此，农村集体资产股权量化改革对农民增收的促进就可以分为两种：一种是职能性收入的增加，另一种是非职能性收入的增加。

这种增收效应的结构性分析区别于一般的总量分析的意义在于，揭示改革对于促进共享发展、共同富裕的不同效应：职能性收入的增加，表示农民更加深度地参与到农村产业融合发展之中，发展过程的共享性得到增强；如果农民职能性收入的增加不显著，非职能性收入增加更为显著，则表示农民并没有深度参与到农村产业融合发展过程之中，共享发展的增进主要局限于发展结果的共享。通过这种结构性分析，我们就能发现农村集体资产股权量化改革对农民收入增长和共享发展的更深层次的影响。我们认为，全面的共享发展应当是既促进了发展结果的共享，又促进了发展过程的共享。

（三）共享共富的实现路径：多样性下的共生、融合发展

概言之，我们认为，实现农业农村共享共富的有效路径是多样性下的共生、融合发展。埃德蒙·费尔普斯说："现代经济依靠社会的多样性实现繁荣"②。中国古人讲（《国语·郑语》）："夫和实生物，同则不继。以他平他谓之和，故能丰长而物归之。"这就是说，只有在多样性的基础上，世间万物才能繁荣发展。马克思在《资本论》第一卷中曾从分工的角度深刻论证了，环境的多样性对分工、社会生产力以及人自

---

① 这里借鉴了马克思将在生产和流通中发挥职能的产业资本、商业资本合称为"职能资本"的思路。

② 埃德蒙·费尔普斯. 大繁荣：大众创新如何带来国家繁荣 [M]. 余江，译. 北京：中信出版社，2013：41.

身发展的重要促进作用。①

有效率的组织和制度应当是多样化的。首先，人是多样化的，对不同的人形成有效激励，"让一切创造财富的源泉充分涌流"，就需要不同制度的适应性有机组合。其次，在市场经济环境下，利益格局高度分化，为了兼顾、协调多元化的利益结构，充分调动各类主体的积极性，需要多样化的组织和制度。再次，在社会主义初级阶段，各个行业、部门、地区的社会生产力发展水平不同，同样要求不同的生产关系和制度形式。最后，经济社会的健康发展存在多样性的要求，既有微观效率要求——微观组织的经营效率、个人的激励约束、创新活力等，也有宏观效率要求，如粮食安全、社会稳定、公平、平等、环境保护等。特别是，为了实现共享共富，必须兼顾效率与公平。基于此，社会的健康持续发展既需要主要体现微观效率要求的组织和制度，也需要一些主要体现宏观效率要求的组织和制度，由此就需要形成多元化而不是单一化的组织和制度。

更具体地，对于多样性下的共生、融合发展路径，本书提出了乡村和城市"内外结合""内外一体"的"三重融合"（即城乡融合、三生融合、三产融合），以及"过程—结果"共享发展视角下的"三个融合"（即要素融合、主体融合、利益融合），实践中两种意义上的融合相互渗透、相互交织，后一种意义的融合更为现实、更为具体。其中，所谓要素融合，就是要将城市的资金、技术与农村的土地、劳动力等要素有机结合，盘活农村的资源要素，突破农业农村发展面临人、地、钱外流的要素困境。所谓主体融合，就是要充分发挥农村集体、农民、合作社、企业等各类经济主体的优势，发挥协同效应，取长补短，合作共赢。在主体融合中，特别重要的是要将小农户包含在内，不能排挤小农户；而要带动广大小农户融入现代农业，实现增收致富，必须充分发挥

① 马克思指出："资本的祖国不是草木繁茂的热带，而是温带。不是土壤的绝对肥力，而是它的差异性和它的自然产品的多样性，形成社会分工的自然基础，并且通过人所处的自然环境的变化，促使他们自己的需要、能力、劳动资料和劳动方式趋于多样化。"参见：马克思恩格斯选集（第 2 卷）[M]．北京：人民出版社，2012：240。

集体、合作社、企业等各类组织的作用，弥补小农户的不足。主体融合的关键在于利益融合，要实现各方的利益兼容，就应构建长效的利益联结机制。在利益融合中，最重要的是要实现农民与企业的利益融合。在我国"三农"问题的相关研究中，"资本下乡"一直是一个极富争议性的问题。从乡村振兴、农民致富的现实要求来看，应当对资本的作用持一种辩证的观点，既不是完全排斥、禁止资本下乡，也不是完全放任自流，而是要为资本设置"红绿灯"，积极引导，防止资本野蛮生长①。如果政策环境是理想的，合理引进企业，也可以成为乡村经济社会发展的有效途径，在农村创造包容性、普惠性的经济机会，"给更多人创造致富机会，形成人人参与的发展环境"②。

三 方法论：本质与灵魂

本书坚持唯物辩证法的基本方法，同时结合时代和实践进行创新。在继承中坚持，主要是坚持马克思主义的立场、范式和基本原理，为相关分析提供一个科学的理论框架。这种坚持主要是框架性的，对于时代的新变化，对于中国农村集体资产股权量化改革中的具体问题，要对马克思主义政治经济学的侧重点和一些具体观点进行适应性调整，从革命话语转向发展话语、从侧重社会基本制度变迁的超长期分析转向针对特定历史条件下具体问题的具体分析（视界转换）。为了进行这种适应性调整，需要对马克思主义政治经济学在创新中发展，不断开创马克思主义政治经济学的新境界。这种创新，首先是基于中国特色社会主义实践的创新——在本书中主要是中国农村改革和发展实践，特别是农村集体经济的改革和发展实践，有分析地借鉴和吸收西方产权理论等其他经济

---

① 2021 年的中央经济工作会议明确提出："要正确认识和把握资本的特性和行为规律""要为资本设置'红绿灯'，依法加强对资本的有效监管，防止资本野蛮生长"。

② 《在高质量发展中促进共同富裕 统筹做好重大金融风险防范化解工作》，人民网，ht-tp://jhsjk.people.cn/article/32197470，2021 年 8 月 18 日。

学理论中的有益成分，服务于中国改革和发展实践的需要。

（一）继承中坚持：马克思的方法①

本书的研究遵循了马克思的方法。马克思创立的唯物史观实际上确立了一种宏观、系统、历史的制度分析方法。这种分析范式的集中表述是生产与分配相结合、生产力与生产关系相结合、经济基础与上层建筑相结合，将农村产权制度改革及其对农民增收的影响机制嵌入社会生产力和整体制度背景之中，如马克思在《哥达纲领批判》中所说的："权利决不能超出社会的经济结构以及由经济结构制约的社会的文化的发展"②。

具体而言，马克思的宏观、系统、历史的分析方法的基本内涵如下。（1）宏观性：本书并没有局限于农村集体资产股权量化改革这一改革措施本身的内容，也没有局限于农业农村农民本身，而是着眼于我国工业化、城镇化、信息化和农业现代化的整个宏观环境。这种宏观分析主要体现在我国城乡、工农等整体的结构性关系对农村集体资产股权量化改革及其配套措施的影响上。（2）系统性：本书从经济、社会、政治、文化、生态的有机整体来看农村集体资产股权量化改革，而不是仅仅从经济效率来看。农村集体资产股权量化改革涉及面极广，不是一个单纯的经济问题，而是经济、社会、政治、文化、生态交织在一起的复合问题，必须从系统的角度着眼。不仅考察农村集体资产股权量化改革本身，还向外延伸到它与农村产业发展、农民增收的内在逻辑。沿着这一思路，借助"始点改革"和"匹配改革"，乃至"匹配改革Ⅰ→产业发展""匹配改革Ⅱ→共享发展"，通过"三重融合""三个融合"两种意义的融合，在农村集体资产股权量化改革、乡村产业振兴与农民增收和多方

---

① 本书的整个研究遵循了马克思的方法与基本原理。由于第二节中已经详细阐述了本书所运用的马克思主义政治经济学的基本原理——"生产—分配"理论、"产权现实性"思想与马克思的共享发展观，这里主要讨论本书对马克思的研究方法的遵循，对原理的运用不再赘述。

② 马克思恩格斯选集（第3卷）[M]. 北京：人民出版社，2012：364.

合作共富之间建立起一种深层的时代意义关联。（3）历史性：农村集体资产股权量化改革不是一成不变的，应当随着我国发展阶段的转变而调整，特别是对于成员资格认定是否对"新农民"开放、量化后的集体股份是否能对外流动的问题，本书提供了一种阶段性的动态分析方法。

农村始终是与城市联系在一起的，我国"三农"问题的解决归根结底离不开城市。对于农村集体资产股权量化改革以及相应的新型农村集体经济的发展，都要嵌入中国城市化进程这个宏观环境之中，进行历史的分析。核心的问题是中国城市化的路径从"不稳定的城市化"转向"稳定的城市化"。长期以来，我国城市化的一个基本特点是"不稳定的城市化"，进城农民只是在城市工作，但不能在城市安家，仍然要依托农村完成劳动力再生产①，一旦在城市难以谋生，农民就可以返回农村。农村集体资产股权量化改革中，成员资格认定以出生地和血缘姻亲关系为主要标准，量化给农民的股份一般不能对外流通，根源都在于此。然而，城市化是一个不可逆的历史进程，终究要从"不稳定的城市化"转变为"稳定的城市化"，城市终究要具备为选择进城工作、生活的农村居民提供就业、住房、教育、医疗、养老服务的能力，保障二代农民工的"城市权利"。② 中国式现代化顺利实现，这是关键的考验。我国农村改革的底层逻辑就是这一问题，进一步增强农村集体资产的开放性、流动性都要建立在这一发展基础上。③

另外，在城市化过程中，作为主体的农民也会改变④，包括非农就业技能、对城市的熟悉、对乡土的情感都在变化，农民逐渐地回归到一

---

① 贺雪峰. 农业的前途与农村的发展 [J]. 读书, 2008 (10): 39 – 45.

② 纪竞垚, 刘守英. 代际革命与农民的城市权利 [J]. 学术月刊, 2019, 51 (7): 43 – 55.

③ 田世野, 李萍. 新型农村集体经济发展的新规律: 一个三维分析框架 [J]. 社会科学研究, 2021 (3): 51 – 58.

④ 正如马克思在《政治经济学批判 (1857 ~ 1858 年手稿)》中指出的: "在再生产的行为本身中，不但客观条件改变着，例如乡村变为城市，荒野变为开垦地等等，而且生产者也改变着，他炼出新的品质，通过生产而发展和改造着自身，造成新的力量和新的观念，造成新的交往方式，新的需要和新的语言。"参见: 马克思恩格斯选集 (第2卷) [M]. 北京: 人民出版社, 2012: 747。

种一般的职业而非身份。这些主体方面的变化将使农村逐渐从封闭、半封闭的"熟人社会"转变为开放性社区，集体成员资格的开放性和资产流动性随之增强。①

农业、农村、农民终究是要实现现代化的。在现代化转型的历史进程中，我们必须保持改革发展的活力与定力，紧握时代脉搏进行适应性调整。

（二）适应中调整：时代变迁、话语转型与视界转换

自从 1867 年《资本论》第一卷出版以来，我们所处的这个世界已经经历了沧海桑田的变化。马克思和恩格斯所处的 19 世纪是一个世界格局剧烈变化、充满革命与战争的年代，而今天的时代主题是和平与发展。实现马克思主义的中国化、时代化，保证理论的生命之树常青，必须实现从革命话语向发展话语的转型。② 虽然马克思一贯强调生产力的首要性，但并没有专门地系统研究经济发展方式、发展战略问题。在经典马克思主义政治经济学中，社会化大生产是在资本主义生产方式下发展起来的。社会主义被视为社会生产力高度发达（达到资本主义外壳不能容纳的程度）的产物，而不是作为社会生产力发展的一种实现方式、道路。然而，在社会主义的实践中，社会主义在很大程度上也体现为一种发展方式、发展道路，而不仅仅是价值追求。③ 我们要在发展话语下，对马克思主义政治经济学的基本框架、原理进行新的阐释和理解，实现从革命话语到发展话语的转型。

对于马克思主义政治经济学的这种话语转型来说，有两种基本情

---

① 田世野，李萍．发展视域下中国农村土地产权制度的变迁——基于两种产权理论的比较［J］．学术月刊，2021，53（12）：74－84．

② 相关研究参见：中共中央党校马克思主义理论教研部．马克思主义中国化与话语体系转换——从"革命"到"建设"的话语体系转换［N］．学习时报，2014－07－14．

③ 在社会主义过渡时期总路线"一化三改造"中，实现社会主义工业化就是主体、是目标，而对农业、手工业、资本主义工商业的社会主义改造是实现这一目标的手段。

况。一种情况是，要进一步挖掘马克思和恩格斯的一些重要论述对于经济发展的重要意义。马克思和恩格斯对于工业化、城市化、农业农村现代化等重要的发展命题有许多精辟分析，特别是关于经济发展道路的思想，对于今天我们研究经济发展仍然具有重大的现实意义。在他们看来，资本主义也能实现生产力的发展，但这种发展方式充满了利益的对立和冲突，工人、农民在这个过程中利益严重受损，导致社会的紧张与撕裂。另一种情况是基于发展话语，对马克思主义经典作家针对具体问题的具体分析进行新的阐释。对于农业农村农民问题来说，特别重要的是小农户在经济发展中的地位问题。在革命话语下，农民一般被视为阻碍革命的消极力量。① 但是，在发展话语下，农民拥有土地从而避免沦为彻底的无产者，正是化解现代化过程中的社会转型压力的有效途径。农业农村农民是现代化进程中经济持续稳定发展的"压舱石"，起着社会稳定器的作用，而这正是建立在农民拥有土地和稳固的农业家庭经营基础上，这一点已成为国内"三农"问题研究者的基本共识。②

通过从"革命话语"到"发展话语"的转型，基于马克思主义的立场、观点和方法，完全能够得出相同的观点。马克思对关于经济发展的资本主义道路和社会主义道路的理论的逻辑推论是：理想的现代化道路应当跨越资本主义的"卡夫丁峡谷"③，走社会主义现代化道路。而在"三农"领域，社会主义现代化道路的核心内涵就是：发展农村集体经济，稳定农业家庭经营，避免小农户被资本排挤，促进小农户与现代农业有机衔接。本书所研究的农村集体资产股权量化改革对农民增收的促

---

① 马克思在《论土地国有化》中对传统的农民有这样一段评语："除了他活动的那块小天地，他对社会运动一无所知；他一直痴情地迷恋着他那一小块土地，迷恋着他的纯粹名义上的占有权。于是法国农民就陷入同产业工人阶级相对立的极可悲的境地。"参见：马克思恩格斯选集（第3卷）[M]．北京：人民出版社，2012：177。
② 早在改革开放初期，邓小平就清楚地认识到农民对于中国现代化大局稳定的战略意义："中国有百分之八十的人口在农村。中国社会是不是安定，中国经济能不能发展，首先要看农村能不能发展，农民生活是不是好起来。"参见：邓小平．邓小平文选（第3卷）[M]．北京：人民出版社，1994：77-78。
③ 马克思恩格斯选集（第3卷）[M]．北京：人民出版社，2012：837.

进效应下，最重要的是建立在股权量化基础上的新型农村集体经济应当增强小农户在现代农业中的生存和发展能力，提高其职能性收入，以巩固、提升农业家庭经营。

与话语转型紧密相关的是视界转换。一旦进行话语转型，关注的问题就不同了，研究的视界也必然不同。从革命的话语来看，关键是要揭示资本主义的内在矛盾，为社会主义革命提供理论依据，这种研究的视界必然是长期或超长期的，侧重于揭示一般的趋势性规律；经济发展是一个动态过程，具有不可逾越的发展阶段，如果将研究的侧重点转向经济发展，那就不能不从偏重于长期、一般的趋势性分析转向特定历史条件下的具体问题的具体分析。①对马克思的很多理论的理解，关键在于辨明这是一般性、趋势性的问题还是特定历史时期的具体问题。对于具体的发展问题，在从一般性的长期趋势来看的前提下，还要更加重视中短期视界下的具体问题分析，紧握时代的脉搏，适时地调整。

在农业领域，马克思的一些具体观点，也需要进行这种话语转型和视界转换。最典型的例子就是关于小农命运的所谓"列宁—恰亚诺夫"争论②：列宁延续马克思的传统，认为家庭农场终将被资本主义农场所替代；而恰亚诺夫（Chayanov）则强调小农经济能以"农民生产方式"抵御资本主义的渗透，强调小农经济自身的运行逻辑，因此认为小农家庭经济不会被资本主义改造。③首先应当明确，马克思所说的"农业资

---

① 列宁把"对具体情况作具体分析"视为"马克思主义的精髓，马克思主义的活的灵魂"。马克思本人也在 1842 年 8 月致达贝尔特·奥本海姆的信中指出："正确的理论必须结合具体情况并根据现存条件加以阐明和发挥。"

② 类似的例子还有马克思的土地国有化思想。马克思提出的土地国有化主张建立在严格的基础之上，并不是一般性的和超历史的。他说："社会的经济发展，人口的增长和集中，迫使资本主义农场主在农业中采用集体的和有组织的劳动以及利用机器和其他发明的种种情况，将使土地国有化越来越成为一种'社会必然'，这是关于所有权的任何言论都阻挡不了的。"［参见：马克思恩格斯选集（第 3 卷）［M］.北京：人民出版社，2012：175 – 176.］实际上，马克思的土地国有化思想的理论逻辑与其资本社会化思想是大致相同的。

③ 陈义媛.资本主义式家庭农场的兴起与农业经营主体分化的再思考——以水稻生产为例［J］.开放时代，2013（4）：137 – 156.

本化",并不是预言,而是一套有着严格前提的逻辑。这一前提是:农业生产将如工业生产一样标准化、可控化①,在这种技术基础上,"农业越来越变成仅仅是一个工业部门,完全由资本支配"②。农业生产技术的标准化、可控化——如工业生产一样,是农业生产发展的长期趋势③,但从当前以至于今后相当长时期来看,大部分农业生产活动仍然远未达到如工业生产那样可以精密控制和调节,因此家庭经营还具有资本主义生产不具备的优势,具有存在的合理性与必要性。因此,恰亚诺夫的观点对当前农业经济政策的制定仍有重大的现实意义。④ 从当前和今后相当长的时期来看,小农经济仍有存在的空间和必要,小农生产与社会化大生产之间存在的一些不适应、不协调之处,可以通过发展农业社会化服务、提高农民组织化程度等方式加以弥补和缓解,以继续发挥它在激励生产和维持社会稳定等方面的积极作用。

(三) 创新中发展:中国实践与理论创新

不断开创马克思主义中国化、时代化的新境界,不能满足于对马克思主义经典理论的解读,还必须与时俱进地推进理论创新,以解释当代的新现象、新问题。马克思和恩格斯所处的时代尚没有社会主义的实践,因此他们对社会主义的探讨只能是一般性的,不可能详细讨论社会主义实践中的具体问题。今天,社会主义早已从理论走向实践,特别是中国特色社会主义大大推进了社会主义的发展。实践创新是理论创新的源头活水。中国特色社会主义实践创造了极为丰富的中国经验、中国故

---

① 马克思认为:"农业将不过成为一种物质变换的科学的应用,这种物质变换能加以最有利的调节以造福于整个社会体。"参见:马克思恩格斯选集(第2卷)[M].北京:人民出版社,2012:783。
② 马克思恩格斯选集(第2卷)[M].北京:人民出版社,2012:707.
③ 当前农业生产技术的发展已经表现出了这一特点和趋向。借助于现代信息技术、生物技术,在很多工厂化农业、智慧农业中,农作物的品种培育、生长过程都已经得到了科学的、精细的调节,人们能够主动地调节农作物的光热条件、培育条件、营养成分、生长进程等,以符合人类的需要。
④ 但是,恰亚诺夫认为小农具有超历史的稳定性的观点是违背唯物史观的,从理论的一般性上讲是错误的。

事，为马克思主义政治经济学的创新发展奠定了坚实的实践基础。

本书的研究贯彻了马克思主义政治经济学在创新中发展的精神，特别是针对农村集体所有制与合作制的思想。解决"三农"问题、促进农业农村发展和农民致富，面临两大基本困境。一是要素困境，在城市化、工业化背景下，人、地、钱等资源要素不断流出农业农村，农村经济社会空心化，集体经济空壳化。二是治理困境，农村集体经济在农村经济社会的发展中扮演着不可缺少的角色，但农村集体所有制本身面临一个内在的治理难题，那就是这种公有产权难以为代理人提供有效的激励约束机制。这不仅导致集体经济缺乏效率，还容易滋生内部人控制问题，导致背离集体经济的性质。建立在集体资产股权量化改革基础上的新型农村集体经济为突破这两大困境提供了办法：第一，推进集体资产使用权开放的改革，实现由封闭的村组成员向社会群体的开放可以更好地利用、动员外部资金和农民自有资金，突破要素困境；第二，借助公私兼容的混合型产权制度，新型农村集体经济进一步增强了市场性，更好地解决了集体经济长期存在的社企不分问题，有利于突破农村集体经济在治理上的困境。①

这种实践创新具有重大的理论创新意义。在马克思和恩格斯关于集体所有制和合作制的论述中，这两种经济形式的理论内涵是清晰的：集体所有制集体占有生产资料，具有不可分性；而合作制是以个人占有生产资料为基础的，具有可分性。但是，在当前股份合作制的新型农村集体经济的实践创新中，集体经济与合作经济实际上是融合在一起的，兼有合作经济与集体经济的某些重要特征：一方面，新型农村集体经济仍然以集体所有制为基础，是集体所有制的实现形式；另一方面，新型农村集体经济在股份合作制的框架内，以股份为纽带，与农户、企业等各种经济形式融合发展，并且集体资产本身进行了股权量化，从而具有可分性，这使得新型农村集体经济又具有合作制的典型特点。可以说，这

---

① 田世野，李萍．新型农村集体经济发展的新规律：一个三维分析框架 [J].社会科学研究，2021（3）：51－58.

创造了一种新的经济形式——纯粹的集体所有制和合作制之外的第三种形式。但是，当前学界还没有充分对这种新的经济形式进行相应的理论概括。

长期以来，我国农村集体经济没有建立起有效的激励约束机制，缺乏内生活力，农村集体所有制实现形式的创新在很大程度上是为了解决治理问题。但是，毋庸讳言，治理问题在经典的马克思主义政治经济学中缺乏系统阐释，这使得我们容易忽视治理问题在运行层面的重要性。因此，我们认为，可以有分析、有选择性地将西方产权理论中的相关有益成分纳入马克思产权分析范式的框架①，如西方产权理论从交易视角对运行层面的产权问题进行的技术性分析，对农村集体产权改革就有一定的借鉴意义，因为集体产权同样存在治理问题②。有鉴于此，本书在坚持以马克思主义政治经济学为指导的基础上，秉持开放、多元的理论视角，在一定意义上借鉴、汲取了西方产权理论、发展经济学等现代经济学研究成果的有益成分③，用以分析中国农村改革和发展中的具体问题。

---

① 正如林岗、张宇所指出的，在克服了根本性的错误之后，"产权经济学的某些分析方法和具体结论是可以整合进马克思主义经济学的框架、为经济改革的实践服务的"。参见：林岗，张宇. 产权分析的两种范式 [J]. 中国社会科学，2000（1）：134 – 145 + 207。

② 但是，这种借鉴应当谨慎地限制在运行层面，而不能用于指导我国农村土地产权改革的根本方向。相关研究参见：田世野，李萍. 发展视域下中国农村土地产权制度的变迁——基于两种产权理论的比较 [J]. 学术月刊，2021，53（12）：74 – 84。

③ 方福前认为，在中国特色社会主义政治经济学的建设中要对西方经济学进行"剔除术""整形术"和"移植术"，而绝不能照搬照抄。参见：方福前. 论建设中国特色社会主义政治经济学为何和如何借用西方经济学 [J]. 经济研究，2019，54（5）：16 – 29。

第二章　相关理论基础与基本分析框架

本书以马克思主义政治经济学相关理论为指导，系统分析我国农村集体资产股权量化改革及其对农民收入的影响机制。遵循嵌入性、系统性、融合性的研究路向与方法，体现生产与分配相结合、生产力与生产关系相结合、经济基础与上层建筑相结合，将农村产权制度改革嵌入社会生产力和整体制度背景。坚持系统的改革观，不仅考察农村集体资产股权量化改革本身，还向外延伸到它与农村产业发展、农民增收的内在逻辑，构建了一个"改革—产业—增收"的理论分析框架。具体而言，就是将作为始点改革的农村集体资产股权量化与相关配套改革相结合，包括"匹配改革Ⅰ→产业发展""匹配改革Ⅱ→共享发展"，通过乡村产业振兴和现代化发展的"三重融合"（三产融合、三生融合、城乡融合）与多方合作共富的"三个融合"（要素融合、主体融合、利益融合），构建从农村集体资产股权量化改革到农民增收的实现路径。

一　相关理论基础

本书研究的落脚点在于农民收入增长，这本身是一个分配问题，按照马克思的生产与分配关系原理，对这一分配问题的研究必须深入现代农业发展的生产过程之中。作为一项产权制度改革研究，本书以马克思主义产权理论为基础，同时有选择地借鉴了西方产权理论中关于交易成本、治理机制的有益成分。在分析农村集体资产股权量化改革这一制度变迁过程时，我们遵循了马克思的内生性制度变迁理论，同时在分析制度变迁方式时适当借鉴了新制度经济学中的强制性制度变迁与诱致性制度变迁理论。此外，农村集体资产股权量化改革必须适应现代农业的发展要求，因此本书在马克思的农业现代化理论基础上，根据研究的需要借鉴了舒尔茨、速水佑次郎、祖田修和今村奈良臣等学者的相关理论。

（一）马克思的生产与分配关系理论

在经济思想史上，亚当·斯密之前的重商主义将经济学的研究重点放在流通领域，亚当·斯密在经济学上的一个革命性的突破是将研究重点从流通转移到生产；而后，作为英国古典经济学集大成者的李嘉图又将经济研究的重点从生产转移到分配[①]。马克思在批判性地吸收和借鉴英法古典政治经济学的过程中，科学地阐释了社会再生产的生产、流通、分配和消费四个环节及其相互关系。其中，就生产与分配的关系而言，马克思肯定了生产的第一性和决定性作用，强调生产决定分配，同时肯定了分配对生产具有重要的反作用。

马克思在《〈政治经济学批判〉导言》中深刻指出："分配关系和分配方式只是表现为生产要素的背面……分配的结构完全取决于生产的结构。"[②] 随着生产方式的改变，生产资料的分配改变了，产品的分配也就改变了。例如，机器大工业的出现使得手工生产者使用的手工工具和手工技能被高效率的现代机器所替代，手工业者失去了自己的生产资料和独立劳动者的地位，成为雇佣工人，于是产品的分配方式也就发生了根本改变。马克思认为，生产的科学化将加重劳动对资本的依附性，

[①] 但是，李嘉图对分配的分析又以生产为目的，"所以，马克思说，李嘉图并没有割裂分配和生产，他仍然是一个生产经济学家"。参见陈岱孙. 从古典经济学派到马克思：若干主要学说发展论略 [M] 北京：商务印书馆，2014：25。

[②] 马克思恩格斯选集（第 2 卷）[M]. 北京：人民出版社，2012：695.

确立资本雇用劳动的生产关系，使得资本主义生产方式取代个体小生产。对于农业而言，马克思认为，农业的科学化是资本主义农业发展的前提条件，"只有大工业才用机器为资本主义农业提供了牢固的基础"①。

马克思和恩格斯在强调生产、经济基础的同时，也非常重视上层建筑的作用。例如，在马克思的理论中，资本具有两重性——一重是对生产力发展的历史的促进作用，另一重是其利益对立和剥削的特殊形式，对资本进行扬弃，要求无产阶级从资产阶级手中夺取国家政权，在继承资本主义的社会化大生产的同时，抛弃其利益对立和剥削的特殊形式。恩格斯晚年在给朋友的书信中，对唯物史观做了更深入、更完整的思考和新的阐发。其中，在坚持经济力量决定性作用的基础上，强调了重视政治、法律、哲学、宗教、文学、艺术等上层建筑对经济的反作用及其与经济力量之间相互作用②的"历史发展的合力论"。恩格斯指出："历史是这样创造的：最终的结果总是从许多单个的意志的相互冲突中产生出来的，而其中每一个意志，又是由于许多特殊的生活条件，才成为它所成为的那样。这样就有无数互相交错的力量，有无数个力的平行四边形，由此就产生出一个合力，即历史结果，而这个结果又可以看做一个作为整体的、不自觉地和不自主地起着作用的力量的产物。"③ 因此，我们要全面、正确地理解马克思的生产决定分配、生产力与生产关系和经济基础与上层建筑关系的原理，在强调生产对分配的决定性影响的同时，重视上层建筑（国家、法律、政策）的反作用和能动作用。

马克思不仅强调生产对分配的决定性作用，也重视分配对生产的反作用，承认和重视制度的能动作用。马克思关于分配对生产反作用的思想，可以从整体视角和个体视角两个方面进行阐发。从整体视角来看，马克思指出，资本主义私有制导致财富分配两极分化，必定导致周期

---

① 马克思恩格斯选集（第2卷）[M]. 北京：人民出版社，2012：295.
② 马克思恩格斯文集（第10卷）[M]. 北京：人民出版社，2009：591.
③ 马克思恩格斯文集（第10卷）[M]. 北京：人民出版社，2009：592.

性生产过剩，严重时引发经济危机。这是马克思所阐述的资本主义基本矛盾的一个基本表现形式。从个体视角来看，分配方式、分配结果会影响劳动者的劳动积极性，从而影响生产力的发展。马克思在他的工资理论中具体讨论了计时工资和计件工资不同的利益分配方式对劳动者的激励效果。① 按照现代激励理论的术语，马克思这里所阐述的原理，就是计件工资这种强激励机制有利于实现代理人与委托人之间的利益兼容②。

（二）产权理论

马克思主义产权理论的深层意蕴和核心旨向集中体现在历史唯物主义基本方法上，从生产出发，坚持"生产力第一性"，将产权决定的经济基础、上层建筑作用于生产力发展置于统一的分析框架之中，进行内生性分析；其本质、精髓突出地体现为坚持对产权制度的利益分配关系及其影响的分析，进言之，服务于劳动者利益增进的阶级性、公平性的价值取向。基于此，我们认为，以马克思主义产权理论为基础，同时适当借鉴西方产权理论的有益成分，更有利于我国农村集体资产股权量化改革下农民增收机制的建构和研究。

马克思主义产权理论的一个重要内容是所有制与所有权的关系，强调经济范畴的所有制对法权范畴的所有权的决定性作用，其背后是历史唯物主义基本方法。马克思对产权的研究是从生产着眼的，作为经济基础的生产方式对产权起着决定性作用，生产资料的分配和占有结构要受

---

① 马克思指出："实行了计件工资，很自然，工人的个人利益就会使他尽可能紧张地发挥自己的劳动力，而这使资本家容易提高劳动强度的正常程度。"参见：马克思恩格斯选集（第2卷）[M].北京：人民出版社，2012：249。

② 马克思对"激励"问题的独到见解在于深入生产资料资本主义私有制及由此决定的劳资利益分配的本质层面。在马克思看来，在劳资对立的资本主义制度下，所有的激励机制都不过是对资本更有利的剥削方式，"计件工资是克扣工资和进行资本主义欺诈的最丰富的源泉"。参见：马克思恩格斯选集（第2卷）[M].北京：人民出版社，2012：248。

生产方式的影响。① 马克思主义产权理论强调从产权的物质内容，即经济利益着眼，探究产权的现实性。② 此外，马克思主义产权理论重视利益分配，注重研究不同产权制度对利益分配的影响。这意味着，对产权问题的研究不能只看效率，还要注重公平。

农村集体资产股权量化改革是一个赋权性质的改革，从马克思的产权现实性角度来看，这种法律层面的赋权还必须经过经济层面的检视。要实现这种从法律权利到经济权利的转变，须基于马克思的生产力—生产关系、经济基础—上层建筑的分析框架，对这一产权变革进行一个宽视角、系统性的研究。从马克思主义产权理论来看，这一产权变革的实质是上层建筑主动适应农业生产方式变迁的过程。随着现代农业的发展，农业生产的最优技术规模在不断变化，传统的土地经营规模和经营方式不再符合技术效率提高的要求。这自然会引起土地经营方式和占有结构的变化，即适度集中。这种经济变革的要求反映到上层建筑层面，就是产权制度的变革。当然，正如马克思所说，上层建筑对经济基础也有重要的能动作用，在产权变革过程中，变革的速度、进程受到法律变迁的重要影响。基于马克思主义产权理论，必须在系统性的制度变迁中，才能使股权量化改革赋予农民的财产权利得到实现，切实增加农民收入。基于此，必须在系统的产权观和改革观下，研究我国农村集体资产股权量化改革及其与农民增收的关系。

与马克思主义产权理论秉持的整体主义分析范式不同，西方产权理论采用的是个体主义分析范式，重点研究产权制度对个人行为选择的影响。不同于马克思主义产权理论的生产视角，西方产权理论聚焦交易层

---

① 在《政治经济学批判（1857～1858年手稿）》中，马克思指出："既然财产仅仅是有意识地把生产条件看做是自己的东西这样一种关系……那么，财产就只是通过生产本身才实现的。实际的占有，从一开始就不是发生在对这些条件的想象的关系中，而是发生在对这些条件的能动的、现实的关系中。"参见：马克思恩格斯选集（第2卷）[M]．北京：人民出版社，2012：746。

② 李萍，田世野．论马克思产权思想与我国农村产权改革的深化 [J]．马克思主义研究，2020（6）：61－71＋155－156。

面的问题，强调通过制度设计，形成正确的激励约束机制，抑制机会主义行为，以降低交易成本。再从公平与效率的关系来看，西方产权理论主要关注效率，即降低交易成本、提高资源配置效率，较少研究产权制度的公平效应。对于我国农村产权改革而言，西方产权理论在交易成本、治理机制方面的研究具有可借鉴的工具性意义。交易成本和治理问题是客观存在的经济现象，在各种社会制度下都具有一般性。农村集体资产股权量化改革要取得实效，切实提高农民收入，不可避免地要涉及集体经济发展、集体资产经营、集体收益分配，这离不开完善的治理机制。①

（三）制度变迁理论

农村集体资产股权量化改革是一个制度变迁过程，因此有必要借鉴制度变迁理论，包括马克思主义制度变迁理论与新制度经济学制度变迁理论。

马克思的制度变迁理论是内生性的，认为制度是在生产力—生产关系、经济基础—上层建筑的矛盾运动中形成和演变的，强调经济基础的决定性作用。这是一个长周期、根本性制度变迁的理论模型。在这一制度变迁理论中，生产力是最活跃、最革命的因素，生产力的发展推动着生产关系、上层建筑的变革。同时，马克思和恩格斯也重视上层建筑的能动作用。在分析资本主义生产方式的确立过程时，马克思比较了两种方式：一种是个体生产者通过自己的资金积累，转变成小资本家，并通过进一步积累，转变成大资本家的渐进方式；另一种则通过国家权力的作用，强制性地剥夺小生产者，实现劳动者与生产资料和生活资料的分离，促进大批雇佣劳动者形成、农村家庭手工业破产等，从而大大加速

---

① 但是，我们要避免走向另一个极端，即认为交易成本是唯一重要的。产权显然是由多因素影响和决定的。马克思的产权分析方法提供了一个更系统化的分析框架，聚焦于交易成本的西方产权理论则提供了另一个更微观的视角。全面地研究产权问题、评价产权制度，需要更广阔的视野。

资本主义生产方式的形成。正如马克思所说，"暴力是每一个孕育着新社会的旧社会的助产婆"①。

按照马克思和恩格斯的内生性制度变迁理论，对于农村集体资产股权量化改革这一制度变迁问题，也应纳入生产力—生产关系、经济基础—上层建筑的分析框架之内，进行内生性分析。一方面，现代农业发展使得农村的生产力、生产方式、资源经济价值发生重大变化，这构成农村集体资产股权量化改革基本的推动力量；另一方面，农村集体资产股权量化改革对现代农业发展也有重要作用，包括促进现代农业的发展以及增强发展过程和结果的共享性。

戴维斯和诺斯是制度变迁理论的早期研究者，他们认为，制度变迁之所以发生，是因为制度变迁的预期收益超过预期成本，存在潜在获利机会。在新制度经济学中存在两种基本的制度变迁方式——强制性制度变迁和诱致性制度变迁。拉坦在探讨技术变迁、制度变迁和经济发展之间的内生关联时，构建了一个诱致性制度变迁模型。林毅夫明确区分了强制性制度变迁和诱致性制度变迁：前者指的是政府自上而下推动的制度变迁，后者指的是相关行为主体基于潜在获利机会而自发进行的制度变迁。新制度经济学认为，作为一项公共产品，制度变迁中的"搭便车"行为使得仅靠诱致性制度变迁无法满足社会的制度需求，为此有必要引入国家作为制度供给主体，实行强制性制度变迁。

（四）农业现代化理论

马克思通过生产力—生产关系、经济基础—上层建筑的历史唯物主义框架，深入研究了现代农业科学化、资本化的长期发展趋势。舒尔茨、速水佑次郎等后来的经济学家对农业科学化做了进一步研究，却忽略了马克思生产关系意义上的农业资本化，转而论证和强调了引进新要素，尤其是人力资本对改造传统农业、发展现代农业的重要作用。日本

---

① 马克思恩格斯选集（第2卷）［M］.北京：人民出版社，2012：296.

农业经济学家祖田修、今村奈良臣提出了农业的多功能性理论，进一步丰富了现代农业和农业现代化的内涵。

马克思的农业现代化理论是他对资本主义生产方式进行系统分析的一个重要部分。马克思的农业现代化理论可以概括为"两化"——科学化与资本化。在《政治经济学批判（1857～1858年手稿）》中，马克思指出："农业将不过成为一种物质变换的科学的应用，这种物质变换能加以最有利的调节以造福于整个社会体。"[①] 按照生产力决定生产关系的基本原理，农业生产的科学化、自动化和标准化将引致生产关系的相应变化，即资本关系向农业中扩展渗透，发展出资本主义农业。在《〈政治经济学批判〉导言》中明确提出："农业越来越变成仅仅是一个工业部门，完全由资本支配。"[②] 马克思预言，未来科学化的农业生产将如工业生产一样，摆脱对自然的依赖，可以完全按照人类的需要而进行主动的干预和调节。马克思认为，正如现代科学在工业中的广泛运用使得资本在工业生产中站稳脚跟一样，农业生产中对科学的广泛运用也将导致农业的资本主义化。马克思的一贯观点是，随着社会生产力的日益发展，资本将向各个领域扩展，成为"资产阶级社会的支配一切的经济权力"[③]。值得强调的是，马克思对现代农业的分析是从未来长期趋势的视角出发的，不应理解为对短期内的具体情况的判断。马克思所预言的农业资本主义化是建立在特定的农业技术条件基础上的，从今天世界农业的发展水平来看，这个条件仍然在逐渐形成的过程之中。

在马克思之后，农业的科学化趋向受到许多经济学家的关注和进一步研究，如舒尔茨和速水佑次郎。美国著名经济学家、1979年诺贝尔经济学奖获得者舒尔茨认为农业也可以成为经济增长的引擎[④]，但是，

---

① 马克思恩格斯选集（第2卷）[M].北京：人民出版社，2012：783.
② 马克思恩格斯选集（第2卷）[M].北京：人民出版社，2012：707.
③ 马克思恩格斯选集（第2卷）[M].北京：人民出版社，2012：707.
④ 舒尔茨说："并不存在使任何一个国家的农业部门不能对经济增长作出重大贡献的基本原因。"参见：西奥多·舒尔茨.改造传统农业[M].梁小民，译.北京：商务印书馆，2016：5。

这种能够成为经济增长源泉的农业是现代农业，而非传统农业。在舒尔茨看来，现代农业与传统农业最根本的区别是，现代农业使用的是科技含量更高的新要素（其中包括人力资本）。著名发展经济学家速水佑次郎也强调科学技术在农业现代化中的关键作用，提出农业现代化的实质是从"以资源为基础"的农业转向"以科学为基础"的农业①，只有这样才能使农业生产摆脱自然资源的限制。但是，舒尔茨和速水佑次郎不像马克思那样重视生产关系，对与农业科学化紧密联系的农业资本化倾向关注较少。将农业生产的科学化与农业生产关系的资本化紧密联系起来，成为马克思农业现代化理论的鲜明特色和独到价值。另外，农业科学化的内涵应当随着时代变迁而改变。现代农业的进一步发展要求农业科技进步的重点不能停留在增加产量这一单一目标上，必须更加重视生态、环保，更充分地体现绿色发展要求，更加重视农业发展质量。我们在总体赞同"以资源为基础"的农业向"以科学为基础"的农业转变的大前提下，以绿色发展赋予"以科学为基础"的农业新的内涵，体现技术进步、生态保护、绿色发展兼容的农业生产率的提高。

这种农业技术进步方向的转型与农业的多功能性、三产融合发展密切相关。1996年，日本东京大学名誉教授今村奈良臣基于农业与第二和第三产业之间的深度融合，提出"第六产业"②，希望通过产业融合的方式促进农民增产增收。与三产融合发展紧密相关的是农业的多功能

---

① "以资源为基础"的农业指的是依靠土壤的自然肥力，与此相对的"以科学为基础"的农业指的是，"借助于科学知识和工业投入突破土壤自然肥力的制约从而提高农业土地生产率的方法"。参见：速水佑次郎，神门善久. 发展经济学——从贫困到富裕（第3版）[M]. 李周，译. 北京：社会科学文献出版社，2009：79。

② 所谓"第六产业"，指的是一种现代农业经营方式，即通过鼓励农户从事多种经营，以获得更多的增值价值，为农业增效、农民增收开辟新的空间。其中，多种经营指不仅种植农作物，而且从事农产品加工、销售或服务业。按照行业分类，农林水产业属于第一产业，加工制造业属于第二产业，销售、服务等为第三产业。无论是相加还是相乘，都是六，所以将这种三产融合发展的新型产业取名为"第六产业"。"第六产业"打破了三产并列且分割的现状，突破了原有的产业边界，力求实现三个产业的一体化，以建立更大程度上的产业融合组织。

性，其代表性理论是 2000 年日本经济学家祖田修在《农学原论》中提出的"三生农业"理论，认为农业具有生产、生活、生态三个方面功能，而不仅仅是农产品生产。随着工业化和城市化的发展，农业的多功能性日益重要和凸显，在传统的农产品供给之外，农业在生活、生态、文化等方面的经济价值日益提升。在市场需求的刺激下，农业内在的多功能性不断被开发出来，衍生出多种新产业、新业态和新商业模式，成为推动三产融合发展的重要动力。深度挖掘农业的多种功能，通过产业融合促进农业高质量发展，成为当前推进农业现代化的一个重要方向和实现路径。

二　基本分析框架："改革—产业—增收"

本书遵循系统论的改革观，从基于产业发展实现农民可持续增收的视角来看农村集体资产股权量化改革；从改造传统农业、改造传统农民，增强农民可行能力进而实现农民持续增收的意义来看农村集体资产股权量化改革。沿着这一思路，要从作为始点改革的农村集体资产股权量化改革的"此岸"真正到达促进农民增收共享共富的"彼岸"，需要相关匹配改革协同实现：匹配改革Ⅰ的制度安排匹配始点改革，诱导形成推动产业发展、效率提高的制度结构及其协同作用，即"制度—产业"子机制；匹配改革Ⅱ的制度安排匹配始点改革，更重要的是适应产业发展结果的公平分配、确保农民增收共享共富的制度结构及其协同作用，即"制度—分配"子机制。始点改革、匹配改革Ⅰ和匹配改革Ⅱ的协调与配套，构成一个适宜的制度系统以打通从股权量化到农民增收的链条。由此，将农村集体资产股权量化改革下农民收入增长的"制度—收入"二元关系，拓展为"改革—产业—增收"的三元关系。在拓展的范式中，刻画资产确权（预期性收益）—产业发展（形成性收益）—结果共享（实现性收益）的逻辑理路，以产业发展作为重要中介和基础，联结动力源和双重动力流，在"动力—过程—结果"的多元互动机制作用下，实现"改革—产业—增收"。

（一）"改革—产业—增收"的分析框架与改革的二分法

按照马克思的生产与分配关系理论，生产决定分配，因此对分配问题进行科学研究的理论逻辑，应是紧密联系生产，即产业发展，考察产权改革即农村集体资产股权量化改革及其相关改革是如何促进农村产业发展，并改善分配，形成产业发展与农民增收、公平分配与共同富裕的有机结合、相互促进。

1. "改革—产业—增收"的分析框架

按照马克思的生产与分配关系理论，必须跳出农村集体资产股权量化改革本身，将之延伸到产业发展和公平分配等实质性问题。只有如此，才能揭示改革与农民增收之间的深层次逻辑。整个分析应当遵循嵌入性、内生性、系统性研究路向，体现生产与分配相结合、生产力与生产关系相结合、经济基础与上层建筑相结合，将农村产权制度改革嵌入社会生产力和整体制度背景。

基于此，我们提出一个"改革—产业—增收"的分析框架（见图2-1）。其基本逻辑是：通过改革，适应农村产业发展的新要求，促进农业现代化，从而为农民收入流增加挖掘可持续的源泉。我们将农村集体资产股权量化改革视为一个始点改革，这一赋权性质的改革增加了农民的财产权益，使得农民有权分享集体资产经营所产生的利润，为农民的持续增收奠定了权利基础。但按照马克思的"产权现实性"思想，这种新增的权利仅仅代表对集体资产经营利润的索取权，本身并不代表一定量的经济收益。换言之，这种权利还不是一种"现实的权利"。这种潜在性收益要真正对应一定量的经济收益，首先要求盘活集体资产、使集体资产的经营产生利润、增强集体的服务能力，从而农民可以凭借集体权益分享集体利润和相关收益。这就要求改造低效益的传统农业、发展高效益的现代产业。此外，通过改革促进农村产业发展，仅仅是为农民持续增收奠定了基础和创造了必要条件。通俗地说，发展产业、形成收益，仅仅是"做蛋糕"的问题，使农民从中获益则是"分蛋糕"的问题。如何保证农村产业发展所带来的形成性收益，使之真正落到农民的口袋里，还需要农村集体资产股权量化改革以及相关匹配改革。

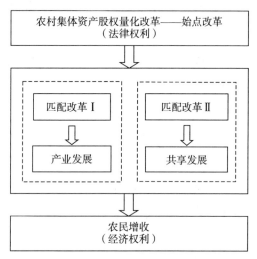

图 2 – 1 "改革—产业—增收"分析框架

综上，"改革—产业—增收"的分析框架是一种系统的改革观，目的是将农村产业发展与农民增收有机结合起来，既"做大蛋糕"又"分好蛋糕"，在农业农村的高质量发展中促进农民农村共同富裕。

2. 始点改革与匹配改革Ⅰ、匹配改革Ⅱ

从政治经济学的逻辑来看，效率与公平之间有一定的张力，促进产业发展的制度需求与促进农民增收、公平分配的制度需求显然是不同的，能够促进产业发展的制度不一定能有效促进农民增收和公平分配。换句话说，产业发展和农民增收这两个目标的实现都离不开改革，但是，二者所要求的改革在内容、动力、路径等方面都具有实质性的差异，需要进行不同的分析。因此，进一步的分析需要对"改革—产业—增收"分析框架中的"改革"进行解构。

深入理解农村集体资产股权量化改革对农民收入的影响机制，必须从制度的系统性和配套性着眼，农村集体资产股权量化改革不是一个单一的改革，而是一系列改革，只有通过一个适宜的制度系统，才能打通从股权量化到农民增收的链条。农村集体资产股权量化改革是一个对农民赋权性质的改革，增加了农民享有的法律权利。但从马克思所强调的产权的经济内容来看，这还不是现实的权利——农民收入的增加。从法律权利到实际的经济权利，还需要进行相关的配套制度改革。因此，从赋权性质的始点改革延伸到匹配改革的理论逻辑，是从法律权利到经济权利的转变。正如党的十九届五中全会强调的，要树立"系统观念"。在改革问题上，尤其要强化系统观念，特别是农村集体资产股权量化改革这样基础性的制度改革，必须将之置于一个新的制度系统之中。

进一步说，在"改革—产业—增收"的逻辑链条中，产业发展是基础和依托，农村集体资产股权量化改革必须与相关制度改革相配套，促进产业的发展，因此必须深入研究与此相关的制度环境与相应的改革，是为"匹配改革 I"。另外，产业发展仅仅为农民增收奠定了基础，但并不能必然保证农民的增收，从产业发展到农民增收的转变，还需要其他的制度安排与相应的改革，保证产业发展的结果真正为农民共享从而实现持续增收，是为"匹配改革 II"。研究农村集体资产股权量化改革对农民增收的效果，应当将这一具体的改革措施置于一个改革的系统之中，注重制度和改革的系统性与配套性。

（二）"匹配改革 I →产业发展"的基本逻辑

"匹配改革 I →产业发展"的基本逻辑是生产关系、经济基础和上层建筑要适应生产力的发展要求。从总体来看，我国现代农业发展的根本，是要实现速水佑次郎所说的从"资源基础型"农业转向"科学基础型"农业。这一转变的表现形式、实现模式受到内外部条件的影响，体现为"三重融合"（城乡融合、三生融合、三产融合）。"三重融合"是当前农村、农业生产力发展的客观要求，农村产权制度必须与此相适应。基本要求是增强农村资源要素的流动性，让市场在农村资源要素的流动中发挥决定性作用；同时，要进一步落实"三农"领域的"有为政府"，其基本要求是增加对"三农"的财政投入、推进相关制度改革、对农村市场培育及其作用的发挥进行引导和支持。

1. 中国现代农业发展趋向："一个转变"与"三重融合"

按照速水佑次郎的观点，传统农业向现代农业转型本质上是"资源基础型"农业向"科学基础型"农业转型。"科学基础型"农业的发展包括两个方面：其一，科学技术创新，即"互联网＋"、物联网、现代生物技术、信息技术等在农业中的应用和渗透；其二，科学制度创新，包括经营制度、治理制度、市场制度等。按照马克思的制度内生性思想，科学制度创新是针对一定的科学技术创新而言的，是对科学技术创新的一种适应性变革。从发展动力和发展模式来看，"资源基础型"农业向"科学基础型"农业的转变，体现为"三重融合"。

第一，城乡融合。我国农村产业发展应当置于城乡融合发展的大视野下。城乡融合发展是工业化、城市化到达一定阶段的必然要求，农村产业发展应当充分利用城乡融合发展的有利条件，走开放发展的道路。农业和农村的现代化并非农业农村自己的事情，必须在城乡要素、产品的开放互动中进行，积极利用城市的先进生产要素，推动农业农村发展。同时，在这个过程中，应当发扬和保留农村自身的特性和优势，特别是农村在生态环境、农耕文明、传统文化方面的独特优势，充分发挥农业和农村的多功能性，通过城乡要素合理流动，形成互补、融合的城乡产业格局。城市要支持农村、工业要反哺农业，要在城乡融合的基础上考虑城乡要素流动、城乡产业结构互补，形成要素、产业、空间三维融合。

第二，三生融合。按照祖田修、今村奈良臣的农业多功能性理论，现代农业发展应当走三生融合的道路，即充分发挥农业的多功能性，包括农业的农产品供给、农耕文明传承、观赏与休闲、生态环境修复与保护，实现农业和农村生产、生活、生态三重功能的融合。一般地讲，三生融合涉及人与自然的关系、生产与生活的关系。从人与自然的关系角度来看，农业生产活动对自然环境有很强的依赖性，同时又对生态环境具有重要的影响，必须高度重视农业在生态环境保护方面的重要功能。从生产与生活的关系角度来看，马克思主义一贯认为，生产（劳动）本身就是生活的重要组成部分。按照这一思路，农业生产方式必然意味着一种区别于工业生产方式的特殊生活方式。应当说，三生融合是内在于农业农村的固有属性，这种属性在农业时代就存在，但是，在工业化、城市化、信息化发展的今天，这种内在属性更加突出地表现出来。

第三，三产融合。在城乡融合和三生融合的背景下，现代农业发展应当走三产融合的道路，即在三生融合的基础上，以第一产业为依托，逐渐形成三产融合发展的新型农村产业结构。这种发展道路不是靠破坏环境、牺牲农业和农村来发展工业和城市的老路，而是从一开始就建立在城乡融合、三生融合的基础上，建立在现代技术的基础上。三产融合有两个基本推动力：其一，技术因素，或者说生产因素，现代生物技术、信息技术在农业中的应用，使得农业与工业、商业之间的界限在模糊，逐渐发展出融合形态的农业生产和经营方式；其二，需求因素，在工业化、现代化达到相当水平后，农业的文化功能、生活功能、休闲娱乐功能日益凸显，并且日益具有开发的经济价值和可行性，由此衍生出创意农业、休闲农业、乡村旅游等三产融合形态的新型业态和商业模式。

2. 适应"一个转变"和"三重融合"的要求：匹配改革Ⅰ

"一个转变"和"三重融合"是对农业生产方式和农村产业结构的革命性重塑。按照马克思的生产力—生产关系、经济基础—上层建筑的基本框架，我国农村的生产关系、经济基础、上层建筑都应当进行重大的适应性调整。按照我们之前提出的"改革二分法"，我们将这类改革称为"匹配改革Ⅰ"。实践证明，农业家庭经营具有持久的生命力，但是单一的农业家庭经营也具有内在的局限性，不能完全适应现代农业的发展要求。一是小农户缺乏资金、技术，运用现代生产要素的能力有限，这使得它们在直接融入现代农业时面临许多障碍；二是小农户与大市场对接困难，使得农产品价格波动频繁、很难建立起农产品质量安全可追溯体系、农产品质量安全缺乏保障。为了适应"三重融合"的发展要求，必须改造我国农业经营组织体系，建设现代产业体系、生产体系和经营体系。

按照诺斯的观点，制度和组织是不同的：制度是"社会的规则"，而组织则是因特定的目的而组织起来的"功能性实体或集团"。而速水佑次郎等则认为，"在实际中组织和制度是分不开的"①。借鉴他们的上述思想，适应现代农业发展要求的匹配改革 I 应当包括制度环境改革和微观组织重塑这两个紧密关联的方面（见图2-2）。

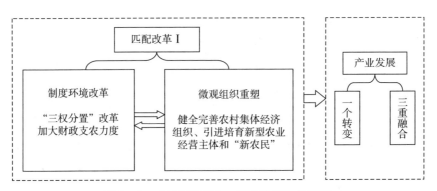

图2-2 "匹配改革 I →产业发展"的逻辑

在制度环境方面，旨在放活农地经营权的"三权分置"改革居于基础性地位。新的产业发展趋势对农村产权改革的基本要求是，增强农村资源要素的流动性，让市场在农村资源要素的流动中发挥决定性作用，更好地发挥政府作用。之所以要实现这种资源流动，有两个方面的基本动因。其一，改善农村资源要素配置，使得农村资源要素从利用效率较低的用途（传统农业）和主体（传统农民）手中转移到利用效率更高的用途（现代农业）和主体（新型农业经营主体、"新农民"）手中，以适应资源要素利用效率提高和农村产业转型升级的客观要求。其二，适应农业现代化对经营规模的要求，实现农村土地、资源、资产、

---

① 速水佑次郎，神门善久. 发展经济学——从贫困到富裕（第3版）[M].李周，译. 北京：社会科学文献出版社，2009：203.

空间等的适度集中，解决土地细碎化对现代农业发展的限制问题。这类改革的核心内容是旨在放活农地经营权的"三权分置"改革，以使得城市的资金、技术、人才等先进生产要素更好地与农村土地相结合。为保证"三权分置"改革的实施，必须建设规范的农村产权交易市场，降低交易成本，引导经营权有序流转。

制度和组织是紧密关联、相互影响的。旨在放活农地经营权、提高农业经营效率、促进农村产业发展的"三权分置"改革要收到实效，必须健全完善农村集体经济组织，引进培育龙头企业、合作社、家庭农场、专业大户等新型农业经营主体，积极引进"新农民"，重塑农业微观组织。当前，我国农业经营主体存在兼业化、老龄化问题，知识、技能缺乏，不能完全适应"一个转变"和"三重融合"的现代农业发展要求。这种微观组织基础也不能支撑起发达的农地交易市场，无法实现农地经营权的合理配置和有效利用。因此，为了适应农村产业升级发展的要求，仅靠过去的"老农民"是不够的，必须引进、培育"新农民"和新型农业经营主体，完成农业微观经营组织的专业化、市场化转型。前述"三权分置"改革，放活了农地经营权，为农业经营组织的重塑奠定了产权基础，但仅靠这一产权制度改革还不足以促成我国农业微观组织的上述转型，还必须进行其他配套制度改革。关键的是要加大政府对新型农业经营主体和"新农民"的政策支持力度。一方面，要大力改善农村基础设施，包括生产基础设施和生活基础设施，如进一步改善农村的路电水气等传统基础设施、网络通信等新的数字化基础设施，大力推动农村土地整理、建设高标准农田和现代农业产业园等，同时加强对农民的人力资本投资，如技术推广和培训。另一方面，适度规模经营的新型农业经营主体更加依赖补贴[1]，要进一步加大对新型农业经营主体的补贴力度。

---

① 陈锡文. 农业和农村发展：形势与问题［J］.南京农业大学学报（社会科学版），2013，13（1）：1 – 10 + 29.

（三）"匹配改革Ⅱ→共享发展"的基本逻辑

基于共享发展的要求，我们将农民的收入区分为职能性收入与非职能性收入，以研究农村集体资产股权量化改革对农民持续增收和可行能力发展的影响。产业发展是效率问题，农民增收是公平问题，"产业发展＋匹配改革Ⅱ→增收"的逻辑，是在产业发展的基础上，促进公平分配和共享发展。

1. 共享发展视角下的"农民增收"及其二分法

基于共享发展的研究目的，根据来源的不同，我们将农民收入划分为两类：那些农民实际参与农村产业发展过程、履行生产或流通职能而获得的收入，划分为"职能性收入"，具体包括经营性收入和工资性收入；那些并非因为实际参与农村产业发展、直接履行某种生产或流通职能而获得的农民收入，划分为"非职能性收入"，具体包括财产性收入和转移性收入。

对"产业→增收"的研究应当站在共享发展这一更本质的视角来看。从共享发展的深度和广度来看，这两者的本质区别是：农民职能性收入的增加，表示农民更加深度地参与到农村产业融合发展之中，发展过程的共享性得到增强；反之，如果农民职能性收入的增加不够显著，而非职能性收入增加更为显著，则表示农民并没有深度参与到农村产业融合发展过程之中，共享发展的增进主要局限于发展结果的共享。我们认为，全面的共享发展应当既是发展结果的共享，又是发展过程的共享。[①]

由此来看，将"产业→增收"置于共享发展及其二分法（发展结果的共享、发展过程的共享）的整体视角下，对农村集体资产股权量化改革的农民增收效应的经济分析，就不应当局限于总量分析，还应当进行结构分析，即农村集体资产股权量化改革对农民财产性收入增长的效果更大，还是对农民生产性收入增长的效果更大，原因为何？我们的改

---

① 田学斌. 共享发展的逻辑机理和实现路径 [J]. 中国党政干部论坛，2017（9）：33－40.

革目标应当是：农村集体资产股权量化改革不仅应当促进农民财产性收入增长，实现广大农民对农村产业融合发展结果的共享；还应当促进农民生产性收入的增长，将广大农民纳入农村产业融合发展的过程之中，实现广大农民对农村产业融合发展过程的共享。

2. "三个融合"与匹配改革Ⅱ

匹配改革Ⅱ的主要目标是实现"三个融合"，即要素融合、主体融合、利益融合。要素融合就是要将城市的资金、技术与农村的土地、劳动力等要素相结合，盘活农村集体的资源要素。这种要素融合在匹配改革Ⅰ中已经有所体现，"三权分置"改革、企业等新型农业经营主体的培育以及"新农民"的引进，实现了城市要素的引进，但还不能说实现了要素的融合。实现要素融合，必须实现要素主体的融合，而主体融合的实质在于各方利益融合。实现"三个融合"，必须构建各方的利益联结机制，实现共建共享。在主体融合中，特别重要的是要将小农户包含在内，不能排挤小农户；而要带动广大小农户融入现代农业，实现增收致富，必须充分发挥集体的作用，发展新型农村集体经济。

作为始点改革的农村集体资产股权量化改革是对农民的赋权，为实现这"三个融合"奠定了制度基础。但这并不能完全打通这一传导链条，还需要进行配套制度改革，即匹配改革Ⅱ（见图2-3）。其核心内容是，通过发展新型农村集体经济与合作经济，提高小农户的组织化程度，为农民提供有效的社会化服务。

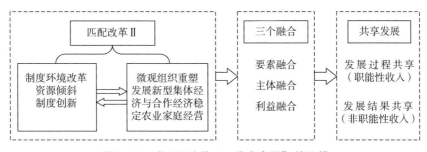

图2-3 "匹配改革Ⅱ→共享发展"的逻辑

符合社会主义农业现代化要求的微观组织体系应当将集体经济组

织、合作经济组织包括在内，而不能是单一的大企业主导，这不利于广大小农户在乡村振兴中体现自身的主体地位并保障自身利益。农民财产性收入和生产性收入的增加都需要依靠集体，但是集体的作用机制不尽相同。农村集体资产股权量化改革直接涉及的是农民的财产性收入，因为农民可以获得集体资产的分红。但是，这一改革还能间接影响农民的生产性收入：农村集体所有的资源、资金、资产通过股权量化改革，进行流转、整合、盘活之后，农村资源的配置和利用效率得到提高，农民由此可以获得大量的新经济机会，从而获得各类生产性收入的增加。例如，通过农村资源要素的整合，引进新业主，建立起现代农业产业园区之后，农民可以进入园区务工或从事特色经营、服务和流通业务等。同时，要健全农村集体经济组织的治理机制、明确村集体的职能定位，提升其履职能力。

如前所述，匹配改革 I 要求，发展新型农业经营主体，通过龙头企业等来带动现代农业发展。显然，手中握有资本、技术、人才的强势的城市工商资本在为本地农民创造新经济机会的同时，也有挤占本地农民利益的强烈动机。为了避免下乡资本侵占农民利益，实现小农户与现代农业有机衔接，使得"产业→增收"从可能性转变为现实性，必须促进本地农民与外部主体之间形成互利共生关系。对于这种关系的形成，关键是提高农民的行动能力，包括农民个体行动能力的提高和农民集体行动能力的提高：前者包括农民人力资本水平的提升；后者则主要是依靠发展合作经济与集体经济，提高农民的组织化程度。

我国农村集体经济和合作经济的发展要达到"可以作为""合理作为""有效作为"三个基本目标。其一，农村集体经济与合作经济"可以作为"的问题，即集体经济与合作经济的"可行能力"建设①，使之有能力为农民提供服务、为农村产业发展做出贡献。集体经济与合作经济要形成必要的"可行能力"，首先要掌握关键要素——人、地、钱。

---

① 阿玛蒂亚·森提出个人的"可行能力"概念，这一概念也可以借用于农村集体经济组织。

其二，农村集体经济与合作经济"合理作为"的问题，即农村集体经济组织的性质、职能问题，农村集体经济组织应当为农民提供哪些服务、在农村产业融合发展中发挥何种职能、如何增加农民的职能性收入和非职能性收入。其三，农村集体经济和合作经济"有效作为"的问题，即完善集体经济与合作经济的治理结构，保证它们正确履行职能。

集体经济组织与合作经济组织的交易成本相对较高，缺乏微观效率，构建和发展这两种组织主要是基于宏观效率要求——实现共同富裕。为了调和宏观效率与微观效率之间的矛盾，必须将"产业型政策"与"社会型政策"结合起来。[①] 在通过财政支农资金划转集体资产等方式加大对集体经济和合作经济的政策扶持力度的同时，要进一步完善农村集体经济和合作经济的治理机制。农村土地"三权分置"改革大大增强了土地的流动性，推动了现代农业发展，固然有助于提升农村资源要素的经济价值，可能使农民获得更高的财产性收入和其他收入，但同时也可能引来强势利益主体的觊觎，增加农民财产权利被侵犯的可能性。因此，在推动匹配改革Ⅰ、放活农村资源要素经营权、增强其流动性的同时，还必须更好地保护农民的财产权利。农村集体资产股权量化改革为保护农民的财产权利提供了法律保障、奠定了产权基础，但是还要完善产权实现的相关机制，推动匹配改革Ⅱ。特别重要的是构建企业、集体、农民之间的利益联结机制，实现各方利益融合、共建共享。同时，要进一步健全农村集体经济组织的治理机制，通过财务公开、民主决策、村账乡管、第三方记账等方式，保障农民对集体经济活动的知情权和决策权，避免出现少数人控制集体经济的问题。

[①] 苑鹏，丁忠兵. 小农户与现代农业发展的衔接模式：重庆梁平例证［J］.改革，2018（6）：106－114.

第三章 农村集体经济嬗变与农民收入：历史、现实与逻辑

　　根据马克思主义基本原理，生产资料的所有制性质决定了人们在生产过程中的生产关系。作为我国社会主义公有制的重要组成部分之一，农村集体所有制以行政村（自然村）等农村社区①为基础，生产资料和劳动成果归一定社区范围内的劳动群众共同占有。与此相应，农村集体经济则是"社会主义公有制经济的重要形式"，是"集体成员利用集体所有的资源要素，通过合作与联合实现共同发展的一种经济形态"。②

　　新中国成立 70 多年来特别是改革开放 40 多年来，因应城乡生产力的持续发展，农村土地等基本生产资料的产权关系变革一直作为农村改革的核心内容贯穿始终。整体来看，改革始于家庭经营，历经变革后再向以家庭经营为基础的多元方式回归。虽然不同阶段所面临的城乡关系及农村经济社会基本特征和发展条件各不相同，但改革始终坚持巩固和发展农村集体所有制的基本方向，致力于持续创新探索农村集体经济的运行机制，寻求在农村集体所有制的有效实现形式与调动农民自主经营积极性、保护农民合法权益、促进农民增收的"统"与"分"之间达成某种"均衡"。我们认为，这实质上是对农村生产关系进行不断调

---

　　① 根据集体资产形成和积累的历史事实，有时候"集体"也以村民小组为基础。
　　② 中共中央 国务院关于稳步推进农村集体产权制度改革的意见（2016 年 12 月 26 日）[EB/OL]. 中央人民政府网站，2016 - 12 - 29. http://www.gov.cn/zhengce/2016 - 12/29/content_5154592. htm.

整，从而适应生产力发展水平持续演进的动态过程。

农村集体资产主要涵盖农地等资源性资产、用于经营的房屋（建筑物）等经营性资产、用于公共服务的科教文卫体等非经营性资产。农村集体产权制度改革就主要围绕这三类集体资产而展开，如土地确权颁证与"三权分置"、农村集体资产股权量化、非经营性资产统一运行管护机制等改革。各界普遍认同，这是关涉我国农村基本经营制度乃至国家基本经济制度的一件大事①，关乎三类集体资产的不同机制互为补充、互为支撑，共同构成农村"管长远、管根本"的深刻的制度体系创新。根据本书所建构的基本分析框架，农村集体资产股权量化改革必须置于以农村集体产权制度改革为核心的农村全面深化改革视域和演进逻辑下予以思考。同时，农村改革以及农村经济社会发展也必然内生于我国整体经济社会的改革和发展进程，从而，农村集体资产股权量化改革势必深刻地嵌入持续演进的城乡关系之中，受其制约、影响并适应性调整。

站在时间的维度考察农村集体资产股权量化改革的缘起与方向，我们既须关注经济社会的整体历史变迁以及城乡关系的阶段性演进，也须关注由此而来各阶段农村经济社会的基本特征和发展条件，从而在"内""外"两个向度的改革"嵌入"视野中，梳理以产权关系为核心的农村改革与农村集体经济的阶段特征、表现形式、演进规律，及其对农村产业发展和农民收入获得所造成的影响，并试图发现蕴藏于其中的改革"导火索"和制度创新方向。②

---

① 盘活集体资产 增添发展活力 让广大农民共享改革发展成果——韩长赋在国新办发布会上就《关于稳步推进农村集体产权制度改革的意见》答记者问 [J]. 农村经营管理，2017（2）：7-12.

② 与本书构建的理论分析框架相一致，我国历史进程中不同阶段围绕产权关系的核心改革可谓各阶段的"始点改革"，与此相对应的农村经营体系和经营方式的变革可谓"制度—产业"子机制的"匹配改革Ⅰ"，涉及农村收入分配机制的变革则可谓"制度—分配"子机制的"匹配改革Ⅱ"。站在时间的维度，我国农村集体经济的嬗变进程与本书的理论分析框架逻辑一致，可以说是从产权改革的"此岸"，以"产业"为中间环节到达农民增收的"彼岸"的动态演进进程，是始点改革与匹配改革Ⅰ、匹配改革Ⅱ配套协同的制度系统动态变迁的进程。

一 农村集体经济的嬗变与农民收入：历史脉络

新中国成立 70 多年来，我国农村集体经济经历了较为复杂的波折与变化，既有初期土改后受发展条件制约与意识形态影响的"疾风骤雨"式改革（所有制改造），又有改革开放伊始农村生产力凝滞僵化倒逼的"摸着石头过河"式改革（基本经营制度改革），而今步入乡村振兴和城乡融合发展新阶段持续完善创新的"静水深流"式改革（农村集体产权制度深化改革）。农村现行的基本经营制度"以家庭承包经营为基础、统分结合的双层经营体制"，是农村改革巨变的产物，为统筹好"一家一户办不好或不好办的事"的"统"与充分激发亿万农民群众的生产积极性和创造性的"分"，开辟了一条探索创新的道路，启动了农业农村加速现代化建设发展的进程，为农村进一步全面深化改革奠定了坚实的物质基础、凝铸了不竭的精神动力。这一制度是党的农村政策的基石。2019 年 8 月，中共中央颁布《中国共产党农村工作条例》，明确将"坚持巩固和完善农村基本经营制度"列为党在农村工作中必须遵循的原则之一，要求长期坚持、毫不动摇。

但我们也应看到，这一制度在改革之初呈现巨大激励与显著成效，而后在市场经济发展与城乡关系变动的影响下，则一度呈现动力释放殆尽、集体经济有所式微的现象。正如马克思在《资本论》第一卷中所指出："问题和解决问题的手段同时产生。"[1] 困顿于农村集体产权制度、踟蹰不前的农村集体经济弱化现状，恰恰成为农村集体经济焕发新机和发展新的改革起点。以农村集体资产股权量化改革为代表的农村集体产权制度改革，成为牵引全面深化农村改革的时代任务。改革的目的绝不是"去集体经济"，而是在始终坚持家庭经营的基础性地位基础上，激活农村资源要素、发展壮大集体经济、扎实推进共同富裕。

---

① 马克思. 资本论（第 1 卷）[M]∥马克思恩格斯全集（第 44 卷）. 北京：人民出版社，2001：107.

（一）"一大二公"的传统农村集体所有制经济时期的农民收入（1949～1978 年）

这一阶段农村集体经济的演进与我国社会主义公有制的建立、计划经济体制的形成和变革相生相伴。基于以公有制确立为基本标识的社会主义经济体制认知，农村集体所有制与全民所有制两种形态的公有制几乎同步确立。[①] 具体而言，新中国成立初期，农村在经历了"耕者有其田"土地改革基础之上农民土地私有制的短暂过程后，通过农业合作化运动，迅速地建立起集体所有制。与此相应，农民的生产关系从自耕农生产关系逐渐转向某种"合作"关系。因应各阶段生产资料所有制基础及"合作"形式的不同，农民的收入经由不同劳动产品分配方式而获得。总体来看，这一阶段农村集体经济的发展演进与农民收入的获得，呈现从"小农分散"向"高度统一"收敛的演进脉络。根据土地等生产资料的产权关系属性及其所决定的生产方式、分配关系与分配形式，我们可以依据以下时间片段予以考察。

1. 私有制基础上的自耕农生产与互助合作：传统农村集体所有制孕育形成期的农民收入（1949～1955 年）

1949～1952 年，中国通过土地改革在除西藏自治区等少部分地区外实现了"耕者有其田"[②]，其核心是打破封建地主制度，使农民具有马克思所说的拥有自己的生产资料、从事农业生产的独立劳动者的特

① 谢地，李雪松. 新中国 70 年农村集体经济存在形式、载体形式、实现形式研究 [J]. 当代经济研究，2019（12）：32-41.
② 1949 年新中国成立时，老解放区和半老解放区（约 1.2 亿农业人口）已进行了土地改革，新解放区和即将解放的地区（约 2.8 亿农业人口）尚未进行土地改革。新中国成立前夕召开的中国人民政治协商会议第一届全体会议，通过了《中国人民政治协商会议共同纲领》，明确指出"有步骤地将封建的土地所有制改变为农民的土地所有制"。1949 年冬至 1950 年 6 月，土地改革在全国分散进行，进度参差不齐，大部分地区处于准备阶段。以 1950 年 6 月《中华人民共和国土地改革法》颁布为标志，土地改革在全国范围内有计划地全面展开，到 1952 年 12 月，我国除西藏等少部分地区外，基本上完成了土地改革。

征①，建立起以"农民所有，自主经营"为主要特征的农村土地产权制度。实质上，这一时期实行的是土地私有制度，农村土地的所有权、经营权、收益权等权利均归农民所有，分散的农民家庭成为农业经营的主体。农民实现独立解放和获得土地的强烈欲望得以满足，生产积极性得以充分激发，通过在"自己"的土地上从事种植业、畜牧业、手工业、其他副业，实现"自劳自得"。农村中地主、富农所占耕地面积的比重下降至8%左右，而贫农、中农所占耕地面积的比重则上升至90%以上。② 我国的农业生产得到了迅速的恢复和发展。1949～1952年，全国的农业总产值实现了年均15.4%的高增速③；粮食总产量增长了46.1%，从11218万吨增加到16392万吨；棉花总产量更是增长了193.7%，从44.4万吨增加到130.4万吨④。农民收入也得到明显增加。1951年，全国人民的购买力较上年同比增加25%左右；同年，农民用于购买生产资料的开支，较新中国成立前的雇农、贫农、中农分别增加了294%、518%、212%⑤；1949年，农村人均消费粮食仅为370斤，到1952年，已增加到440斤⑥。

"均田"导向的土地改革通过按人头统一分配，在数量上抽多补少、在质量上抽肥补瘦⑦，将土地分配给贫农和雇农，使土地的持有变得平均和分散。据有关部门1951年对23个省15432户农家的调查，新区土地改革后户均耕地大概为：贫雇农12.16亩、中农19.01亩、富农

① 马克思.资本论（第3卷）[M].北京：人民出版社，1975：890.
② 赵德起.中国农村土地产权制度效率的经济学分析 [M].北京：经济科学出版社，2010：91.
③ 陈廷煊.1949—1952年农业生产迅速恢复发展的基本经验 [J].中国经济史研究，1992（4）：24-36.
④ 许经勇.中国农村经济制度变迁六十年 [M].厦门：厦门大学出版社，2009：22.
⑤ 王琢，许浜.中国农村产权制度的演变与耕地绩效 [M].北京：经济管理出版社，2006：10-11.
⑥ 许经勇.中国农村经济制度变迁六十年 [M].厦门：厦门大学出版社，2009：27.
⑦ 赵德起.中国农村土地产权制度效率的经济学分析 [M].北京：经济科学出版社，2010：90-91.

25.09 亩、地主 12.16 亩、其他 7.05 亩。[1] 部分生产经营管理能力较强、生产资料等各方面条件较好的农民（包括部分党员干部），迅速实现了增产增收，部分农民甚至买地、雇工，成为富裕农户，而另有部分农民则卖地、借债和受雇于人，农村的中农户数由土改前的 20% 左右上升到 60% 左右，农村有"两极分化"的倾向。[2] 另外，在当时低下的生产力水平下，以农民所有制为基础的小农经济面临生产条件改善、耕作技术改进、生产工具拓展等诸多困难和挑战。据国家统计局数据，1949 年我国仅实现粮食产量 2264 亿斤，人均 209 公斤的产量实际上是不能较好地满足人们的温饱需求的。[3] 因此，出现了少量基于农民自愿互利原则组建的互助合作组织，即互助组。中共中央 1951 年发布了《关于农业生产互助合作的决议（草案）》，对互助组进行了三种类型的界定：简单的劳动互助、常年互助组以及以土地入股为特点的农业生产合作社。[4] 这一阶段的互助组实质上以土地的农民私有制为基础，入股入社等合作也是基于对抗分散经营的困难与风险的内在需要，且农民享有自由退股的权利，对提高生产效率、扩展生产领域、增加农民收入起到了积极作用。

与此同时，新中国既面临从落后的农业国加快转向先进的工业国，并早日实现国富民强建设目标的紧迫性要求，又面临"一穷二白"、西方国家封锁包围与建设社会主义全新探索的巨大挑战。因此，

① 根据新中国成立后的新形势、新情况，党中央制定和执行了一系列新政策，其中最重要的一项，是保存富农经济，相应地在政治上实行中立富农的政策。富农在土改后成为农村经济实力最强的阶层，每人所保有的土地，一般仍相当于当地每人占有土地平均数的两倍。详见：薄一波. 若干重大决策与事件的回顾 [M]. 北京：中共党史出版社，2008：79 - 95。
② 赵阳. 共有与私用：中国农地产权制度的经济学分析 [M]. 上海：生活·读书·新知三联书店，2007：50 - 51。
③ 农村经济持续发展 乡村振兴迈出大步——新中国成立 70 周年经济社会发展成就系列报告之十三 [EB/OL]. 国家统计局网站，2019 - 09 - 06. http://www.stats.gov.cn/ztjc/zthd/sjtjr/d10j/70cj/201909/t20190906_1696322.html.
④ 孔祥智，刘同山. 论我国农村基本经营制度：历史、挑战与选择 [J]. 政治经济学评论，2013（4）：78 - 133.

初期建设新民主主义经济、允许土地私有制在较长时间存在的思想，迅速转向了快速实现土地公有不但必要而且可能。如此，既可以避免土地私有制下的农民两极分化，也可以为快速工业化提供稳定的低价粮食供给。[1] 1953 年，我国正式确立了过渡时期总路线，其核心实质是"使生产资料的社会主义所有制成为我们国家和社会的唯一的经济基础"。[2] 由此，农村从发展互助组开始，启动了农业的社会主义改造。1953 年 2 月，中共中央正式颁布了《关于农业生产互助合作的决议》，推动了全国各地的农业互助合作运动发展。同年底，各地开始将工作重心普遍转向试办半社会主义性质的初级农业生产合作社。[3] 此时的初级社仍是以农村土地私有制为基础，农户带土地、家具和耕畜入社开展生产合作，据此按股分红及实现按劳分配。相较于早期农民为克服生产力水平低下的困难而主动寻求互助合作、可自由退出的市场自发行为与"诱致性制度变迁"，这一时期的互助合作虽然仍强调按农民自愿互利原则组织，但稳定和保障国家工业化建设基础农产品供给的国家意志，通过行政力量主导和统购统销等制度的实施介入其中，初级社的建立发展具有显著的"强制性制度变迁"意味，农民对土地等生产资料的直接支配等权利事实上已逐步丧失。伴随着 1955 年夏季的农业合作化"高潮"，初级社便开始迅速向高级社过渡。

---

① 薄一波. 若干重大决策与事件的回顾 [M]. 北京：中共党史出版社，2008：130 - 149，230 - 264. 正是在 1953 年 10 月，我国开始对粮食、棉花等农产品实行"统购统销"，即计划收购和计划销售制度。

② 引自：中共中央宣传部. 为动员一切力量把我国建设成为一个伟大的社会主义国家而斗争——关于党在过渡时期总路线的学习和宣传提纲 [C] //社会主义教育课程的阅读文件汇编（第1编）：上册. 北京：人民出版社，1957：341 - 374. 转引自：吴敬琏. 当代中国经济改革教程 [M]. 上海：上海远东出版社，2010：31 - 32.

③ 1953 年 2 月 15 日中共中央正式通过《关于农业生产互助合作的决议》[EB/OL]. 国务院新闻办公室网站，2011 - 02 - 15. http://www.scio.gov.cn/zhzc/6/2/Document/1003287/1003287.htm.

2. 集体所有制基础上的集中统一经营：传统农村集体所有制经济确立运行期的农民收入（1956～1978 年）

1955 年的农业合作化运动既是社会主义公有制在农村的阶段性实践，也是对国家工业化赶超战略的支持与回应。仅一年左右时间，全国就实现了有组织的合作社的高级化，以高度集中为特征的集体生产方式取代了过去以分散为特征的家庭生产方式。到 1956 年末，高级社迅速地从 500 个发展到 54 万个，全国的入社农户占比则从 3.45% 上升至 88%；及至 1957 年冬，全国的高级农业生产合作社已发展到 75.3 万个，涵盖近 1.2 亿个农民家庭，中央政府宣布实现了合作化。① 合作社从初级向高级的迅速过渡，不仅仅表现为规模的迅速扩张，更为核心的意义在于，实现了农村生产资料的私人所有向全体社员集体所有的转变。个体农民的私有财产被合并成为不可分割的集体财产，由合作社进行统一管理、统一运营且产品统一支配，农民在不能自由退社的情况下，共用生产资料、按劳取酬。合作化运动于 1958 年秋季达到高潮，"一大二公""政社合一""工农商学兵五位一体"的人民公社制度在全国范围内予以实现。

至此，以农产品统购统销、人民公社、城乡二元分割的户籍制度为核心的一整套制度安排配套互补、相互强化，形成服从和服务于重工业优先发展的"城乡分治、重城轻乡"的制度及其政策体系，在特定历史时期为中国工业化、城镇化起步发展提供了资本原始积累，并一定程度上保障了城市低工资水平下的充分就业与农业生产的相对稳定。但同时，也以牺牲农村、农业、农民发展为代价，通过国家计划从广袤的农村集中调动资源并优先保障工业和城市发展所需，人为扭曲了政府与市场、城市与乡村的关系，导致了严重的城乡发展失衡，并且呈现较强的自我实施和自我强化的特性。

在这样的制度框架下，农村产业发展与农民收入整体是"压抑性"的，城乡二元分割与以高度集中化为特征的生产关系甚而对农业生产力

---

① 林毅夫. 制度、技术与中国农业发展［M］. 上海：上海人民出版社，上海三联书店，1994：19－21.

产生了相当程度的"凝滞"作用。这一时期的农业生产经营以生产资料的集体所有为基础，不但生产资料高度集中，生产活动也高度集中，农民按管理计划集中劳动，并依据"工分"实行统一收入分配。农村各类财产权利均严重依附于行政权力，无法流转，政府通过下达指令性生产计划、实行农产品统购统销、限制自由商业贸易并严禁长途贩运、关闭农村要素市场等方式，强制性地把农民紧紧束缚在土地上，生产什么、生产多少、生产资料由谁供应、生产的产品以什么样的价格分配到哪里，甚至每个月能够吃多少斤粮食，粗粮、细粮分别占多少比重，均由计划层层下达。农民作为生产主体，只能被动地接受，缺乏对财产、产品甚至自身劳动的支配权利。可以说农民不仅将"改变社会身份的自由丧失干净"，而且连"怎样当农民的自由也在相当程度上遭到剥夺"。[1]

在此语境下，农民逐渐失去了对集体经济的基本信任，在同与自身利益无太大关联的"公共财产"相结合的劳动中缺乏积极性，甚至通过偷懒、搭便车等机会主义行为对集体财物予以侵占或蚕食。在1957～1978年的20多年间，我国的单位面积粮食产量和粮食总产量均有所增长，但是及至1978年，全国人均粮食占有水平仍然仅大体与1957年的水平相当；全国农业人口的人均年收入仅70多元，其中，近1/4的生产队社员人均年收入在50元以下；生产大队的平均集体积累不到1万元，部分地方甚至难以维持简单再生产。[2]

为抑制人民公社已然出现的负面激励，调动农民的生产积极性，从1959年开始，中央通过划小人民公社规模、修改社员只能在公共食堂吃饭等平均主义规定、允许少量自留地和小规模家庭副业经营等方式，逐步调整并建立起"三级所有，队为基础"的人民公社制度。调整后的制

---

① 周其仁. 农民、市场与制度创新——包产到户后农村发展面临的深层改革 [C] //周其仁. 产权与制度变迁：中国改革的经验研究（增订本）. 北京：北京大学出版社，2005：52 - 54.

② 中共中央关于加快农业发展若干问题的决定 [Z]. 1979 - 09 - 28，中国共产党第十一届中央委员会第四次全体会议通过.

度一直持续到 1978 年农村改革。由此，生产队①成为人民公社的基本核算单位，实行独立核算、自负盈亏，有权决定生产计划，并独立组织生产与分配。这样的调整，已呈现对农民家庭分散经营的一定程度放松，是农民社员生产积极性抑制情况下闹退社、单干风波、消极怠工等博弈行为，与中央顺应形势、调和矛盾的主动作为两种力量的共同结果，合作化生产的劳动效率低下与个体家庭生产的高效已然呈现截然两面的对比。有研究显示，公社体制下，农民在自留地上创造的产量高于集体生产的几倍甚至 10 倍。② 如此巨大的反差，实际暗含着新一轮改革的强烈动机。

（二）承包制改革下农村集体所有制经济"统分结合"时期的农民收入（1978～2001 年）

"一大二公"的人民公社制度奠定了我国农村生产资料集体所有的公有制基础，并通过集中调动大量人力、物力，推动了大型灌溉设施等农村生产生活大型工程的建设，也在提高农村教育、卫生和健康等水平方面功不可没。③ 与此同时，在自上而下的中央计划经济体制的特定历史条件下，人民公社制度下的集中生产和资源集中转移，为保障短时期内动员有限资源满足工业化所需提供了节约交易成本的有力手段。但人民公社制度的成本和代价无疑也是高昂的，不仅表现为经济效率的低下，而且表现为城乡之间的制度化"分割"及其背后附着的结构性问题。而农民则是损失最直接的承受者。冲破制度束缚，从解决温饱问题开始谋求更多的收益，成为农民自发性的迫切需求。

---

① 1960 年 11 月，中央决定赋予生产队下属的生产小队（平均规模为 20～30 户，相当于原来的初级社）小部分所有权；1962 年 2 月，中央决定将原来的生产小队改称生产队，原来的生产队改称生产大队。

② 冯开文. 一场诱致性制度变迁——改革开放以来中国农村经济制度变迁的反观与思考 [J]. 中国农村经济，1998（7）：70－72.

③ 姚洋. 作为制度创新过程的经济改革 [M]. 上海：格致出版社，上海人民出版社，2008：124. 阿马蒂亚·森在他 1999 年出版的《以自由看待发展》（*Development as Freedom*）一书中，对中国和印度改革的初始条件进行了对比，并指出，正因为中国的教育和健康水平比印度的高，中国的经济增长速度才领先于印度。

事实上，早在 1956 年，部分农村便自发地开始了"包产到户"的"秘密"改革探索，也即按农业最终产量进行社员报酬计算。[①] 1978 年安徽遭遇的百年不遇的大旱，为"包产到户""包产到组"等改革的重新尝试提供了"土壤"和"催化剂"。小岗村分田单干、"包干到户"的"大包干"改革，则被视为中国改革开放之初农村改革的突破性标志。相较于"包产到户"或"包产到组"，"包干到户"的改革更为彻底，在保持土地等基本生产资料的集体所有制不变的基础上，根据家户人口或劳动力数量，由集体将土地发包给农户经营，农户根据土地承包合同，确保完成国家的税收、统购或合同订购任务，并上缴一定数量的生产队提留，用作集体公积金、公益金等，余下的产品则全部归农民所有及支配。[②] 这就是我们常说的"交够国家的、留够集体的、剩下都是自己的"，实际是在集体所有制不变的基础上，从过去的生产队统一经营、统一核算、统一分配转向允许和放开农民家庭分户经营，开创了"统分结合的双层经营体制"之先河。

改革并不一帆风顺，而是在意识形态束缚下经由试错、迂回并最终确立长期稳定的地位，总体呈现从"高度集中"向集体"统一经营"与家庭"分散经营"相结合的演进脉络。对此，我们也可以依据以下时间片段予以考察。

1. "统分结合的双层经营体制"形成初期农民收入的增加（1978~1992 年）

受"两个凡是"思想的制约，虽然到 1978 年末，安徽省实行"包产到户"的生产队已经达到 1200 个，到 1979 年更进一步发展为 3.8 万个，占到全省生产队总数的 10% 左右；四川、贵州、河南、甘肃、内蒙古等省（区）的"包产到户"改革也具有相当的规模[③]，但总体来

---

① 吴敬琏. 当代中国经济改革教程 [M].上海：上海远东出版社，2010：91-94.

② 吴敬琏. 当代中国经济改革教程 [M].上海：上海远东出版社，2010：93.

③ 刘霞辉，张平，张晓晶.改革年代的经济增长与结构变迁 [M].上海：格致出版社，上海人民出版社，2008：116.

讲，这时的改革仍是来自农村基层自发实践的"诱致性制度变迁"，未能得到"官方"的法定认可。

党的十一届三中全会审议通过了《中共中央关于加快农业发展若干问题的决定（草案）》，决定（草案）仍明确规定"不许分田单干""不许包干到户"。但改革引发的生产力的极大释放与生产效率、效益的巨大提升，使农村基层具有冲破束缚的强大改革动力。

党的十一届三中全会后的思想解放运动，为改革"松了绑"。基层改革采取了某种迂回的路线以绕开意识形态的阻力，譬如，不提及废弃人民公社，而只是提出在公社内部实行生产责任制，或允许农民在多种责任制形式中进行自由选择，或采取局部地方试验再逐步推开的方式等。[1] 1982 年，中共中央颁布了关于"三农"问题的第一个"一号文件"，明确提出"联产就需要承包"，并指明包产到户或包干到户以及大包干，都是"社会主义集体经济的生产责任制……反映了亿万农民要求按照中国农村的实际状况来发展社会主义农业的强烈愿望"。[2] 1983年，中央一号文件继续以"三农"为主题，进一步明确提出联产承包责任制"是在党的领导下中国农民的伟大创造，是马克思主义农业合作化理论在中国实践中的新发展"。[3] 由此，家庭联产承包责任制具有正式的政策依据。到 1983 年底，中国 98% 的农村集体实行了家庭联产承包责任制，基本实现在全国的全覆盖。

随后，中央的系列文件对家庭联产承包责任制"统"和"分"的内涵进行了不断的界定和充实。1986 年的中央一号文件提出："地区性合作经济组织，应当进一步完善统一经营与分散经营相结合的双层经营

---

① 杜润生. 中国农村改革漫忆 [J]. 文史月刊，2016（7）：4 – 15.
② 1982 年中央 1 号文件：全国农村工作会议纪要 [EB/OL]. 中国经济网，2008 – 09 – 24. http://www. ce. cn/cysc/ztpd/08/ncgg/ngr/200809/24/t20080924_16903498. shtml.
③ 1983 年中央一号文件 [EB/OL]. 中国经济网，2008 – 10 – 13. http://www. ce. cn/cysc/zt-pd/08/gg/1983/1983zcbj/200810/13/t20081013_1705 0919. shtml.

体制。"① 1991 年，党的十三届八中全会审议通过了《中共中央关于进一步加强农业和农村工作的决定》，正式采用"统分结合的双层经营体制"对此予以表述，并提出："把以家庭联产承包为主的责任制、统分结合的双层经营体制，作为我国乡村集体经济组织的一项基本制度长期稳定下来，并不断充实完善。"② 1993 年，八届全国人大一次会议审议通过了《中华人民共和国宪法修正案》，以宪法形式对家庭联产承包责任制给予了确认："农村中的家庭联产承包为主的责任制和生产、供销、信用、消费等各种形式的合作经济，是社会主义劳动群众集体所有制经济。"③ 随后召开的八届全国人大常委会二次会议审议通过了《中华人民共和国农业法》，其中的第五条明确规定："国家长期稳定农村以家庭承包经营为基础、统分结合的双层经营体制。"至此，农村"以家庭承包经营为基础、统分结合的双层经营体制"这一基本经营制度正式确立。

因应农村家庭联产承包责任制改革而形成的"家庭承包，统分结合"的农村基本经营制度，克服了人民公社集体生产条件下高度集中管理的弊端，在坚持生产资料集体所有制的基础上，将承包期限内部分的土地使用、收益、转让等权能，以均田承包的方式逐渐由集体让渡给农户④，从而实现了土地集体所有权与承包经营权的"两权分离"。农户因此成为独立的经营主体，并获得了至少三种形式的财产权利：一是主要由私宅、农用生产资料、生活资料、存款等构成的私人财产；二是土地的经营使

---

① 1986 年中央一号文件 [EB/OL].中国经济网，2008 - 11 - 25. http://www. ce. cn/cysc/zt-pd/08/gg/1986/zcbj/200811/25/t20081125_17487062. shtml.

② 中共中央关于进一步加强农业和农村工作的决定（中国共产党第十三届中央委员会第八次全体会议一九九一年十一月二十九日通过）[EB/OL].中国经济网，2007 - 06 - 17. http://www. ce. cn/xwzx/gnsz/szyw/200706/17/t20070617_11787345. shtml.

③ 中华人民共和国宪法修正案（1993 年 3 月 29 日第八届全国人民代表大会第一次会议通过 1993 年 3 月 29 日中华人民共和国全国人民代表大会公告第八号公布施行）[EB/OL].全国人民代表大会网站. http://www. npc. gov. cn/wxzl/wxzl/2000 - 12/05/content_4585. htm.

④ 田传浩.土地制度兴衰探源 [M].杭州：浙江大学出版社，2018：39 - 40.

用权以及由此获得的收益权利；三是支配自身人力资本的权利。[1] 因此而具有独立决策、分散经营特征的农户，则经由向村集体承包土地、缴纳农业税和"三提五统"费用等方式，与集体经济组织产生密切联系。

改革极大地激发了农民的农业生产积极性。20 世纪 70 年代末到 80 年代初，农村生产呈现新中国成立以来前所未有的"爆发式"增长态势。1984 年，全国的粮、棉、油、糖等基础农产品产量与 1978 年相比，实现巨大幅度的增长，粮食总产量增长了 33.6%，创纪录地达到 40731 万吨，棉花总产量增长了 1.89 倍、达 625.8 万吨，油料总产量增长了 1.28 倍、达 4780 万吨，糖料总产量增长 1.01 倍、达 4780 万吨[2]；畜牧、水产等产业也快速发展[3]。1978～1985 年，农业的劳动投入密集程度显著降低，意味着农村劳动生产率的极大提升，农民和集体收入均迅速增长并积累了一定的财富，这为其后的乡镇企业发展奠定了基础。[4] 而农村集体经济组织则具有较强的召集组织能力，并在兴建和维护水利设施等统一提供生产性服务、公益性服务方面发挥了重要作用。

与此同时，"价格双轨制"改革下农产品统购统销管制逐渐放松。农产品市场与价格的改革首先从农副产品等非国家战略性物品开始，并逐步向糖料、油料、棉花和粮食等国家战略性物品过渡。[5] 农产品价格市场形成机制的逐渐生发，增强了市场在资源配置中的作用，促进长途贩运及集贸市场、批发市场等农产品流通市场发育，有利于提高农产品的价格和扩大农民对农产品的交换自主权，在一定程度上拓展了农民的收入渠道。

在 1986 年的中央一号文件中，有这样一些表述。"农村商品生产

---

① 吴敬琏. 当代中国经济改革教程 [M]. 上海：上海远东出版社，2010：98.

② 数据来源：《中国统计年鉴（1995）》。

③ 林毅夫. 制度、技术与中国农业发展 [M]. 上海：上海人民出版社，上海三联书店，1994：354–356.

④ 姚洋. 作为制度创新过程的经济改革 [M]. 上海：格致出版社，上海人民出版社，2008：137.

⑤ 黄季焜，等. 制度变迁和可持续发展：30 年中国农业与农村 [M]. 上海：格致出版社，上海人民出版社，2008：36.

的发展，要求生产服务社会化。因此，完善合作制要从服务入手。""各地可选择若干商品集中产区……按照农民的要求，提供良种、技术、加工、贮运、销售等系列化服务。通过服务逐步发展专业性的合作组织。""由于各地社会经济条件差异较大，统分结合的内容、形式、规模和程度也应有所不同。在集体家底甚薄，生产比较单一，产品主要用于自给的地方，要从最基础的工作做起，切实帮助农户解决生产和流通中的困难，逐步充实合作内容。在经济比较发达，集体企业已有相当基础的地方，要充分利用统一经营、统一分配的条件，加强农业的基本建设和技术改造，适当调整经营规模，促使农工商各业协调发展。"①

由此可见，以公有制为主导、完善多元方式合作、多种经济并存的创新已经在实践中逐步探索。如 20 世纪 80 年代末，农村集体经济组织为破解农产品流通难题，提升农业的综合经营效益，一度在国家鼓励"农工商"综合经营的政策导向下，在农村各个产业领域积极参与组建形式多样的"农村新经济联合体"。据相关统计数据，1988 年，农村各类新经济联合体多达 47.1 万个，涵盖 433.9 万名从业人员，总收入 272.14 亿元。② 农村基层的合作经济在按劳分配之外，少量采取按投入的资金、土地、技术等生产要素实行分红的方式，虽有争论，但它在激励农民多积累、多投入、多产出，以及放活农村工商业、促进农工商多业协调发展等方面，已蕴藏着潜在的巨大活力。

这一时期的城乡关系演进仍呈现典型的"城市偏向"特征。1984 年党的十二届三中全会后，中国经济建设和改革的重心从农村全面转向城市，进入以价格体制改革和国有企业改革为主线的经济体制改革阶段。面对来自城与乡的双重叠加压力，即一方面农村改革释放的大量剩

---

① 1986 年中央一号文件［EB/OL］.中国经济网，2008 - 11 - 25. http://www.ce.cn/cysc/zt-pd/08/gg/1986/zcbj/200811/25/t20081125_17487062.shtml.

② 数据来源：国家统计局农业统计司.中国农村统计年鉴（1989）［M］.北京：中国统计出版社.根据对当时相关调研报告和研究文献的梳理发现，绝大多数农村新经济联合体有村集体经济组织参与。

余劳动力需要向非农领域转移，另一方面大量返乡知青、城市新增劳动力以及经济治理整顿造成巨大就业压力，决策者最终选择了乡村内部工业化和农村剩余劳动力就地城镇化的政策取向。在特定时期，这一选择以不触及城市经济利益的方式促进了乡村发展及乡镇企业的异军突起，并推动了农村劳动力的进一步解放。1989 年初春的百万民工南下现象，标志着规模庞大的进城务工者冲破户籍制度束缚，形成了中国所特有的"候鸟式"民工潮现象。与此相伴生的是，农民工资性收入的出现及增长。及至今日，工资性收入等非经营性收入已经在农民收入结构中占据重要地位。

2. "统分结合的双层经营体制" 稳定发展期农民收入的拓展（1993～2001 年）

1993 年，中共中央、国务院发布《关于当前农业和农村经济发展的若干政策措施》，文件明确指出："为了稳定土地承包关系，鼓励农民增加投入，提高土地的生产率，在原定的耕地承包期到期之后，再延长三十年不变。"同时明确："开垦荒地、营造林地、治沙改土等从事开发性生产的，承包期可以更长。"① 土地承包期限的延展，标志着"以家庭承包经营为基础、统分结合的双层经营体制"这一农村基本经营制度，被作为农村的基本经济制度并被制度化地予以巩固和稳定。此后，党的十五届三中全会及之后的多次党和政府的重要会议，对长期稳定我国农村基本经营制度予以反复强调②，尤其强调要保持现有土地承包关系的稳定并长久不变。

对政策演进的概要回溯可见，关涉农村集体产权制度及集体经济发展的一系列改革，均是在这一基本经营制度框架内展开的，无论如何创

---

① 中共中央、国务院关于当前农业和农村经济发展的若干政策措施（一九九三年十一月五日）［EB/OL］. 中国经济网，2007 - 06 - 07 日. http://www. ce. cn/xwzx/gnsz/szyw/200706/07/t20070607_11637806. shtml.

② 如 2008 年 10 月，党的十七届三中全会就再次指出长期稳定我国农村基本经营制度，尤其强调要保持现有土地承包关系的稳定并长久不变；2017 年，党的十九大报告明确提出"第二轮土地承包到期后再延长三十年"。

新集体"统"的手段或农户"分"的方式，基本生产资料的集体所有这一根本属性不能变，发展壮大集体经济这一总体方向不能变，保护农民权益、实现农民共同富裕这一根本追求不能变。同时，稳定土地承包关系是以农民家庭为基本单元，提倡"增人不增地、减人不减地"的办法，并允许在坚持土地集体所有和用途管制的前提下，对承包地进行依法有偿转让；另外，对于少数第二、第三产业较为发达，大部分农村劳动力已向非农产业转移且获得稳定收入的地方，也提出可以立足地方实情，在尊重农民意愿的基础上，实行必要的承包地调整和适度规模经营。这些均为后期农村集体产权制度改革中的"确权""入市"等工作提供了基本遵循。

然而，家庭承包经营的微观激励机制改革，主要提高了农户的技术效率，虽然在改革初期促进了农业生产的爆发性增长，却很难成为促进农业增长和农民增收的持续源泉。[①] 从农业产出数量来看，自20世纪80年代中期，农业生产便开始进入"徘徊期"，主要农产品的产量呈现停滞甚至下降的局面。家庭承包经营制度改革对微观技术效率的动力基本释放，农村经济要保持持续快速的增长势头，势必需要寻找新的经济增长源泉，甚至突破传统农业农村范畴。与此同时，农村劳动力得到进一步解放，大量剩余劳动力从土地中释放并日益迫切需要向非农领域流动。

作为一种调适性回应，90年代初期就已在全国各地出现的扩大土地经营规模的不同实践发展迅速。如各地在土地"大包干"的基础上，创新性地发展出"返租倒包""两田制"[②] 以及集体农场、家庭农场、

---

① 蔡昉，王德文，都阳．中国农村改革与变迁：30年历程和经验分析［M］．上海：格致出版社，上海人民出版社，2008：76－81．

② 所谓"反租倒包"，是将承包到户的土地通过租赁形式集中到集体（称为"反租"），在进行统一规划和布局后，再将土地使用权通过市场方式竞价承包给本村或外来农业经营大户、农业公司（称为"倒包"）。所谓"两田制"是指将承包地分成口粮田和责任田，口粮田按人口平分以体现公平，只负担农业税；责任田按劳分配或招标承包以体现效率，除了负担农业税，还要交纳一定的承包费。"返租倒包""两田制"的创新，在有利于发展规模经营、提高劳动生产率的同时，也存在违背承包户意愿、多收土地承包费的问题。出于减轻农民负担的考虑，后来这两种创新都被中央叫停。

社区性股份合作制等制度安排；各类农民专合组织蓬勃发展，到 1994 年，全国的专业合作组织达到 16.3 万个、兼跨 140 个门类，合作形式涵盖社会化服务、技术普及推广、经济发展实体等多元形态；流通机制上也呈现个人、合作社、合伙企业、集体等多主体共营格局①。而在非农产业迅速发展并创造大量就业机会的江苏南部地区，村庄把农户的土地集中起来，将农业生产交由一支专业队伍或少数农户，并以现金工资方式支付其劳动报酬，采取"半商业化"的模式来实现农民大量向非农就业转移而不愿从事农活情况下农业生产的维系。

尤其值得注意的是，这一时期以"南海模式"和"昆山模式"为典型代表，部分集体以入股、租赁等多种形式，采取规避现行法律的方式直接向非农建设土地的最终需求者供地，从而在农业产业之外获得土地要素的增值收益以壮大集体经济力量并实现农民增收。如"南海模式"，按照农田保护区、经济发展区和商住区三种类型，在村庄进行"三区"规划，并将集体财产、集体土地和农民的土地承包权折价入股，制定章程规范股权设置、明确股红分配、约束股权运营管理，从而通过招商引资，采取土地租赁的方式向投资方提供土地，吸引业主来村投资建厂、发展规模农业生产；由集体财产和农户承包地折算股份的村股份公司，则将土地收益按股份向全体股东分红，其中集体股权收益继续投入土地开发经营。"昆山模式"则始于通过利用村头村尾烂泥塘和沟渠"复垦"出土地申请的建设用地指标，向投资者供地或建设标准厂房、农贸市场、商用店面等资产对外租赁，农地开发收益没有在全体农民中平均分配，而是采取村内增量非农用地竞标租赁及自愿开发的方式，将土地开发权交由出价高的投资合作组织或农户，并由他们完全承担市场风险、获取相关收益。②

---

① 冯开文. 一场诱致性制度变迁——改革开放以来中国农村经济制度变迁的反观与思考[J]. 中国农村经济，1998（7）：70-72.

② 周其仁. 农地产权与征地制度——中国城市化面临的重大选择［C］//周其仁. 产权与制度变迁：中国改革的经验研究（增订本）. 北京：北京大学出版社，2005：101-108.

上述改革的推进变化，都是集体所有基础上多种所有制并存，以及外延扩大农业规模、联通工农商与产供销，推动农业产业化与发展多种形态集体经济的生动实践。而农民也在传统的家庭经营性收入基础上，拓展了工资性收入、股金利息等可能渠道，呈现多元收入结构的雏形。

我们也应看到，早期先发地区的改革试验，具有浓重的"自发性"意味，并呈现明显的"非农化"取向，其中扩大土地经营规模和产权交易范围及促进收益增进的组织创新，仍然主要以血亲、邻里、人情等为依托，所形成的组织实际是初级社会关系网络基础上的非正规组织，甚至运行在法律体系的边缘地带，难以实现更大市场范围的结构优化及创新成果积累，且极不稳定。但这些地区的改革总体朝着对以农地为核心的集体产权重新界定和突破村庄边界对之进行流转配置的方向，为后续改革探索了可能的取向，并生发出对正规化制度及组织建构的内在化要求。

3. 农村集体产权制度改革牵引下的新型农村集体经济发展与农民增收（2002 年至今）

20 世纪 90 年代中期以来，我国部分农村尤其是东部沿海相对发达地区的农村逐渐积累起相当规模的集体资产。但是，伴随中国加快推进市场经济体制改革，以个人权利为本位的市场经济价值观给村庄带来了前所未有的冲击，村民"挣脱"了村庄的强束缚，更加广泛而频繁地在城乡间流动，村庄逐渐呈现以核心家庭为基本行动单位的分散化状态，超出家庭的家族/宗族等传统功能性组织日渐瓦解。尤其是 2006 年取消农业税后，农村集体经济组织"统"的功能明显弱化式微，"分"有余而"统"不足。加之集体资产和财务管理等能力相对薄弱、规范性相对缺乏，部分地方先后出现集体资产挪用、贪污、损坏、挥霍浪费，以及权属被随意更改或无偿占用，低价承包、折股、变卖等问题，集体经济"空壳化"、集体资产流失等现象日渐突出。① 部分村集体甚至因此丧失

---

① 高强，孔祥智. 新中国 70 年的农村产权制度演进脉络与改革思路［J］. 理论探索，2019（6）：99 - 107.

了实施经济运营管理、组织产品分配和带领群众共同致富的物质基础与
必要手段①，执行公共事务的能力也大大削弱。另外，长期"城市偏
向"的城乡二元结构，导致了农业基础薄弱、农村发展迟滞、农民增收
困难等诸多问题，农村整体发展严重滞后于城市，进一步制约了农业农
村的现代化发展。

　　在此背景下，2002 年党的十六大做出了"统筹城乡经济社会发展"
的重大战略决策。随后的 2004 年，中共中央、国务院出台《关于促进
农民增加收入若干政策的意见》，这是时隔 18 年后中央一号文件再次聚
焦"三农"问题。自此，一系列围绕"三农"的重大政策措施和资金
倾斜，为扭转城乡差距扩大趋势、改善城乡二元结构、推动城乡统筹和
互动互促发展提供了强有力的支撑。2007 年，党的十七大提出"建立
以工促农、以城带乡长效机制，形成城乡经济社会发展一体化新格局"；
2008 年，党的十七届三中全会就推进城乡"五个统筹"② 进行了具体的
战略部署；2012 年，党的十八大明确指出要推动城乡发展一体化，这
意味着我国的城镇化进程和现代化建设进入新的发展阶段，要求把城和
乡作为一个有机整体进行统筹谋划，加快形成工农互促、城乡一体的新
型工农、城乡关系；2013 年，党的十八届三中全会进一步对健全城乡
发展一体化体制机制进行了专门部署。尤其值得关注的是，党的十八大
以来，党中央创造性地实施精准扶贫精准脱贫基本方略，聚力于农村贫
困地区脱贫致富，对贫困农村地区的基础设施、公共服务、产业发展、
基层治理、文化建设等进行全方位扶持建设，中国的减贫事业取得了举
世瞩目的成绩。一系列重大方略的实施，推动农村公共服务和基础设施
加快发展、逐渐与城市并轨，以农村劳动力和土地为代表的要素市场一
体化改革加快推进，为农村经济"再起飞"奠定了坚实的物质基础、
营造了渐佳的舆论氛围、引导形成了稳定的发展预期。

---

　　① 彭海红."去集体经济"还是"要集体经济"[J].中国集体经济，2012（32）：6 - 8.
　　② "五个统筹"即统筹土地利用与城乡规划、统筹城乡产业发展、统筹城乡基础设施建
　　　设和公共服务、统筹城乡劳动就业、统筹城乡社会管理。

随着城乡间制度性壁垒逐渐消除，要素在城乡间日益趋向于自由双向流动，这既给农业农村发展带来契机，也带来诸多新的挑战。改革以来，家庭承包经营制下农村土地集体所有权虚置，及农村事实上广泛存在的土地不定期调整、土地可转让权受限、法定政府征地权等因素，引致的农户土地权利不完整和土地发展权缺失，被普遍认为导致了农业要素配置效率和生产效率的损失。而以农民家庭为核心的小农分散化、细碎化经营组织形式则强化了这一现象。有专家指出，由于现行法律对承包经济内部各方主体的权利、义务缺乏明确规范，实践中诸多最基本的权利也时常遭受不同形式和不同程度的侵犯，难以得到切实有力的保障。① 家庭承包经营制度改革提高的生产效率，因缺乏"全面的深层构造改革"，尤其是以"有效的现代商业中介组织"缺失为突出特征，正在遭受"交易费用急剧上升的抵消"。②

前述集体资产流失、集体经济"空壳化"等现象，揭示出农村集体产权制度等深层的根本性制度约束。新的改革逐渐聚焦于农村集体产权制度改革，后者成为新时期全面深化农村改革的重大突破口。

改革首先以农村集体资产清产核资和推动完善资产与财务管理为切入口。早在1995年，国务院便印发了《关于加强农村集体资产管理工作的通知》③，强调集体资产管理的主体为集体经济组织，并就农村集体资产的清产核资、评估管理、经济审计以及健全集体资产管理的制度、法规等提出要求。1997年下半年，全国开始对乡（镇）、村级集体经济组织、村办集体企业的资产开展清产核资工作。而后又对乡村两级不良债务予以清理。

---

① 周其仁. 农民、市场与制度创新——包产到户后农村发展面临的深层改革［C］//周其仁. 产权与制度变迁：中国改革的经验研究（增订本）. 北京：北京大学出版社，2005：64 - 65.

② 周其仁. 农民、市场与制度创新——包产到户后农村发展面临的深层改革［C］//周其仁. 产权与制度变迁：中国改革的经验研究（增订本）. 北京：北京大学出版社，2005：64 - 65.

③ 根据2016年6月25日发布的《国务院关于宣布失效一批国务院文件的决定》（国发〔2016〕38号），此文件已宣布失效。

　　进入 21 世纪以来，农业部等职能部门从 2003 年开始，着力推动农村集体财务管理规范化建设，并于 2004 年提出进行农村产权制度改革试点。2006 年开始，土地、水域滩涂、水权、草原等农村集体资源性产权制度改革成为改革的主线。2007 年 10 月 1 日开始实施的《中华人民共和国物权法》明确将土地承包经营权界定为"用益物权"，奠定了农村承包地"确权颁证"改革和"入市"交易的法律基础。针对各界最为关注的土地要素市场"焦点"问题，2013 年的中央一号文件提出，要在 5 年内基本完成农村土地承包经营权的确权、登记、颁证工作；2014 年的中央一号文件进一步强调，要"在落实农村土地集体所有权的基础上，稳定农户承包权、放活土地经营权"。这标志着农村土地制度开始从"两权分离"转向"三权分置"①，土地经营权摆脱了"身份"权能的束缚，可以在更广阔的市场与多元主体间实现更为自由的流动，并实现与金融资本的深度结合，推进农村产业发展与农民利益增进的紧密联结。从 2015 年开始，全国首先在 33 个试点地区开展农村"三块地"改革②的试点，并于 2019 年开始在全国全面推开改革试点。同时，积极探索城乡建设用地"增减挂钩"、土地规范流转、土地经营权和农民住宅财产权"两权"抵押等改革深化与创新。

　　在此基础上，中央出台了一系列政策措施，对具备条件的地方率先探索农村集体产权股份合作制改革予以鼓励，以保障农民集体经济组织成员的基本权利为前提，赋予农民对集体资产股份的占有、收益、有偿退出以及抵押、担保、继承等权利，探索新形势下农村集体所有制的有效创新实现形式，促进农村集体经济发展壮大，增强集体经济组织服务于农户生产经营的综合能力。③ 2016 年，中共中央、国务院出台了《关于稳步推进农村集体产权制度改革的意见》，明确提出"三权分置"改

---

① "三权分置"中的"三权"，即农村土地集体所有权、农户承包权、土地经营权。
② "三块地"改革，即农村土地征收、集体经营性建设用地入市、宅基地制度改革。
③ 2012～2015 年的中央一号文件，党的十八届三中全会通过《中共中央关于全面深化改革若干重大问题的决定》等重要文件均对此进行了专门部署。

革是我国农村继家庭联产承包责任制"两权分离"改革后的又一次重大制度创新，系统全面地部署了集体产权制度的深化改革工作，对农村集体经营性资产股权量化改革予以突出强调。该意见对于当前及今后时期农村集体产权制度改革具有纲领性指导作用。①

总体来看，21世纪以来，农村集体经济呈现从"统分失衡"向"统分耦合"发展的演进脉络。农村产业在以城带乡、工业反哺农业等一系列资金政策支持下获得"补偿性"发展。以农村土地制度为核心的城乡统一要素市场构建等一系列关键领域的改革，着力畅通城乡间生产、流通、分配、消费各环节，为促进农村产业的规模化、产业化、现代化发展奠定了制度基础，客观上推动了农村整合过于分散化、细碎化的土地并将之逐步向规模化经营主体集中的进程。农业经营在传统的"双层经营体制"基础上，内生演化出各种创新结构和形态，呈现集体经济组织与多元社会主体并存发展、联合生产与合作协同的转变，家庭农场、种（养）大户、农民专业合作社、农业龙头企业等新型农业经营主体应运而生，形成农民家庭经营、村（组）集体经营、（股份）合作经营、企业经营等各类创新经营方式互促共生的"多层经营制"。② 实践中的"多层经营"因应各类经营主体对农业规模经济、生产服务等的现实需要，通过多元灵活的适应性方式实现农村集体经济的"统"与"分"。

如分散农户以委托经营或外包生产服务等方式向农业经营组织购买专业化、规模化服务，农业经营组织在流转土地进行规模化经营或整体开发后划片招引高效率农户及其他经营主体"入园"生产经营，农户在以土地折价入股建立土地股份合作社后聘请农业职业经理人规模化生产经营，农户成立股份制专业合作社并按照生产在户、运营在

---

① 高强，孔祥智. 新中国70年的农村产权制度演进脉络与改革思路 [J]. 理论探索，2019（6）：99-107.

② 周振，孔祥智. 新中国70年农业经营体制的历史变迁与政策启示 [J]. 管理世界，2019（10）：24-38.

社等多种方式联合生产，等等，不一而足。各类实践探索以市场化的方式创新出形式多样的新型农业经营主体，既以"统"的方式为农户提供了专业化生产性服务，较好地解决了个体农户在规模化、机械化、产业化生产及对接现代大市场等方面遭遇的实践难题，同时又创新形成诸多新产业、新业态，将"分"的农户以不同方式卷入现代产业发展的"洪流"，推动小农户有机衔接现代农业并实现劳动成果的共商、共建、共享。

传统的纯农户生产经营向纯农户生产、兼业农户生产及新型经营主体生产多元并存转变。新时期的农民收入结构也因此发生重大变化，在传统的家庭经营性收入基础上，拓展了工资性收入、财产性收入等多种来源，尤其是伴随农村集体产权制度改革而产生的财产性收入增长，更是农民合法权益保障与实现的直接体现，对于进一步拓展农民的收入渠道与方式、促进农民持续增收具有重大意义。

与前述早期发达地区先发改革试验所不同的是，这一时期的改革虽然仍是指向生产要素在城乡间更广泛的统一市场自由双向流动融通，但十分强调在农村农业基础之上创新实现农业与第二、第三产业的互动协调和体系共生。同时，农村集体和农户日益深入地卷入新型农村产业的生产经营、交易分配等活动之中，他们参与其中的一个基本前提是，在日益强化完善的以农村土地为核心的农村产权边界明晰与权责利清晰基础之上，与其他市场主体按照现代市场契约规则缔结合理的利益联结机制，从而实现利益共沾、风险共担，并为农业现代化转型发展吸引与聚合多方力量投入和获得可持续动力。从这个意义上讲，新型农村集体经济的发展，正在推动以农民为核心成员的农村集体"由身份集体向利益集体的转型"[①]，并为农民同时获得职能性收入和非职能性收入增长打下产业发展和财富积累的坚实基础。

---

① 徐勇，沈乾飞.市场相接：集体经济有效实现形式的生发机制 [J].东岳论丛，2015（3）：30－36.

二 农村集体资产股权量化改革：筑基农民收入增长

日益开放的城乡市场、加速流动的城乡要素以及日新月异的技术进步，要求赋予农村基本经营制度及农村集体经济更丰富的时代内涵。如前所述，我国农村集体经济已经从计划经济体制下"封闭型""单一性"的传统农业集体所有制经济，全面转向了社会主义市场经济体制下"开放型""多元化"的新型农村集体经济。党的十七届三中全会突出强调了推进农业经营体制机制创新与加快农业经营方式转变，明确提出："家庭经营要向采用先进科技和生产手段的方向转变，增加技术、资本等生产要素投入，着力提高集约化水平；统一经营要向发展农户联合与合作，形成多元化、多层次、多形式经营服务体系的方向转变，发展集体经济、增强集体组织服务功能，培育农民新型合作组织，发展各种农业社会化服务组织，鼓励龙头企业与农民建立紧密型利益联结机制，着力提高组织化程度。"[1] 党的十八大进一步顺应新的时代形势，提出"四化"同步发展战略，把"信息化"理念引入农业现代化发展范畴，旨在推动现代农业与信息化全面深度融合，引领农业农村现代化发展的时代方向。[2]

那么，以农民为核心主体的农业及农村集体经济如何能够以符合市场经济要求的方式，参与市场的公平竞争并合理分享市场红利？无论我们如何设想"入市"的"多元"契约或利益联结方式，农村"归属清晰、权能完整、流转顺畅、保护严格"的产权关系，必然是一切生产经营和市场交易活动的制度基础。

---

[1] 中共中央关于推进农村改革发展若干重大问题的决定（2008 年 10 月 12 日中国共产党第十七届中央委员会第三次全体会议通过）[EB/OL].中国新闻网，2008 - 10 - 19. https://www.chinanews.com.cn/gn/news/2008/10 - 19/1417269. shtml.

[2] 曹俊杰.新中国成立 70 年农业现代化理论政策和实践的演变 [J].中州学刊，2019（7）：38 - 45.

（一）农村集体资产股权量化改革：农村集体经济发展壮大的基础性建构

如前所述，农村集体产权制度改革实际涵盖三种类型集体资产的改革：一是农地等资源性资产；二是用于经营的房屋（建筑物）等经营性资产；三是用于公共服务的科教文卫体等非经营性资产。当前，农村承包地、宅基地等资源性资产的确权、登记、颁证等基础工作已基本完成，农地的"三权分置"改革正稳步推进；非经营性资产的统一运行管护等机制体制改革也正积极开展。作为今后一个时期农村集体产权制度改革的纲领性指导文件，2016年中共中央、国务院发布的《关于稳步推进农村集体产权制度改革的意见》，对改革进行了总体部署。其中，有序推进经营性资产股份合作制改革是要突出的重点。本书所集中讨论的农村集体资产股权量化改革①及新型股份合作集体经济组织的建构与运营，正是聚焦于这一改革重点。

2014年，农业部等印发了《积极发展农民股份合作赋予农民对集体资产股份权能改革试点方案》，以此为起点，在29个县（市、区）先行开展农村集体产权制度试点改革。此后，又先后分4批组织推进各地整建制地开展试点改革，涵盖全国28个省（市、区）、89个地（市、州）、442个县（市、区）②，涉及80%左右的县级单位③。2020年，改

①　本书所集中讨论的农村集体资产股权量化改革是聚焦于农村集体经营性资产的改革，根据书中"双向度"的制度嵌入分析视野，农村集体资产股权量化改革与土地等资源性资产改革、非经营性资产改革一起，构成了农村集体产权制度改革的有机体系，互为支撑、互为补充，尤其是在确权颁证等基础性改革工作完成后，其产权结果的运用和多元合作生产经营的过程中，几项权能更是紧密联系、协同作为。因此，在本章对农村集体资产股权量化改革进行回溯和分析时，属于该项改革"特性"的内容，就专门针对该项改革予以阐述，若涉及集体成员身份确认等具有"共性"的内容，则以"农村集体产权制度改革"做阐述，不进行具体区分。

②　全国深化农村集体产权制度改革工作会议召开［EB/OL］.中央人民政府网站，2020 - 08 - 22. http://www.gov.cn/xinwen/2020 - 08/22/content_5536563.htm.

③　余葵.全面推开农村集体产权制度改革试点需要把握的八个问题［J］.农村经营管理，2020（6）：20 - 25.

革在全国全面推开。根据分类施策的基本要求，农村集体经营性资产以清产核资、成员认定、股权量化、登记赋码等基础性改革工作为重点稳步推进，并按照 2021 年末时间节点倒排任务清单。2020 年 8 月，全国完成集体产权制度改革的村庄达到 43.8 万个，累计确认 6 亿多个集体成员、清查核实 6.5 万亿元集体账面资产，资源性资产总面积计有 65.5 亿亩，实现集体成员累计分红逾 3800 亿元。① 到 2021 年 9 月，全国已清查核实 7.7 万亿元集体账面资产（其中，经营性资产计 3.5 万亿元），建立起近 90 万个乡、村、组三级集体经济组织。②

显然，集体权利的边界和归属明晰、新型集体经济的组织建立和市场主体身份的获得等工作的完成，并不意味着改革的结束，而只是为成员集体所有的生产要素公平参与市场竞争和合理共享增值收益，以及依据确定的股权权能在成员间合理分配收益，真正实现成员的产权权益，奠定了制度保障与组织结构两个方面的基础。一是边界和关系明晰的产权制度，以强制保护和规范作为产权载体的农村要素在市场中的流动和配置活动，使交易市场主体各方均对产权行为及其结果形成稳定预期，并为农村居民获得与城市居民对等财产权利提供根本性制度保障。二是借鉴现代法人治理结构建构的新型股份合作集体经济组织，以作为携成员集体所有的生产资源并代理行使生产经营、收益增值等权利的创新性主体，并以此为统筹牵引，形成更为丰富、多元、多层次的现代经营体系。

据此，我们根据两个"基础"建构来理解当前正在推进的农村集体资产股权量化改革的相关核心工作。

1. 健全边界和关系明晰的产权制度

主要涉及农村集体资产所有权的归属及成员权的确认。由于农村集

---

① 全国深化农村集体产权制度改革工作会议召开 [EB/OL].中央人民政府网站，2020 - 08 - 22. http://www.gov.cn/xinwen/2020 - 08/22/content_5536563.htm.
② 全国农村集体产权制度改革工作部署视频会议在京召开 [EB/OL].农业农村部网站，2021 - 09 - 16. http://www.moa.gov.cn/xw/zwdt/202109/t20210913_6376321.htm.

体经济以生产资料的成员集体所有为基础，成员既是其创造主体，也是其价值主体，集体资产是成员共同劳动积累的财富，农村集体经济的发展与每一个成员的切身利益息息相关。因此，在生产经营中把农民以某种合意的方式组织起来，通过有效率的合作或联合生产，实现共同发展和共同致富，成为农村集体经济发展的内在要求。也因如此，"成员集体"是集体资产所有权的法定主体，而农民个体在集体经济中所处的产权地位与所能获得的权能收益，则决定于他们在集体经济组织中的成员身份。

在清产核资的基础上，改革首要的关键是明确集体资产的所有权归属及确认成员身份。农民作为农村集体经济组织成员的权利，主要体现为享有财产权利和民主权利：财产权利即农民应享有的土地承包经营权、宅基地使用权及集体收益分配权；而民主权利则主要是农民对集体经济活动的知情权、参与权、表达权、监督权，以及选举权和被选举权等权利。

改革开放 40 多年来，农村已经从封闭的社区转变为日益开放的社区。一方面，大量务工人员常年不在家，另一方面因投资农业、婚丧嫁娶、生老病死、移民搬迁等诸多因素，有大量外来人员进入，现行社会关系结构极其复杂。对此，改革先行区域遵循"尊重历史、兼顾现实、程序规范、群众认可"的原则，在统筹考虑户籍、土地承包等关系，并综合成员对集体积累的贡献等因素的基础上，多数地方以县（区）为单元出台了成员身份确认的统一指导意见。但在具体实践中，则贯彻依靠群众、因地制宜的工作方针，对于具有争议的成员身份认定交由农民群众通过民主协商的方式予以解决。这是尊重农民意愿和维护农民权益在实践中的深刻践行。

但分散农户的集体资产所有权并不能由某个个体农户或基层组织予以行使，到底应该由谁来代表成员集体行使集体资产所有权呢？依据《中华人民共和国物权法》及《关于稳步推进农村集体产权制度改革的意见》等法规，村组两级集体经济组织可以依法代表成员集体行使该项权利，如果没有成立集体经济组织，则可以由村委会或村民小组代行权利。

与此同时，集体资产股权量化改革的最终目的是，盘活集体资源并发展壮大集体经济。显然，这就把健全发展新型农村集体经济组织并增强其现代性和可行能力提到了重要地位。中共中央、国务院印发的《关于稳步推进农村集体产权制度改革的意见》明确指出："对政府拨款、减免税费形成的资产归农村集体经济组织所有"。这一规定相当于给集体经济组织奠定了支持和撬动的资产基础，尤其是对于过去的贫困村，在脱贫攻坚中获得了各级财政的大量投入并形成优质资产。各地相关部门梳理明细并实地盘点移交给农村集体经济组织后，它们就为这些相对贫困积弱的村庄奠定了发展起步的原始资产基础。

2. 借鉴现代法人治理结构建构新型股份合作集体经济组织

实践调研发现，改革推进过程中，存在部分对改革政策的误读。其中，极易把"股份合作制"等同于"股份制"。虽然新型农村集体经济组织是建立在股权量化到农户的基础上，并依据股权进行集体收益分配，且其现代化发展的方向须借鉴现代法人治理结构，但这绝不等同于要把农村集体经济组织改造成为一般的公司制的工商企业。

落到人头的权益是集体收益分配权，并不是要把集体资产分到人头从而按份共有。改革不能改变集体经济作为社会主义公有制经济组成的根本属性。也因此，改革具有"社区封闭性"特征，即集体资产和集体成员均严格限定在集体经济组织内部，股权的流转也不能突破集体经济组织的范围。而借鉴现代法人治理结构，关键是要借鉴如何对集体资产股权进行科学设置、规范管理，以及如何落实成员大会、理事会、监事会等规范科学的治理体系和运营机制。

这里的"社区封闭性"强调集体资产归属于成员集体的"公有制"属性，权属的所有权及与之对应的集体收益分配权，只能在集体成员内予以确定和实现，因而具有"封闭性"特征。但这并不意味着农村资源要素的流动必须囿于集体社区，反而因为明晰了集体经营性资产的产权权能和权责义务，并在此基础上构建起具有现代法人治理结构特征的新型股份合作集体经济组织，作为产权载体的资源要素获得了在更大市场范围内自由流动并与其他优势资源以多种方式联合、更有效率配置和更高效能创造财富、对等参与增值收益分配的"可行能力"。

可以说，具有"社区封闭性"特征的改革，事实上为资源要素流动和配置的更大"开放性"提供了保障、准备了条件。与此同时，因应当前农村社区日益开放的演进趋势，以及由此而来对"新型集体成员"认定的客观需求，成员集体也具有某种"开放性"特征。传统以户籍为核心依据的成员身份认定，正在经历以尊重各集体自主选择为基础的多种方式变革，经由集体认定的"新型集体成员"也按议定规则被赋予了一定股权及收益，如部分村庄兴办的集体企业通过聘请职业经理人开展运营，职业经理人在任职期间获得一定份额的股权并按股参与分配，只是一旦离任则要求将所持股权归还集体。

在改革实践中，各地对资产的折股量化也采取了因地制宜的方式。譬如，以改革时点存续的集体资产总额或净资产为总股本，并折股量化到本集体成员；或以集体各项经营性资产的原始价值总额为总股本，并折股量化；或尊重农民意愿，把未承包到户的集体土地等资源性资产也通过份额形式明确量化到每位成员。

以贵州六盘水为代表的农村"三变"① 改革，则进一步将集体所有的土地、草地、森林、滩涂、荒山、水域等自然资源性资产，以及房屋、基础设施、建设用地（物）等可经营性资产的使用权，采用合同或协议的方式，与家庭农场、合作社、企业等新型农业经营主体开展股份合作；同时，各级财政投入农村的扶持类资金（救济、补贴、应急类资金除外）、发展类资金等，在不改变资金使用性质和用途的前提下，先转为"归农村集体经济组织所有"②，再折股量化到村集体或农户，并通过合同或协议方式，与各类新型农业经营主体开展股份合作。此

---

① "三变"，即资源变股权、资金变股金、农民变股民。

② 参见《关于稳步推进农村集体产权制度改革的意见》。

外，农民也可以基于自愿，通过合同或协议方式，以自有耕（林）地的经营权、宅基地使用权入股，或以资金、实物、技术等入股，与各类新型经营主体开展联合经营。由此，村集体经济组织与农民个体、各类新型经营主体等不同主体间，根据股份权利和议定方式，对所得经营收益进行分配；其中，村集体经济组织所获收益，在按规定提取公益金和公积金后，再通过议定等方式对集体成员进行二次分配。① 六盘水各村庄正在探索的"空气股""资源股"（瀑布、野生动植物等自然生态资源）等改革，从目前来看，主要是不同区位的村民通过协商确定资源价值及股份权益。虽然按照现代市场的标准来看，尚未建立所谓规范的价值评估和股权分配体系，但在实践中无疑是十分实用而高效的。

这些"实用性"改革恰恰充分体现了"把选择权交给农民"这一改革法宝的巨大价值。发端于六盘水并在全国广泛推广的"三变"改革及其成功案例，为我们培育新型集体经济组织，并在此基础上以灵活适宜的形式进行多种股份合作提供了生动的实践借鉴。作为产权载体的资源要素通过多渠道投资，已经具有产权财富化的实质，既促进了村集体的财力增进，也促进了农民的收入增长。

进一步地，改革实践中有关是否设置集体股、股权采取"静态"或"动态"管理等问题的解决，均遵循了"由农民自己来选择"这一基本原则。总体来看，各地的集体股比例呈现逐年下降的趋势。② 从改革的基本属性和长远来看，集体所有的公有制性质并不因设不设置集体股而改变，而设置了集体股反而可能因今后集体资产日益增多、村内人员社会网络关系变动复杂等因素，具有二次改革的风险。农村公务事务等开支，则可以通过提取公益金和公积金的方式来实现。这其实也有利于"政经分开"，从而使新型集体经济组织真正成为独立的市场主体。此外，多数地方选择了"静态"股权的管理方式，也即以户为单位额

---

① 根据笔者所在课题组实地调研资料整理。

② 余葵. 全面推开农村集体产权制度改革试点需要把握的八个问题 [J]. 农村经营管理，2020（6）：20-25.

定股权且不因家户人口增减而调整。这恰好与土地确权的"生不添、死不减"相衔接，事实上有利于促进产权结构的稳定性与构建集体经济运行发展的长效机制。

2017 年 10 月 1 日开始施行的《中华人民共和国民法总则》，创造性地将农村集体经济组织确立为特别法人，明确赋予了集体经济组织法律地位，这意义重大。2018 年开始，农业农村部、国家市场监管总局、中国人民银行等部门，联合启动了农村集体经济组织的登记赋码和颁发证书等工作。国家立法调整与配套政策出台，从法律和政策层面对农村集体经济组织的市场地位和身份进行了认可、规范，集体经济组织因此具有统一的社会信用代码，并且可以凭借登记证到相关部门刻制公章、办理银行开户等手续，它们公平地参与市场竞争也具有相应的制度性保障。

（二）发展壮大集体经济与促进农民增收：改革的目标方向

农村集体资产股权量化改革在产权边界和归属明晰的基础上，将集体经济组织所有的集体资产以股权方式明确到具体农户，并以此为依据合理分配集体收益、实现成员利益共享。这既符合农业生产资料共同占有的基础上集体所有制充分体现集体成员的平等、尊严和福祉，并能够让个体在集体中获得全面更好发展的内在要求，又具有成员平等共商、民主共治、互助共建和利益共享的激励相容特征，能够更有效率地在集体资产不可分割的条件下落实集体成员的产权利益。我们认为，新时期农村集体资产股权量化改革基础上的新型股份合作集体经济组织的打造，是坚持和巩固农村集体所有制经济方向上的创新性"再集体化"，以新型合作经济的载体方式既稳固了集体所有制的存在形式，又丰富了集体所有制经济的实现路径。

如前所述，以农村集体资产股权量化改革为代表的农村集体产权制度改革，最终的目标方向，是健全完善农村产权关系，并在此基础上培育发展成员边界清晰的股份合作等多种形式合作经济，从而推动形成符合市场经济主体和能力要求的新型集体经济运行机制，有效结合集体的优越性和农民个体的积极性，在切实保障农民的集体经济组织成员权利的基础上，激发集体经济活力和增强集体经济凝聚力。

在新的制度框架下，农村新型股份合作集体经济组织以特别法人主体身份参与市场经济发展，以规范契约的方式与其他市场主体及其资金、人才、技术等优势资源联合，引领农村要素资源更加深入地参与到城乡现代生产活动与交易活动当中。这有利于盘活集体资产资源，带动小农户与现代农业、现代市场有机衔接融合，更好地发展壮大集体经济。同时，这一新型合作经济形式为集体资源集中式开发奠定了可行基础，有利于在城乡融合发展的视野下，实施乡村地域的空间布局与功能优化、连片统一规划建设以及农业经济的集约化高效化发展；有利于充分发挥土地、劳动力等资源优势，积极推动产业链延伸和三产融合发展，有效提升并留存农业的附加价值。

只有集体经济发展壮大了，农民的集体收益分配才能得到保障，村集体提供统一生产性服务、处理公务事务才有能力有基础。改革势将在集体与农民、集体与企业、农民与农民、农民与企业间，催生股份合作等更加多元的联合与合作，创造出更加灵活和具有适应性的集体产权实现形式，有利于充分激活农村要素资源，完善农业现代经营体系，激发农业农村发展的新动能。如此，将大大拓展农民的收入渠道与形式，尤其是扩大财产性收入在收入结构中的占比，使之作为集体成员的资产权益切实体现在实际的收入水平和生活水平提升中。

在这样的语境下，农村产业发展及其价值实现，必然更加突破传统的农村农业范畴，在实践中表现为三次产业体系在城乡一体化空间中的优化布局和有机互促。但我们认为，区别于早期发达地区农村工业化取向的"非农化"实践探索，新时期乡村地域的产业振兴一定是立足于农村农业本身，在重新发现和定义乡村价值的基础上，推动实现"农业+"或"+农业"的三次产业融合创新发展。或许，我们可以视之为新时期农村集体资产股权量化改革基础上，以新型股份合作集体经济组织实现"再集体化"下的农村产业"再农化"创新发展。

三 农村集体经济嬗变与农民收入：逻辑阐释

通过对我国农村集体经济嬗变的历史脉络进行梳理，我们可以清晰地看到，伴随社会生产力水平不断提高，农村以产权关系为核心的制度变革及集体经济发展，始终围绕社会主义公有制在农村的具体表现形式、实现形式以及组织农民、发展农民的具体形式而展开。在不同的时期，农村集体经济的形式与特征虽然各不相同，但巩固和稳定"劳动群众群体所有"的农村基本经济制度这一根本属性不变。改革是通过其实现形式的持续创新，不断拓展农村集体经济的内涵与外延，创造出特定阶段与生产力发展水平相适应的实现形式并使之日益丰富多元，具有鲜明的与时俱进特征，从而保持着持续的动力与生命力。

作为农村集体经济组织的成员主体、创造主体和价值主体，农民如何组织并开展合作（联合）生产，构成农村集体经济在各阶段具体实现形式的核心实质。农民既是农村集体经济发展的直接利益或成本承受者，也是改革的关键推动者。作为农村集体经济各阶段特定制度安排下农民的投入与产出的直观物质表现，农民收入的获得渠道与发展水平，为我们考察制度本身的绩效提供了较为直观的"窗口"。而每一次的变革，均是因应生产关系调整以适应生产力发展水平，并作用和促进生产力发展而生发，这也是改革所形成的新制度安排稳定可持续的前提条件。根据本书所建构的基本分析框架，我们试从以下方面阐释农村集体经济嬗变及其与农民收入变化之间的逻辑。

（1）改革总体朝着拓展农民财产权利和推动实现农民身份自由的方向，农村集体经济组织呈现从"身份集体"向"利益集体"转变的特征。

《新帕尔格雷夫经济学大词典》中，阿尔钦是这样给"产权"下的定义：产权是由社会强制执行的对资源的多种用途进行选择的权利。该定义所揭示的深刻含义在于：选择即权利。农村集体所有制是社会主义公有制在农村的具体表现形式，集体的成员——农民，在各阶段的制度安排中对集体所有的资源要素的生产、交换、分配，以及对自己的劳动投入、从业范围、流动空间、权益实现等方面，拥有多大的自主选择权，给我们提供了一条观察改革进程的逻辑主线。

新中国成立以来，伴随农村产权制度改革及农村集体经济的演进，农民这一核心主体的发展经历了从"身份"农民转向"契约"农民的深层变革。与之相应，农民的财产权利与身份自由愈益朝着"松绑"的方向发展，农村集体经济组织因而呈现从"身份集体"向"利益集体"演变的特征。新中国成立初期，土地改革实现了农民"耕者有其田"的均田理想，农民在短时期内成为拥有土地私有权的自耕农。伴随社会主义改造，农业的集体化运动使农民很快由自耕农转变为合作社社员，进而转变为人民公社社员，这标志着"身份"农民的正式形成。所谓"身份"，是基于个体或群体的出身对其社会地位予以确定和固化的社会秩序，社会成员的地位高低、权利及义务大小等均由身份制度予以规定，不同身份享有不同的权利及义务，个人几乎没有主动选择改变的权利和能力。之所以将此时的农民称为"身份"农民，是因为人民公社"一大二公""政社合一"的特性，使农民基于对土地的依赖，形成了对集体乃至对国家的人身依附关系。这种依附关系使农民在各种计划性、指令性制度规定中，既没有对生产资源使用及生产的决策权，也没有对劳动成果分配的决定权，甚而也没有跨区域特别是跨城乡流动的选择权，从而被紧紧地束缚在土地上，成为为工业化、城镇化提供稳定农产品的"国家农民"。① 财产权利和身份自由束缚的负向激励，则在实践中表现为机会主义、偷懒、搭便车等利益诉求的消极表达，其代价便是农业低效率及人民公社治理的成本上升。

改善农民激励、激发农民生产积极性的变革首先从局部开始，如划小人民公社规模、允许小规模家庭副业和少量自留地经营等。这实际是

---

① 蒋永莆. 农民发展70年：从"身份"到"契约"的演进 [J].江汉论坛，2019（12）：116 - 122.

对农民财产权利和身份自由的放松。家庭自留经济的引入，使农民拥有自己可控的生活来源，虽然仍未被允许退出人民公社，但他们在集体劳动中偷懒而在自留地上勤劳的行为，实际相当于体制内的部分退出。1978年开始的"包干到户"改革，则意味着对农民财产权利和身份自由的进一步解放。集体土地所有权和承包经营权"两权分离"，无疑在集体与农民之间订立了某种"契约"，农民在承担对国家和集体的土地义务基础上，获得了生产的自主决策权、部分劳动成果的剩余索取权，甚至部分私有财产。农民对集体乃至国家不再是一种依附性的人身关系，而是可以按照自己的意愿选择从事农业或非农业生产，且按"契约"交够国家和集体的部分后，对剩余的劳动成果具有自主处置的权利。

家庭联产承包责任制的合法化、稳定化、长期化，使农民能够在解决温饱问题的基础上，进一步积累起更多的归属于自己的经济资源，同时也促进了集体财富的增长。农民进而具有日益强烈的突破农村地域和农业产业局限寻求更高价值创造机会的动机。事实上，我们看到，20世纪80年代，在国家确认了农村"统分结合的双层经营体制"后，农村政策的基本走向，就是农民财产权利和身份自由的持续"松绑"和拓展，包括城乡统一的劳动力市场的建立，以及仍在推进的城乡公共服务的均等覆盖等改革。

当前正在全面推进的农村集体产权制度改革，重要目标就是保障农民的集体经济组织成员权利，核心是财产权利与民主权利。改革最为基础的工作，即厘清农村各类产权的归属和边界，赋予它们与其他生产要素对等的地位和权利，从而使已然涌动的农村产权交易与流动行为，从非正规不稳定性预期走向法律规范下的稳定预期。这意味着农民进一步地获得参与市场公平竞争的自由、权利和义务，并通过契约与其他主体缔结利益关系，从而按贡献和约定获得合理报酬。在此基础上进行的经营性资产股份合作制改革，实质也是通过集体资产的股权量化与落实，以经济利益为纽带和以多元创新的合作生产、联合生产形式，形成集体经济与农民个体、农民与农民间的紧密关系，并在农民与其他市场主体之间按照现代市场契约规则缔结合理的利益联结机制，实现集体增益与农民增收"双增效"。因此，农民从"身份"农民向"契约"农民的演进，也是集体经济组织从"身份集体"向"利益集体"的演进。

（2）改革受到"内""外"两个方面因素的制约，是"诱致性"和"强制性"两种制度变迁力量共同作用的结果

博弈论视野下的制度变迁理论认为，当"诱发性环境变化"发生即外部环境发生巨大变化，连同"相关域内部累积影响"即客观博弈结构内部的均衡结果影响累积到一定阶段的时候，制度危机便可能产生。此时，新的变革就可能发生。[①] 我们认为，城乡关系的演进构成农村集体产权制度改革及农村集体经济演进的外部制度环境，而不同阶段的农村产权关系所决定的生产主体及其效率则构成其内部累积影响。正是以农民为核心的农村基层"自下而上"的自发力量，与体现国家意志和改革决心的"自上而下"的主导力量，在内外环境约束下"上下结合"互动，共同推动了改革的进程。

新中国成立初期的计划经济体制建立，不能仅仅理解为意识形态影响下的行为选择，同时也是加快社会主义现代化国家建设，构筑强大的国防体系进而工业体系下的客观选择。1952 年开始的第一个"五年计划"提出了"重工业优先发展"的"赶超"战略，这实际上是对一条高技术、高资本积累的发展道路的选择。作为贫困落后的农业国，中国在当时面临资源匮乏、技术落后、资金分散、引进关键技术设备的外汇稀缺等严峻挑战。在特定的历史条件下，自上而下的中央计划经济体制，为短时期内集中动员有限资源保障工业化所需，提供了节约交易成本的有力手段。作为经济社会最主要构成的"三农"，则自然成为"有限资源"创造及供给的最核心主体。前述农产品统购统销、人民公社及城乡二元分割的户籍制度，形成了一整套相互强化、互为支撑的制度体

---

① 青木昌彦. 比较制度分析［M］. 上海：上海远东出版社，2001：243-247.

系，对农村经济社会产生了深刻的影响。

而当时的农村十分凋敝、生产力水平低下，解决温饱问题是农民的最迫切之需。土地改革不仅实现了农民一直以来对"耕者有其田"的深切愿望，也为农民的生存生活提供了最基础的保障。面对集体化的政策号召，初期的农民既有合作以对抗生产力水平低下困难的内在需求，也因受到思想意识形态的影响而对未来具有较高的预期，他们参与合作社的热情总体是高涨的。加之"工分制"等分配方式使农民的负担呈现"间接化"和"隐蔽化"特征，产权形式的单一性则使农民间的利益矛盾和冲突呈现"隐性化"特征。这些因素客观上对高度集中统一的生产经营体制具有强化实施的作用。

我们可以认为，计划经济时期传统农村集体所有制经济的确立与运行和在一定时期的相对稳定，是在特定的内外条件约束下的理性选择。但具体来看，新中国成立初期基于农地私有制的农民互助组合作生产，是农民自愿互利原则下联合克服生产力水平低下困难的"诱致性制度变迁"，而后期从初级合作社到高级合作社，乃至人民公社的演进，则是"重工业优先发展"战略下体现国家意志的"强制性制度变迁"。

但是，农村生产效率的低下和隐性的劳动力过剩，很快从农业生产下滑、粮食短缺当中得到映射。党的十一届四中全会对合作社和人民公社时期农业农村的发展状况做出过如下估计：1957～1978 年，全国人口增长了 3 亿人，其中非农业人口增加了 4000 万人，但与此同时，因基本建设用地等原因，全国的耕地面积减少了；尽管单位面积的粮食产量和总产量有所增长，但 1978 年全国人均粮食占有水平只大体相当于 1957 年的人均水平；全国农业人口的人均年收入仅 70 多元，其中，收入在 50 元以下的生产队社员近 1/4；各生产大队的平均集体积累不及 1 万元，部分地方甚至难以维持简单再生产。① 公社体制内，农民的投入与产出严重失

---

① 中共中央关于加快农业发展若干问题的决定（1979 年 9 月 28 日中国共产党第十一届中央委员会第四次全体会议通过）［EB/OL］. 中国经济网，2007 - 06 - 07. http://www.ce.cn/xwzx/gnsz/szyw/200706/07/t20070607_11631290.shtml.

衡，生产积极性受损，消极怠工等行为普遍存在，累积了突破现有制度束缚的强烈动机，从屡次"包产到户（组）"的"偷偷"变革中可窥一斑。

有学者对农业税、农副产品收购①、农民在国家银行的储蓄、农产品换汇、农民对体制的认同和政治支持②几项指标进行加权平均，用以衡量国家控制农村经济的收益指数，对国家财政支农基金、国家行政开支、国家银行对农村的贷款、农用生产资料销售补贴、集体经济的管理费用、控制农民离心倾向的意识形态投资③几项指标进行加权平均，用以衡量国家控制农村经济的费用指数。通过比较1952～1982年的两个指标发现，30年中，有23年的费用指数较收益指数增长更快。这一结果虽然并不代表该时期农村体制对于国家而言绝对"亏损"，但表明在多数年份国家承受着制度费用相对更快增长的较大压力。④中国农村内部及整体经济体制所表现出的与社会生产力不相适应与"僵化"，使经济在很大程度上缺乏活力、失去动力，效率普遍低下，迫切需要从根本上改变束缚生产力发展的经济体制、启动改革进程从而在内外达成一致。

改革首先从农村的家庭联产承包责任制开始，以小岗村"按手印"的"冒险"行动为标志，具有典型的诱致性制度变迁特征。这一改革可谓是"帕累托改进"式的改革，除可能与传统意识形态产生冲突外，未触及任何群体的既得利益。1982年开始，由国家在全国范围内推广包产到户，及至最后在1991年将改革形成的经营体制确立为"统分结合的双层经营体制"。这一阶段的改革是典型的强制性制度变迁进程，但显现出尊重农民选择、顺应农民创造的显著特征。我们不能简单地把农村集体经济的演进过程归结为"自下而上"或"自上而下"的推动方式，恰恰是"上""下"两种力量的互动结合共同克服了改革进程中

---

① 该指标包含在国家征购中的差价租税。
② 该指标以农业总产值的增长率和农民从集体经营部分获取的人均纯收入来间接度量。
③ 该指标以农民从家庭副业部分获取的纯收入度量。
④ 周其仁.产权与制度变迁：中国改革的经验研究（增订本）[M].北京：北京大学出版社，2005：15.

的困难，推动了改革持续向前。

改革初期，农村生产力得以巨大释放，农民在新获得的土地上投入大量人力，无暇他顾。但很快，计划经济时期农村劳动力隐性过剩①的问题便显性化了。大量从土地上"析出"的农村剩余劳动力急需在非农领域寻求新的发展机会。这一时期，虽然改革开放促使中国城乡二元分割在诸多方面"解冻"，但总体而言，典型的"城市偏向"的政策设计和发展路径选择仍贯穿经济社会各个方面。其中，以土地征用为主要特征的地方土地财政及其驱动下的城市快速扩张，以及由此形成的国家对土地一级市场的法定垄断制度与征地廉价"剪刀差"（土地市场价与征地补偿费之差），成为农村服从于城市或从属于城市、农村要素单向度流向城市、城乡差距持续扩大最为显著的标志性表征。而作为身份识别的城乡户籍制度以及与此相关联的教育、就业、医疗、养老保障等系列权益问题，则进一步阻隔了城乡要素互流、发展互促的通道。

改革初期城乡生产要素二元分割的状态下，农业剩余劳动力迫切需要寻找非农就业机会与难以突破农村范围自由流动的冲突，为乡镇企业的"异军突起"创造了条件、蓄积了动力。20 世纪 90 年代中期，乡镇工业已占据全国工业生产的 1/3 左右，具有举足轻重的地位，为农村剩余劳动力在非农领域就业增收开辟了主要渠道。

沿海地区的乡镇企业往往在城镇建立，农村剩余劳动力逐渐突破就地取材、加工、销售的"三就地"原则，加速向本地区乃至农村范围之外流动并从事城市工商业。尤其是在 1992 年邓小平南方谈话后，各

---

① 姚洋在对中国农村改革的动因研究中提出以下值得关注的事实：在 1955～1957 年集体化刚开始时，中国农业的全要素生产率（TFP）便开始下降，到 1960 年降至谷底，之后虽稍有提高，但很快又下降，直到 1978 年农业改革伊始，基本维持在 1959～1961 年水平，直到 1984 年才恢复到 1958 年的水平，这意味着公社时期的农业增长并不是更有效地利用劳动力、土地及其他农业投入所带来的；通过对平均每亩土地的劳动力投入天数进行观察发现，公社时期的产量增长主要来自劳动力投入的增加，也即，许多劳动力投入被浪费掉了，或者讲，公社时期被制度性束缚在土地上的农民事实上存在大量低效"隐性过剩"。参见：姚洋. 作为制度创新过程的经济改革 [M].上海：格致出版社，上海人民出版社，2008：125－128。

地相继对农村劳动力的跨地区流动"松绑",政策逐步转向引导他们在地区间有序流动,劳动力跨区域流动和进城务工更成为农村家庭日益增长的收入来源。

但与此同时,市场经济的冲击也使农村的传统伦理秩序和功能性组织趋于瓦解,以核心家庭为基本行动单位的分散化成为农村社会的普遍现象。如前所述,农村优质劳动力流失、传统农业难以对接现代大市场、农业生产经营增收乏力等问题成为农村面临的新挑战。与此伴生的是,农村经济社会发展水平和农民受教育程度的整体性提升,农村因而日益突破传统的社区封闭性,不断密切与外部世界的联系。城乡间差距持续扩大的现实,使农民的利益诉求不再限于基本生存权益偏向,而是进一步扩展到带有一定功利主义的经济利益诉求,更进而发展为涉及政治、社会等多元复合权益的诉求。由此,在农民精英的带领下,一些以经济利益为联结的新经济联合体、合作组织和私人实体在农村出现。

这又是一次农民基于增强发展能力和增加收入内在需求的"诱致性制度变迁",加速推动了农村资源要素在市场的流动和配置,虽然在相当程度上促进了农村产业的规模化发展和农民增收,但也使模糊产权下农村资源要素的潜隐风险和市场障碍问题日益成为关注的焦点。

进入 21 世纪以来,针对持续扩大的城乡差距和日益突出的"三农"问题,中央开始不遗余力地实施城乡统筹战略。党的十八大以来,中国城乡关系已全面转向融合发展新阶段。相较于上一阶段的城乡"统筹"和城乡"一体化",城乡"融合"是城与乡的差距进一步缩小,乡村地域在基础设施、公共服务、产业发展及经营主体和结构网络等诸多方面已经奠定坚实基础的情况下,致力于城乡共生共荣发展的新阶段。这一时期要解决的核心问题是市场作用偏弱,因此要在继续破除城乡二元体制机制的情况下,打破政府单一主体的局面,主要依托市场的调节作用,积极发展城乡融通一体的现代市场体系、协同共兴的现代产业体系、对等分享的现代价值体系,从而以"产业兴旺"为驱动力,实现乡村地域的产业、人才、文化、生态、组织等全面振兴。

进一步看，21世纪以来以农村集体产权制度为重要牵引的农村全面深化改革，既是对农村自发的合作经济创新及其对规范性组织和制度的内在需求的响应和顺应，也是党顺应新时代的发展大势，领导农村和带领农民开创中国特色社会主义的乡村振兴道路，实现公平发展、推动共同富裕的应有之义。以确权颁证的方式对农村产权予以法律性规范，并通过相关法律规章政策的修订、颁布明确各主体的权利义务，为避免农村产权在交易中遭受各种形式和不同程度的侵犯，提供了有力的强制性保障。在此基础上，农村集体经济及产业发展，才可能在"有效市场"与"有为政府"的有机共促作用下，坚持走"多层经营制"持续创新的发展道路，从而具有从农民与不同市场主体"自发性"制度变迁探索与非正规组织建构，向政府引导与体制机制完善健全基础上的"自觉性"改革深化与规范组织体系建构演进的特征。

纵观新中国成立以来农村集体经济嬗变与农民收入演进的历程，它既是农村生产关系因应生产力发展水平不断适应性调整变革的进程，也是党尊重广大农民的意愿和创造并领导广大农民不断革新和发展的进程。当前以农村集体资产股权量化改革为代表的农村产权制度改革已取得了显著成效，农村各类资产的确权颁证等基础工作已基本完成。但我们亦清楚地认识到，从摸清家底，到明确权属边界和归属，并建立起新型股份合作集体经济组织框架，只是完成了改革的基础制度建构和基础组织建构。

因改革仍在探索中前进，确权赋能等基础改革的路径及后续改革方案，仍须在及时总结实践问题、推广实践经验中不断优化与完善。更须持续关注和思考的是，改革能否真正取得持续性绩效并达成目标，还取决于新型股份合作集体经济组织能否担负起使命，切实发展成为具有符合现代市场要求的可行能力的有效市场主体，有力组织和牵引农民创新多元化多层次合作经济，壮大发展集体经济，从而达成第二章阐释的

"可以作为""合理作为""有效作为"三项预期目标。

所有目标均需在内外"双向度"的持续改革和制度体制机制创新中予以实现。也即,新型股份合作制集体经济及其牵引的多元化多层次合作经济创新体系真正达成目标:一方面,有赖于城乡融合背景下相关配套制度的建立健全,如农村集体经营性建设用地入市的相关配套制度、农村集体经济组织立法、财税支持政策、金融机构融资担保等机制创新,等等;另一方面,又须与土地等资源性资产产权改革及非经营性资产产权改革制度相互衔接,形成互补支撑体系,进一步探索对接各类社会资源的有效制度安排,拓展联村联营等更加多元的集体经济实现形式,并从治理结构、激励约束机制、资产运营机制、人力资本等各个方面,持续提升新型集体经济组织的"可行能力",进而使之真正成为具有一定市场"势力"的特别法人主体。对于这些问题,我们将在后续章节,根据已建构的分析框架进行理论讨论,并通过实证研究和典型区域个案剖析予以支撑。

第四章　农村集体资产股权量化改革与农村产业振兴："内外双向度"与"三重融合"

　　到 2019 年底，农村已基本完成集体资产的清产核资工作，先行先试地区也在此基础上，因地制宜地积极探索集体经营性资产股份合作制改革，并积累了丰富的经验。但是，摸清集体资产的家底、完成清产核资工作，并建立起产权更加明晰、集体成员共享利益的新型股份合作集体经济组织，只是完成了农村集体资产股权量化改革的制度重构和组织建构等基础性工作。以此为起点，改革的真正目标，是在更大范围内实现农村产权要素的有效流动和配置，并将极度分散的农民按照符合现代市场规范的形式组织起来，使之以灵活的适应性方式深度融入农村现代产业发展壮大、自觉参与市场交易活动、公平分享市场增值利益，从而探索农村集体所有制在新发展条件下的有效创新实现形式，推动集体经济发展壮大，进一步巩固和完善农村基本经营制度。切实维护农民的合法权益，让广大农民合理分享发展成果，是改革的出发点和落脚点。而不断拓展农民的增收方式和增收渠道、实现农民持续增收，则是其中最直接的体现，具有推动改革形成激励相容和可持续动力的基础意义。

　　如此，农村产业实现从传统向现代的"一个转变"并发展壮大，是改革最显性的物质化体现，也是改革可持续和效能提升最核心的内在化驱动。根据第二章建构的研究框架，本章将农村产业现代化转型发展置于当前农业农村"双现代化"发展的崭新时代背景中，着重从内外两个向度"嵌入"、促进"三重融合"的角度，研究农村集体资产股权量化改革对农村产业振兴的作用机理和效能。

中国城乡关系持续演进至今而必然步入的城乡融合发展阶段及其特定条件和趋势，构成农村产业现代化转型发展的外部条件，农村集体资产股权量化改革深刻地嵌入这一外部制度体系，迫切需要相关配套制度予以互补强化。在此背景下，乡村愈益打破传统封闭、全方位开放进而加速重构，构成农村产业现代化转型发展的内部条件，农村产业适应于技术进步所彰显的社会生产力变革方向和要求，已日益展现出满足现代市场有关品质、生态、休闲等升级需求并超越传统农业功能范畴的多种功能，创新性地发展出具有地域差异性的模式和形态，而农村集体资产股权量化改革正是对当前农村、农业生产力发展的适应性回应。

具体而言，城乡融合发展势将加速推进农业农村跳脱于"三农"范围，在城乡互动互促更广阔的范畴实现开放创新发展，从而加速推动要素在城乡间双向融通、优化配置，促进城乡产业分工协同、利益共享，并最终实现城乡空间"异质"而"等值"的整体优化。与此同时，站在新的时代背景下，对于传统相对封闭、以农业生产为核心和以熟人社会为基础，并由此衍生出的生产方式、生活习俗、社会结构、人居环境等一系列自然人文现象所构成的乡村特有价值体系，须予以重新认识。过去被认为有缺憾的因素反而可能在新环境新条件下成为独具特质的资源要素，不仅能够创造高附加值的经济收益，也能够成为激发乡村内在活力的关键因素。由此，农村产业的现代化转型还须置于乡村内部生态、生产、生活"三生融合"发展的视野之下，以第一产业（农业）为依托而又不囿于第一产业，逐渐形成三次产业融合发展的新型农村产业结构。

本书所集中讨论的农村集体资产股权量化改革，恰成为新的内外部条件下促进农村产业现代化转型发展及农民增收的关键改革之"钥"，为之可持续发展创造了基础性的制度条件和组织条件，并在改革方向上与当前及今后中国的城乡关系及乡村重构具有内在一致性。

一　城乡融合发展下的农村产业振兴：外在向度改革视角

"城乡关系一改变，整个社会也跟着改变。"① 马克思和恩格斯批判地吸收空想社会主义关于城乡一体化的合理观点，从生产力与生产关系相互作用，以及社会分工发展的视角，深刻地剖析了城乡关系从初期"混沌一体"，到随后"分离对立"，及至最终"融合发展"的历史运动规律。

中国在较短的几十年时间里创造的经济快速发展、社会长期稳定"两个奇迹"，已然奠定起今后时期高质量持续稳定发展的坚实基础。但是，中国仍将长期处于社会主义初级阶段的基本国情并未改变，经济社会发展最大的不平衡、不充分问题，仍然突出体现于城乡之间、"三农"领域。站在"两个一百年"奋斗目标的重大交汇时点，党的十九届五中全会明确指出："坚持把解决好'三农'问题作为全党工作重中之重，走中国特色社会主义乡村振兴道路……推动形成工农互促、城乡互补、协调发展、共同繁荣的新型工农城乡关系，加快农业农村现代化。"面对新发展阶段的新形势、新机遇、新挑战，农业农村的现代化转型必须置于城乡融合发展下的城乡新型共生关系，以及由此而来城和乡在空间格局、要素流动、产业体系等多元维度的体系式融合框架下予以讨论。

（一）从"对立"到"融合"：空间正义逻辑下的城乡关系重塑

"物质劳动和精神劳动的最大的一次分工，就是城市和乡村的分离。"② 作为两种不同的空间形态，城与乡的分化与差异"贯穿着文明

---

① 马克思恩格斯选集（第1卷）[M].北京：人民出版社，2012：237.
② 马克思恩格斯选集（第1卷）[M].北京：人民出版社，2012：184.

的全部历史直至现在"①。在生产力落后、尚未形成社会分工的原始社会时期，城与乡处于"混沌一体"的状态，但伴随生产力的发展及农业剩余的出现，手工业和商业从农业中逐步分离出来，进而推动了城乡的分离。在发展的初期，乡村借由农业的基础性作用，在城乡关系中取得了暂时性的主导地位，但伴随工业革命而快速发展的工业化，则通过高度分工协作的生产模式，向城市聚集了大量的生产要素，并创造和累积了巨额财富，由此城市生产力呈现几何倍数的增长，城市在各个方面取得了统治地位，"中心—边缘"等城乡空间格局逐步形成。生产的劳动地域分工推动了"城乡分离"这一既定历史事实的形成，而"城乡分离"的"反身性"又对这一分工具有不断强化的作用，并最终导致了城乡生产地位在空间上的分野。

城乡生产地位的空间分野，孕育出城乡居民在物质与精神生活方面的"隔绝"，以及现代与落后、文明与蒙昧、统治与依附、剥削与被剥削等城乡二元对立关系。工业革命虽然促使农村人口大量向城市转移而"推动社会意识的发展"②，进而打破了城乡间的某种隔绝，但又将城乡关系带入新的更深的对立之中。资本主义私有制的条件下，"个人屈从于分工、屈从于他被迫从事的某种活动的最鲜明的反映，这种屈从把一部分人变为受局限的城市动物，把另一部分人变为受局限的乡村动物，并且每天都重新产生二者利益之间的对立"③。由此，城乡的空间隔离逐渐发展异化为城乡空间排斥、空间剥夺等空间正义缺乏现象。

城市因要素过度集聚而出现空间蔓延扩散、生态环境恶化、成本上升、公共资源挤兑等"城市病"；农村则面临生活、生产资料过度流失等问题并出现衰败现象，农业生产力陷入停滞、农村发展陷入凋敝。城乡两端呈现的"病态"均阻碍了城乡现代化发展，从而"城市和乡村的对立的消灭不仅是可能的。它已经成为工业生产本身的直接需要，正

---

① 马克思恩格斯选集（第1卷）[M].北京：人民出版社，2012：184.
② 马克思恩格斯全集（第2卷）[M].北京：人民出版社，1957：408.
③ 马克思恩格斯选集（第1卷）[M].北京：人民出版社，2012：184 – 185.

如它已经成为农业生产和公共卫生事业的需要一样"①。特定的历史条件下，资本具有向乡村转移扩散以追求更大剩余价值的内在冲动②，同时，也把现代科学技术与现代文明带入农村，引发了农村生产与生活方式的巨大变革。而新的生产力条件下形成的新的社会分工模式，最终将打破旧的城乡二元对立，催生新的生产关系，并推动实现城乡融合发展。恩格斯更为深刻地指出，工农间阶级差别的消失，以及人口分布的不均衡现象消失，则意味着城乡间的对立也将消失，也即城乡融合的实现。③ 根据马克思和恩格斯的观点，城乡融合发展遵循生产力与生产关系的辩证关系及其运动发展逻辑，是生产力高度发达的必然结果。

　　新中国成立70多年来，中国城乡关系大致经历了赶超战略下城乡二元分割、改革开放战略下城乡二元"解冻"、城乡统筹战略下以城带乡，以及乡村振兴战略下城乡融合的不同演进阶段。这既符合发展中国家二元结构转型的一般规律，也包含中国所特有的二元结构形成和演化变迁机理。各阶段不同战略的提出，无疑是对马克思主义城乡关系理论的继承发展，是符合历史发展规律的客观选择。

　　在新中国成立初期，我国基于加快从落后农业国转向先进工业国并早日实现国富民强的目标，在基础薄弱、资源匮乏、资金分散、技术落

---

① 马克思恩格斯全集（第20卷）[M].北京：人民出版社，1971：321.

② 实践中，城乡二元经济结构是世界各国在工业化、城市化进程中遇到的普遍现象，几乎是各国经济社会发展的必经阶段。但各国因二元经济结构形成的原因不尽相同，而对破解路径的选择也各不相同。总体而言，欧美发达国家城乡一体化的进程是市场主导下内蕴自生的结果，但20世纪以来，政府也对城乡协调发展予以了程度不同的调控。以德日为代表的后起经济体（包括后来的亚洲"四小龙"等新兴工业化国家和地区）则在战后为弥补发展时期大量存在的与协调资源动员、投资分配和促进技术追赶相关的市场失灵缺陷，十分重视政府在国家工业化、城市化进程中的战略引导和政策强力支持，但政府的作用基本遵循了市场法则。各国实践表明，城乡一体或城乡融合的进程，不是单一的政府之手或市场之手能够一力完成的，而是政府与市场力量动态协调、协同作用的结果，只是因不同国家城乡二元结构的形成原因不同及城乡关系演进的阶段不同，政府与市场的力量的边界和作用各有不同，并顺应城乡关系不同发展阶段、不同条件的变化适时更替、转换，形成互动互补、交叉叠加的共生关系和协同作用。参见：李萍等.统筹城乡发展中的政府与市场关系研究[M].北京：经济科学出版社，2011：10－12，57－82。

③ 马克思恩格斯选集（第1卷）[M].北京：人民出版社，2012：308－309.

后的条件下选择了"重工业优先发展"的赶超战略,自上而下的中央计划经济体制在特定历史条件下,为保障短时期内动员有限资源满足工业化所需提供了节约交易成本的有力手段。以1958年城乡二元分割的户籍制度为核心标志,一系列服从和服务于重工业优先发展的"城乡分治、重城轻乡"的制度及政策体系,将城与乡制度性地"隔离"为两个难以逾越的空间。乡村人口被紧紧束缚在土地上,"三农"成为创造和供给工业优先发展所需"有限资源"的最核心主体。城乡空间事实上具有"政治性",城乡居民对应于空间的身份差异,最终映射到差别化的资源分配与资源使用权利的差别,及至对发展成果与公共资源、社会福利的合理分享差别之上。这种城乡"二元分割"所致的城乡发展失衡,具有某种自我实施、自我强化的特性。

虽然改革开放以来,我国的快速工业化、城镇化进程在一定程度上消解了城乡间的空间壁垒,但以户籍制度为核心的城市偏向的制度体制机制惯性,仍然在实践中表现出要素加速向城市单向流动集聚,以及城乡间的空间权益不平等、空间挤出效应等特征。时至今日,由此引致的城乡发展不平衡与"三农"发展不充分影响依然存在,形成中国城乡二元结构特殊的演化机理。有学者将之归纳为"空间资本化逻辑的隐性作用"与"空间政治化的显性作用"。①

党的十六大做出了"统筹城乡经济社会发展"的重大战略部署,随后中央一号文件连续18年聚焦"三农"问题。一系列围绕"三农"的重大政策措施和资金倾斜,均从资源的空间配置结构及回应城乡居民空间需求的政府"有为"入手,修正现有的空间生产主体及权益配置结构,推动城乡空间生产过程围绕空间正义的轴心轨道运行。乡村振兴战略在党的十九大报告中被首次提出,农业农村"双优先"现代化发展成为该战略的总方针,随后,中央进一步提出建立健全城乡融合发展政策体系和体制机制。城乡融合发展语境下,乡村不再从属于城市,乡

---

① 赵静华. 空间正义视角下城乡不平衡的治理路径 [J]. 理论学刊,2018(6):124 - 130.

村发展也不再主要服务于城市发展,而是明确把乡村与城市置于同等战略地位。

概言之,马克思主义空间正义逻辑下的城乡融合及城乡关系重塑,绝不是以城和乡的外在形态高度类同为目标,其实质,是伴生于资源要素的空间运动及价值生产、分配和消费过程的权利表达与空间秩序重塑。它所代表的空间正义实现方式,根植于特定历史阶段的生产力发展及由此产生的生产关系,城乡产业发展则是其物质载体和基础,以劳动力为核心的要素在城乡间双向自由流动和高效率配置是其关键物质过程,城乡生产方式和生活方式在不同空间的和谐共荣是其物质结果表现,城乡劳动者的全面发展是其根本落脚点。① 由此,城乡融合必然是涉及复杂的多元维度的体系式融合。

(二) 城乡融合的核心表达:基于要素、产业、空间三维融合

城和乡本来就是一对相互独立又相互对应、具有一致规定性的空间实体。因应生产、生活和自然生态等禀赋特征的差异,它们的发展逻辑也具有显著差异性。② 城乡融合发展的内在实质,是在体制机制一体化基础上实现要素双向自由流动与优化配置,从而在不同空间以不同的集聚形态形成产业分工协作的发展新格局,并最终实现城乡地域功能整体优化③,形成在生产生活条件及质量等方面"等值不同类"的互为补充、互为支撑的城乡一体化发展整体,重构城乡间分配关系和利益结构。要素、产业、空间三个维度的融合发展,构成空间正义逻辑下城乡融合发展的核心表达,对于本书集中讨论的农村集体资产股权量化改革及农村产业现代化转型发展具有重大意义。

---

① 张凤超,张明. 乡村振兴与城乡融合——马克思空间正义视阈下的思考 [J]. 华南师范大学学报 (社会科学版),2018 (3):70 - 75,191 - 192.

② 郭珍. 密度、距离与城乡融合发展——基于可持续地理变迁视角的分析 [J]. 求索,2019 (5):163 - 170.

③ 陈坤秋,龙花楼. 中国土地市场对城乡融合发展的影响 [J]. 自然资源学报,2019 (2):221 - 235.

1. 产业维度：利益共享的产业分工协作体系

如前所述，在马克思和恩格斯的城乡融合思想中，城乡融合须根植于整个社会的生产力现实及生产关系状况，借由城乡产业发展奠定物质基础、劳动分工演进提供内在动力，并最终以劳动者的全面发展为根本依托，实现城乡生产、生活方式和谐统一的目标。[①] 在马克思和恩格斯恩的视界中，"单靠意志"是不能消灭城乡对立的，而必须"取决于许多物质前提"。[②] 由此，城乡产业融合及其带来的劳动过程融合，是城乡融合发展的物质前提，也是重构城乡间分配关系并实现其公平正义的物质过程。

城乡空间禀赋的不同，决定了城与乡在社会生产中的不同劳动分工及产业形态。马克思和恩格斯的空间正义逻辑下，集合城乡、工农各自的优点，规避各自的弊端，形成工农互促、城乡互补的社会空间生产格局，是城乡融合的理想状态。城乡产业的融合发展，是"使工业生产和农业生产发生紧密的联系"[③]，必将打破工业必然属于城市、农村只能发展农业的传统思想桎梏，从而在工业的信息化、智能化等创新发展与农业现代化发展之间，建立起某种密切的关联关系，促使工业生产活动所代表的先进生产流程、工艺技术、组织方式、管理经验，及其所附着的资源要素，日益突破地域局限，向乡村生产空间及农业生产各环节扩散渗透，运用于传统农业农村的现代化改造，使农村产业发展虽然仍依托于农产品的生产和供给，却以农产品生产为核心向前向后延伸产业链。通过把更多具有现代化特征的劳动嵌入农产品生产，农产品的物理形态及内含价值出现创新性改变，使得农产品具备更多维的用途和更高的附加值，从而可以立足农业而又不囿于农业，实现城乡空间上三次产业的联合发展。

2018 年，中共中央、国务院发布了《关于实施乡村振兴战略的意

---

① 张凤超，张明. 乡村振兴与城乡融合——马克思空间正义视阈下的思考 [J].华南师范大学学报（社会科学版），2018（3）：70 – 75，191 – 192.

② 马克思恩格斯文集（第 1 卷）[M].北京：人民出版社，2009：557.

③ 马克思恩格斯文集（第 3 卷）[M].北京：人民出版社，2009：326.

见》，提出振兴乡村产业要"大力开发农业多种功能，延长产业链、提升价值链、完善利益链，通过保底分红、股份合作、利润返还等多种形式，让农民合理分享全产业链增值收益"。① 在农村集体资产股权量化改革基础上实现农村产业现代化转型的主导方向与此完全一致。

城乡产业融合发展，并不是要违背城乡产业各自的运行规律，将城市的工业生产方式照搬照套到农业生产中来，而是要在开放秩序下实现科学技术创新与科学制度创新在城乡间的一体化融合互嵌，从而建立现代农业与现代工业、现代服务业之间的紧密关联。过去依托不同环节商品参与市场交易的农业生产者、工业生产者及相关服务业者，基于市场契约关系紧密地联结在农业全产业链各环节中，以劳动过程为媒，共同融入体系化的生产、运营、分配流程，共同参与价值的创造和分享，形成共商共建共享的利益关联结构。

如此，农民通过直接参与农产品深加工等工业生产环节，成为工业组织生产管理体系中的一员，并获得工业性生产劳动报酬；或者仍然从事直接农业生产，但此时的农业生产已不限于向城镇和工业提供必要生活、生产资料，而是被赋予了生态、康健、观赏、体验等诸多丰富的价值内涵。农民因此成为工业生产链上的农产品供给者，或服务业生产链上的服务产品供给者，即便不离土不离乡，也可以在地参与城乡紧密关联的产业链上劳动过程的融合，获取劳动生产率和产品附加值提升基础上更高的劳动生产报酬。从而，传统的"以资源为基础"的以"小农生产决策者为主体"的农业，势将实现向"以科学为基础"的以"组织化响应市场需求为主体"的现代化"蜕变"；而农村单一的农业产业结构，也势将转向三次产业融合发展的新型农村产业结构。

2. 要素维度：双向对流的资源优化配置机制

只有当"人"这个最具能动性和最关键的要素，借由与土地、资本、

---

① 中共中央 国务院关于实施乡村振兴战略的意见（2018 年 1 月 2 日）[EB/OL]. 中央人民政府网站，2018 – 02 – 04. http://www.gov.cn/zhengce/2018 – 02/04/content_5263807. htm.

技术、信息等其他要素的多种方式结合，拥有制度安排对等的参与权、话语权、决策权、分配权，从而摆脱了城乡生产空间的地域限制，能够在城乡不同生产空间与生产方式、生活方式间自由选择和流动，才意味着城乡融合一体及城乡发展正义的真正实现。如此，城乡劳动者无论是在城还是在乡，都能找到具有获得感、幸福感、安全感的职业愿景目标及发展道路。

我国"把社会主义制度和市场经济有机结合起来，不断解放和发展社会生产力"的持续创新探索，对构建以"人"为核心的城乡要素平等交换关系提出了两个方面的迫切要求。一是传统农业生产经营者自身的现代化转型，需要他们具备跟进技术创新趋势、捕捉市场变化信息、熟悉制度政策环境、善于组织管理和生产运营等现代性特征，从而有能力应对技术、市场、制度等的新变化新要求，能够将更为复杂的生产性劳动投入城乡产业发展体系，并介入更高附加值的战略决策环节，进而获得更符合自身发展意愿的主体地位和决策权能。二是城乡要素双向对流和平等交换新机制构建，尤其是在这一进程中，推动实现农业生产者与土地、资本、技术、信息等要素的结合，并由此形成股份合作等自愿平等、互惠互利基础上"抱团"发展的创新型组织，使之从分散的个体转向有组织的群体，从而拥有与非农生产者相竞争抗衡的"农业资本"力量，在城乡产业发展体系中获得"能够反映要素实际贡献的报酬和同等的公共福利"。①

长期以来，城市相较于乡村的禀赋性、制度性、结构性优势，使以人、地、钱为核心的各类要素呈现从农村向城市单向度流动的显性特征。市场经济培育发展进程中难以避免的资本逐利，进一步放大了城与乡本就存在的自然地理及权益差异，从而加剧了城乡资源要素空间分配的失衡。城乡融合发展进程中，着力破除阻碍城乡间生产要素自由流动和优化配置的桎梏，畅通城乡要素双向融通和自由流动的渠道与机制，正是对既往城乡空间生产主体地位非均衡、资源要素流动及权益配置失

---

① 郭晓鸣. 一本研究城乡关系的厚重之作——《健全城乡融合发展的要素平等交换体制机制研究》书评 [J]. 经济体制改革，2020（5）：199－200.

衡、城市空间挤压乡村空间等问题的矫正。

具体而言，关于"人"的问题，既需处理好农村劳动力的流出问题，又需处理好农村新生人力资本的培养问题。须顺应农民代际上的革命性变化要求，在保障其土地等基本权利的同时，将城市权利平等地赋予进城农民，促进有意愿有条件的农民进城落户及实现真正的市民化转型。同时，也须顺应农业农村现代化转型的要求及乡村经济社会发展的机会增长，将科技创新、组织创新、制度创新等知识学习与能力提升持续植入传统农业生产者的转型培育，并日益吸引部分农民回流甚至部分城市居民、资本流向农村从事现代农业及新产业、新业态，创造条件造就一批引领乡村产业发展及农民增收共富的乡村精英和乡村企业家，通过示范引领、学习提升、参与共建、合作互惠，提升农民群体整体的人力资本水平和经营管理能力，使之向适应于乡村振兴和城乡互促共融的新型职业农民整体转型。

关于"地"的问题，既涉及农民土地基本权利的保护，也涉及进城落户农民土地权利的依法自愿有序退出；既需处理好耕地保护与城镇开发用地的关系，也需处理好耕地保护与乡村振兴用地保障的关系。伴随中国城乡关系的演变，与之紧密关联的城乡功能结构、人地关系以及农业要素相对价格也出现了巨大变化；与此相适应，以土地为核心的生产要素配置制度正经历重大变革。"十三五"规划建议指出："维护进城落户农民土地承包权、宅基地使用权、集体收益分配权，支持引导其依法自愿有偿转让上述权益。"[1] 2019 年 1 月 1 日开始施行的全国人大常委会关于修改《中华人民共和国农村土地承包法》的决定中，删除了过去第 26 条关于"承包期内，承包方全家迁入设区的市，转为非农业户口的，应当将承包的耕地和草地交回发包方。承包方不交回的，发包方可以收回承包的耕地和草地"的条款，将原有第 26 条改为第 27

---

① 中共中央关于制定国民经济和社会发展第十三个五年规划的建议（2015 年 10 月 29 日中国共产党第十八届中央委员会第五次全体会议通过）[EB/OL].中央人民政府网站，2015 – 11 – 03. http://www.gov.cn/xinwen/2015 – 11/03/content_5004093.htm.

条，并在保留"承包期内，发包方不得收回承包地"的条款基础上，将原第2、第3款分别修改为："国家保护进城农户的土地承包经营权。不得以退出土地承包经营权作为农户进城落户的条件。""承包期内，承包农户进城落户的，引导支持其按照自愿有偿原则依法在本集体经济组织内转让土地承包经营权或者将承包地交回发包方，也可以鼓励其流转土地经营权。"此外，将原第29条改为第30条，并修改为："承包期内，承包方可以自愿将承包地交回发包方。承包方自愿交回承包地的，可以获得合理补偿……"①

这一系列重大变革，是对城乡融合基本规律和中国特殊国情农情的科学回应。进城落户的农民及其家庭完全融入城市，实际是一个长期的历史过程，在农民落户就业还处于不稳定状态时，将退出土地承包权作为农民进城落户的前置条件，不但不利于维护进城务工农民或落户农民的土地合法权益，而且可能导致本就处于相对弱势地位的农民失去"底线"保障，进而在城市竞争失利时丧失回旋空间。改革因而把是否保留土地承包权和其他土地权利或者有序退出，交给进城落户的农民及其原集体经济组织决定，并不是由政府部门或其他机构代行选择权利。从地方试验来看，确有部分丧失了集体成员身份的农民愿意交回承包地，对退出土地承包权的补偿水平以及土地自愿转让中的规则规范，是影响农民最终交回承包地或土地真正顺利转让的关键因素，具体的补偿标准和转让规范仍须进一步探索。

与此同时，以农地"三权分置"为方向，改革在坚持农地集体所有制的基础上，强调对集体成员农地承包权的保障，致力于赋予农民更完整的农地经营权，依据自愿、合法、有偿原则推动土地有序流转，或通过土地托管、土地股份合作、土地收储、土地信托等多种方式，促进农

①　全国人民代表大会常务委员会关于修改《中华人民共和国农村土地承包法》的决定（2018年12月29日第十三届全国人民代表大会常务委员会第七次会议通过）［EB/OL］.中央人民政府网站，2018－12－30. http://www.gov.cn/xinwen/2018－12/30/content_5353493. htm.

业适度规模经营并加速向现代化发展转型；允许集体经济组织和农户在符合土地规划与用途管制的前提下，利用集体建设用地从事非农生产经营，对集体建设用地享有出租、入股、抵押、转让等权利，积极探索集体建设用地直接入市、同地同权；支持引导和探索离农入城农户承包经营权、农户宅基地使用权、农民集体资产股份权等"三权"的自愿有序有偿退出；探索向城市居民开放部分乡村权利，允许外来"新村民"在满足一定条件的前提下，享有村庄的住房、土地、公共事务治理等权利，鼓励城市社会资本下乡，推动城乡要素融合和提升乡村整体要素质量。

关于"钱"的问题，既涉及拓展乡村全面振兴资金渠道和提高乡村全面振兴资金使用效率，也涉及农村土地增值分配及产业发展利益分享。一方面，各地方更大力度地向"三农"倾斜公共财政资金和政策投入，并着力于整合财政投入力量，以乡村实际需求为导向设计财政投入类目和具体项目，优化财政资金管理机制、疏通财政资金执行通道，确保财政投入与乡村振兴发展需要相适应。另一方面，着力于创新投融资机制，支持地方政府通过发行一般债券、试点发行项目收益与融资自求平衡的专项债券等方式，加大资金筹措力度、拓展支农资金渠道；以金融服务乡村振兴指导意见和考核评估为抓手，引导更多金融资金倾斜流向"三农"；充分发挥财政资金的撬动作用，加快推动农村土地要素制度改革，推动土地经营权融资担保等制度切实落地，完善和落实融资贷款、税费减免、配套设施建设补助、用地支持等扶持政策，广泛吸引工商资本下乡发展。

值得关注的是，2013年中共中央发布的《关于全面深化改革若干重大问题的决定》提出："在坚持和完善最严格的耕地保护制度前提下，赋予农民对承包地占有、使用、收益、流转及承包经营权抵押、担保权能"。① 最新修正的《中华人民共和国农村土地承包法》第47条规

---

① 中共中央关于全面深化改革若干重大问题的决定（全文）[EB/OL]. 国务院新闻办公室网站，2013 - 11 - 15. http://www.scio.gov.cn/zxbd/nd/2013/Document/1374228/1374228.htm.

定："承包方可以用承包地的土地经营权向金融机构融资担保，并向发包方备案。受让方通过流转取得的土地经营权，经承包方书面同意并向发包方备案，可以向金融机构融资担保。"① 最新的改革规范性文件使用了"融资担保"这一概念，实际涵盖抵押、质押等多种情形，在与《中华人民共和国担保法》等法律保持一致性的基础上，着力推动制度化地破解农民长期以来缺少向金融机构融资的有效担保物的难题。新的制度框架下，以土地经营权为标的的融资担保，势必在土地产权明晰、权能明确与农地交易市场体系日趋完善的基础上日益增加。当债务人无法履行债务、债权人须依法处分担保物时，转移的只是土地经营权，这实质是土地的使用权和收益权，土地承包权并不会因此而转移，也不会因此而改变承包地的集体所有性质。

可以预见，以土地为核心的农村集体产权制度改革深化，势将为农村集体资产股权量化改革及新型股份合作集体经济组织盘活农村存量资产，并依托优势资源以多元适应性契约方式与其他市场主体联合推进农村产业现代化转型发展提供基础性制度保障。而城乡投融资机制创新通过巩固和提升财政优先保障机制的效率和效益，充分发挥财政投入的撬动作用，势将引导形成金融向乡村领域重点倾斜和吸引社会主体积极参与的多元协同投入格局。

在此基础之上，将有利于农户依托各自持有的"归属清晰、权能完整、流转顺畅、保护严格"的要素资源，以符合现代市场契约规则的方式融入现代市场并分享红利。最终，实现城乡空间生产及资源配置中的要素权利对等、交换过程平等、收益分配公平，形成既立足小农户根本利益保护，又遵从发展规律，对多元参与主体在产业链条中的合理利益分享予以公平关注的城乡利益联结机制和可持续发展动力。

---

① 全国人民代表大会常务委员会关于修改《中华人民共和国农村土地承包法》的决定（2018 年 12 月 29 日第十三届全国人民代表大会常务委员会第七次会议通过）〔EB/OL〕. 中央人民政府网站，2018－12－30. http://www.gov.cn/xinwen/2018－12/30/content_5353493. htm.

3. 空间维度: 互补互促的地域功能整体优化

在城乡融合发展的进程中, 特定的城乡空间不仅作为一切生产力及生产关系发展变迁的物质载体或物理"容器", 而且本身作为重要的生产要素参与空间生产全过程, 并内含对"空间正义"的核心价值追求。一方面, 城乡融合发展显性地表现为某种城乡地理变迁过程, 其理想形态是城和乡按照各自的禀赋特征相辅相成, 在一定地域空间内形成以城市为核心, 以大中小城市及小城镇、乡村新型社区为梯次节点的空间网络系统, 并实现区域空间内经济、社会、文化、环境等均衡发展。另一方面, 空间生产及其资源配置所涉公民权益的空间公平正义, 包括对空间资源、空间产品的占有、生产、交换、利用、消费等诸多方面的正义①, 要求我们在关注城与乡的生产过程与空间互动的同时, 还须关注城乡空间中人与自然、人与人、社群与社群的公平正义问题, 须在空间缔造的基底和网络中, 构建城与乡之间的公平关系。

2008 年 1 月 1 日实施的《中华人民共和国城乡规划法》, 标志着中国城乡空间协调布局上升到国家战略及法律层面。但迄今, 城乡空间格局与功能布局, 仍具有城乡二元结构的深度印痕。传统的城乡发展规划过度偏重于城镇在区域体系的中心地位及城市空间的布局建设, 乡村建设长期与城市建设脱节, 农业农村基础设施水平和配套公共服务功能长期落后于城市, 事实上阻碍了生产要素向农村流动和集聚, 甚至使土地、劳动力等要素资源加速从农村"抽出"。这种"二元"结构关系, 既不利于乡村地域的发展, 也给整个现代化进程带来挑战, 并且在公平正义方面引发讨论。

当前中国正在深化推进的优化国土空间开发及多规合一改革, 实质是对传统城乡规划脱节、重城轻乡等问题的实践矫正。2019 年,《中共中央 国务院关于建立国土空间规划体系并监督实施的若干意见》以及《自然资源部关于全面开展国土空间规划工作的通知》两个文件的印

---

① 任平. 空间的正义——当代中国可持续城市化的基本走向 [J]. 城市发展研究, 2006 (5): 1-4.

发，标志着经过长期试点探索，城乡空间正式进入一体规划、一体管理的新阶段。以此为指引，从全国国土空间规划到各具体城市（镇）的全域总体规划，均要求突破过去的"城市中心型"规划模式，冲破城镇体系及城市总体规划、土地利用规划等既有体系框架，把关注的问题扩展到城乡全域空间，采用一张蓝图绘到底的方式，形成具有部门综合性、发展战略性、指导上位性的全域性规划，用以指导区域或城市规划及其落地的其他具体方面。

规划的真正价值在于把发展的要素、产业及项目落地到具体的城乡空间，这实际涉及城乡发展权的协调与空间资源的再分配，也是城乡空间融合发展实践转型的难点；既需落实上下不同行政主体涉及城乡统筹的系列规划衔接协调，也须应对来自不同主体不同发展诉求的冲突与矛盾。在遵循城乡空间共建共享原则，注重城乡经济社会发展共融共生的前提下，城乡的全域空间规划便成为城乡空间保护与开发的基本依据，为城乡空间价值创造、人居环境建设提供了前提和奠定了基础。由此，不同的空间价值创造主体及其经济社会交互行为、一系列的政策工具和分析方法将被纳入其中，共同参与城乡空间治理，从而实现城乡经济、政治、社会、文化、生态的全面一体融合发展目标。

城乡间互补互促、整体优化的新型空间形态的形成，以及由此而来城乡经济社会在其中共融共生的新型关系演进，既是乡村振兴发展的契机，也对乡村产业现代化转型提出了更高要求。针对现阶段城乡间差距仍然巨大的现实特征，要实现城乡间的均衡发展，首先仍须持续增加农村地区的资源投入频次和数量，尤其是针对农村地区在生产生活基础设施建设及医疗、教育、养老等基本公共服务方面的错配、虚配、空配等问题，补齐历史的短板以缩小现有城乡差距，并在此基础上实现城乡空间效率与公平的均衡，增强城乡间的发展关联，提升城、乡（镇）、村空间网络的良性互动共生效率和综合效益。如将特色小城镇作为连接城与乡的重要空间节点，就是就近为乡村营造创新创业生态、增强乡村地域综合服务功能及空间承载力的重要实践探索。

只有奠定城与乡发挥各自空间价值、实现空间均衡共融互动的基础，城乡之间的要素才可能呈现双向对流互促的良性动态均衡，从而推动实现城乡间经济、社会、政治、文化和生态等空间功能及结构的公平与效率，全面提升城与乡的人居品质、生活品质，充分激发城乡发展的持续活力。乡村产业势将因此获得与更加广泛而优质的市场要素资源相结合的契机，也势将面对巨大的现代市场需求，从而获得规模扩张与结构升级的持续驱动，但能否真正在"风口"立足和发展，则取决于乡村是否做好了融入现代产业和现代市场的准备。

如前所述，这要求以小农为核心主体的乡村，既具备行使以土地为核心的要素产权的可行能力，又在个体人格、运营组织、利益关系等诸多方面具备与"现代化衔接"的可行能力。这也正是本书集中讨论的农村集体资产股权量化改革所指向的目标。

（三）农村集体资产股权量化改革与农村产业振兴：制度耦合与生产促进

伴随城乡融合的发展进程，城与乡之间的空间隔离、空间排斥等非均衡结构被打破，传统农业与非农产业以城乡地理空间差异为依据的布局特征，将转变为围绕三产紧密关联的产业链条及依据产品的不同物质形态分工的生产性部门特征，资源要素在不同部门间以对等权利体系为基础实现双向对流，从而城乡间空间资源与产品的生产、交换、消费、分配等权利、权益，形成"等值不同类"的互补互促融合一体发展格局。

如此一来，传统以村社集体为边界封闭运行的农村集体产权结构，势将被日益卷入现代化大市场，农村以劳动力和土地为核心的资源要素跨集体边界流动及配置活动，势将在愈加广阔的空间范围展开，它们涉及的面越广、参与的主体越多元，打破传统"封闭性"集体产权结构、进而转向"开放性"集体产权结构的变革便越成为大势所趋。[①] 这里的

[①] 叶兴庆，周旭英. 农村集体产权结构开放性的历史演变与未来走向 [J]. 中国农业资源与区划，2019（4）：1-8.

变革，是在坚持"集体所有"基本原则的基础上，进一步明晰资产权利归属和边界、创新集体经济运行机制，从而赋能集体资源要素并激活集体资源要素潜力，使之在更广阔的空间范围流动配置，提高效率、持续增益。

因此，从集体产权的归属来看，改革仍然具有以集体社区为边界的"封闭性"，改革的范围严格限定在集体经济组织内部，落实到集体成员人头的是集体资产"收益分配权"而非"资产权"，任何情况下，集体资产都不能被分割，集体经济都不能被"改弱了、改小了、改垮了"①。但从资源要素的流动来看，改革则具有以城乡一体空间为范围的"开放性"，尤其是促进土地等归属明晰、权能完整的集体产权资源向更有效率、能带来更高收入流的领域转移，并吸引资金、技术、信息等优质资源要素向农村"逆流"，提高农村地区的资源配置效率，增强农村集体经济的发展活力。

我们之所以强调集体资产股权量化改革的"外在向度"特征，正是因为在城乡融合发展的背景下，传统的集体产权结构及其运行机制和城乡日趋融合一体的要素市场与产业体系发展之间，已出现明显的"不适应性"问题。一方面，不少农村集体经济已积累了大量丰富的资产，并不可避免地被日益深入地卷入城乡现代大市场"洪流"，这些资产要真正在市场经济体制中发挥有效率和有效益的作用，仍然面临诸多的体制机制障碍，亟须破除障碍、深化改革、盘活资产。另一方面，集体产权模糊状态下的入市交易业已长期存在，在城乡空间相对分隔、交易量较小的情况下，可能还难以"为祸"，但伴随城乡融合进程的深化发展与集体资产交易需求的大量产生，这些资产如若归属不清、权责不明，将必然面临资产流失及权利侵占的危险，最终损害的是广大农民的基本权利和利益。因此，农村集体内部的改革动机也日益迫切地生发。此外，部分

---

① 中共中央 国务院关于稳步推进农村集体产权制度改革的意见（2016 年 12 月 26 日）[EB/OL].中央人民政府网站，2016 – 12 – 29. http://www.gov.cn/zhengce/2016 – 12/29/content_5154592. htm.

欠发达地区的乡村，虽然目前集体经济的积累相对匮乏、集体资产入市的需求相对较弱，但伴随脱贫攻坚的全面完成，这些地区的村集体也通过财政支持、对口扶贫等方式形成了一定集体资产，正着力于巩固拓展脱贫攻坚成果并推动有效衔接乡村振兴，迫切需要致力于创新体制机制，最大可能地有效发挥有限资源要素的效能，使之为乡村振兴增添发展新动能，也为积极融入城乡现代大市场、参与创造和分享更多增值价值奠定制度基础与组织基础。

以农村集体资产股权量化改革为代表的农村集体产权制度改革，便成为城乡融合发展新阶段适应于健全社会主义市场经济体制新要求的一项必要而紧迫的重大任务，对于推进构建城乡新型共生关系、激发乡村振兴发展动能、引领农民迈向共同富裕具有重大意义。作为社会主义公有制经济的重要形式之一，农村集体经济的发展壮大实际上内嵌于社会主义公有制经济的巩固、发展之中。由此，农村集体产权制度的深化改革也必然内嵌于社会主义公有制的有效实现形式的创新探索之中。伴随城乡融合发展背景下城乡多元维度的体系式融合及新型共生关系建构的深化推进，乡村地域的劳动力和人口、资源配置、生产生活模式等日益深刻地卷入城乡融合发展的重大变革。以农村集体资产股权量化改革为代表的集体产权制度改革也因此具有显著的"外在向度"特征，必将深刻地嵌入城乡新型共生关系这一外部制度环境系统之中，既须发挥产权制度改革的关键核心作用，又须得到关联制度变革的配套支撑和补充，并最终与一系列相关制度形成互补共生的城乡资源要素的空间运动、价值生产、权益配置的整体性制度安排。

由近及远地看，深入推进农村集体产权制度改革，逐步建立起"归属清晰、权能完整、流转顺畅、保护严格"的中国特色社会主义农村集体产权制度，首先须建构起城乡对等的资源要素权利体系。那么，农村集体资源的家底如何？各类产权的边界该怎样划定？在集体资产清产核资的基础上，对集体资产所有权予以明确，并有序推动集体经营性资产股份合作制改革，便成为首要任务。对此，中共中央、国务院发布的

《关于稳步推进农村集体产权制度改革的意见》要求在 3 年左右时间内基本完成。

而"确权"的核心意义在于"入市"并按实际贡献获得合理要素报酬、持续增益。由此，建设土地经营权流转管理、集体资产监督管理等平台，并依托平台建立完善契合农村实际所需的产权流转交易市场便成为迫切之需。相应地，围绕集体产权资源价值评估、价格形成、流转交易、收益分配等方面的管理办法及政策法规亟须配套跟进，各类阻碍城乡要素自由流动和平等交换的不合理规定也须加快清理废除，从而为农村集体产权制度改革及其成果运用营造有利的政策环境，并为保护农民利益提供强制性制度保障。

而相较于一般企业，农村集体产权制度改革基础上建立的集体股份合作等新型集体经济组织具有特殊属性，既要承担发展壮大集体经济的市场责任，又要承担增加农民财产性收入的社会责任，还要承担农村社会公共服务支出的社区责任。因此，关于如何通过税收支持农村集体经济组织的发展，如何提升财政支持效能并引导多元化投入共同扶持集体经济发展，如何加大金融支持力度、拓宽融资渠道、健全风险防范和分担机制等问题，也亟须"靶向性"研究制定相应的政策办法、法律法规予以解答。

与此同时，针对进城落户农民转市民持续增多的发展大势，关于该类群体合理权益的实现及引导他们依法自愿有偿退出等有效办法也须加快出台。更进一步，以公平为核心原则、符合健全社会主义市场经济体制总体要求的产权保护相关法律制度也须加强建设。

显然，本书所集中研究的农村集体资产股权量化改革并不能通过孤立的改革而取得成功，而是必须作为系统性推进的城乡融合体制机制改革中的重要一环，与其他正在推进的相关配套改革相互衔接、协同推进，如此才能真正发挥改革的效能、实现预期的目标，切实为农村产业现代化转型和集体经济发展壮大提供基础性的制度保障和发展动力。

二　"三生融合""三产融合" 与农村产业振兴：
内在向度改革视角

传统的乡村聚落是人与自然、人与人和谐共处的重要物质见证，在漫长的发展过程中，它们始终遵循适应农业生产和方便百姓生活的原则，并在长期的封闭状态下，衍生出诸如血亲宗族、邻里关系、熟人社会、民间信仰、民俗节庆、地方知识等一系列文化现象，并形成了独特的乡村价值体系，满足了人们对物质、文化、精神等各方面的需要和追求。而快速的城镇化进程则彻底打破了乡村的封闭格局，在促进经济起飞、改变城乡空间栖居样态的同时，也在一定程度上使传统村落遭遇了衰落与瓦解的危机。①

综观国内外发展实践，工业化城镇化伴随文明进程而发展演进必为大势所趋，但乡村聚落也因自身在形成国民经济基础支撑、维护国家粮食安全、保护农业生产多样性及生态环境、向工业化城镇化转移和提供劳动力等诸方面不可或缺的作用，将始终作为有别于城市空间而又与城市空间紧密关联的特殊存在。不仅如此，乡村聚落作为人类最古老的"根性家园"②，传承着古老的农耕文明、承载着浓重的"乡愁"，具有中华民族精神场所、灿烂文化记忆家园、民族与国家认同根基的空间载体的重大意义。

有鉴于此，防止乡村衰落、促进乡村振兴，既是矫正城乡发展失衡、追求发展的公平正义、实现共同富裕的重要之举，也是保护历史传承、维系情感认同的必要之举。在乡村从封闭走向开放的新时期，我们必须重新思考乡村传统价值的回归、复兴以及在此基础上的新价值发

---

① 曹莉莉，林滨. 马克思恩格斯空间正义理论视域下中国城乡融合问题研究［J］. 理论导刊，2020（8）：48－54.
② 曹莉莉，林滨. 马克思恩格斯空间正义理论视域下中国城乡融合问题研究［J］. 理论导刊，2020（8）：48－54.

现，并高度关注改革推进中乡村原住居民的主体地位及利益保护。

农村集体资产股权量化改革及新型股份合作集体经济组织发展，能否充分发挥蕴含于乡村生产生活中的传统智慧，推动传统村落社群对现代理念、现代技能的习得，从而推动乡村价值的再发现，并据以谋求与外来资源的有效融合与协同发展，最终超越传统农业农村的功能范畴获得新的价值实现？对一这问题的思考，促使我们聚焦于乡村地域本身，从改革的"内在向度"视角进一步探讨农村集体资产股权量化改革与农业农村的现代化转型。

（一）"三生融合"：乡村价值的再发现与价值实现

有学者认为，乡村因农业生产而生，也因它而存在、发展。在长期的发展进程中，乡村至少衍生出生产、生活、生态、社会、文化、教化六个方面价值。① 从生产价值来看，村庄的产生缘于农业从游牧游猎中的分离，从而农耕生产需要对驯化的作物和生物进行种植和养殖，人类第一次的定居生活便由此产生。村庄不仅为生产提供了便利，同时也为聚居提供基本的安全保障。乡村就是由这样一个个村庄聚居院落构成的，农民的生活与生产相生相伴，并与自然和谐共生，从而形成农业离不开农民，农民离不开农村，农村没有农业便不称其为农村的紧密关系。从生态价值来看，农村本身就是生态系统的重要组成部分。传统的村庄具有"天人合一"的生态理念，村庄选址遵从自然特征、农业生产依赖自然环境、农村生活利用自然过程，传统村庄的生产、生活系统维持着天然的有机循环。从生活价值来看，日出而作、日落而归，春生夏长、秋收冬藏，顺应昼夜与四季交替而生活、生产，本身就顺应自然的规律；相较于城市，乡村似乎更加具有宜居的环境，如新鲜的空气、优良的生态环境、慢节奏的生产方式、就近采摘的新鲜作物等，天然有利于人的身心健康。此外，乡村社会历来具有温饱保障和就业吸纳缓冲

---

① 朱启臻.把根留住：基于乡村价值的乡村振兴［M］.北京：中国农业大学出版社，2019：2.

功能，并在长期演进中形成以村民为主体化解矛盾、和谐人际关系的社会网络关系。传统乡村也具有对人的教化功能，农业生产本身蕴含着尊重自然、爱护自然、珍惜劳动成果的意义，而在乡村熟人社会和特定公共空间中的人际交往过程中，存在潜移默化的教化过程。乡村的文化也由此通过村庄中标志性的建筑如祠堂、庙宇、学校，以及家庭、家族、民俗，甚至一棵老树得以传承，这些文化的存续，可能是有形的，也可能是无形的。

上述乡村价值体系塑造了传统村落，也影响和规范着村民的行为。但伴随着工业化、城镇化的演进，中国乡村一度呈现衰败的景象。与此伴生的是，传统乡村价值面对外部环境变化以及内部结构变迁而式微甚至部分丧失，市场经济所致的传统封闭型乡村日益开放，并与外部世界产生紧密联系和要素流动，更加剧了这一过程。如农村劳动力的大量外出，导致农村青壮年劳动力数量减少甚至出现"空心化"问题，城乡二元结构所致的乡村生产生活条件滞后，农业生产风险高且农业产出无法满足人们日益增长的消费需求，传统村庄共同体的解体导致合作减弱，村庄资源透支或环境侵蚀，等等，均成为乡村衰败的重要表征。

中共中央、国务院 2018 年印发的《乡村振兴战略规划（2018～2022 年）》，将乡村定义为"具有自然、社会、经济特征的地域综合体"，并强调乡村兼具生产、生活、生态以及文化等多重功能，与城镇之间互相促进、共生共存，并共同构成了人类活动的主要空间；该规划也因此强调，要坚持乡村全面振兴，必须准确把握乡村振兴的科学内涵，着力挖掘乡村多种功能和价值。[①] 1987 年，世界环境与发展委员会发布了《我们共同的未来》，报告指出：可持续发展是由社会、经济与环境三个方面兼顾、协调组成的。[②] 用这一观点来分析乡村的运行系统

---

① 中共中央 国务院印发《乡村振兴战略规划（2018－2022 年）》[EB/OL].农业农村部网站，2018－09－26. http://www. moa. gov. cn/ztzl/xczx/xczxlgh/201811/t20181129_6163 953. htm.

② 世界环境与发展委员会，编.我们共同的未来 [M].王之佳，柯金良，译.长春：吉林人民出版社，1997.

会发现，相较于城市，乡村的社会、经济与环境之间结合得更为紧密，其运行本身便具有可持续发展的内在要求。乡村地域的生态、生产、生活"三生融合"发展系统十分有力地诠释了这三个方面的紧密协调关系。站在新的时代背景下重新审视乡村价值体系，生态、生产、生活"三生融合"系统的具体构成，分别对应于乡村地域的自然生态系统、经济生产系统和居住生活系统，蕴含着农业农村现代化转型及农民持续增收的丰富养分与内生发展动力。

一直以来，山水田林湖草构成了乡村独有的生态本底，传统村落从选址到生产、生活，均非常重视因地就势、顺应自然，农民对观天象、尊节气、按时而为具有默契的坚守和丰富的经验，他们在与自然的共处中学会了充分利用自然环境并持续探索和创造出更适宜于生产、生活的生存条件。以乡村生态本底为基，农业一直是传统乡村经济生产系统的核心。以种、养为主要形态的农业生产，是对有生命的植物或动物予以照料的过程，是经济再生产活动与自然再生产过程相互交织的动态过程。乡村聚落的环境、布局、功能及村民的生活面貌，无一不与更方便地生产联系在一起，并随着乡村产业的升级变迁而呈现新的特征。而村民的居住生活系统，则是村民在乡村聚落空间载体中所有行为活动的集合，既包括聚落形态、公共场所、村貌环境、建筑风格等有形的物质载体，又包括民风民俗、地方文化、餐饮习俗、节庆祭祀、民间技艺、谚语传说等无形的精神生活内容。事实上，乡村中的生产、生活、生态本身就是密不可分、相互嵌入、相互融合的系统，并与乡村建设和可持续发展具有耦合关系。乡村生产与生活以生态为本底，并长期演进形成乡村观念和乡村情结，这又恰恰是乡村生活的重要体现，以及乡村生产的内生动机。

从这个意义上讲，农业农村的现代化转型发展具有生态优先原则。新时代的宜居宜业新乡村越发强调尊重山水田林湖草自然生态格局和重视涵养水土、维护物种多样性。《乡村振兴战略规划（2018～2022年）》指出：生态宜居是乡村全面振兴发展的关键，要树立山水田林草湖是一个生命共同体的理念，坚持人与自然和谐共生，以绿色发展引领乡村振兴发展。① 遵循"天人合一"的思想，统筹山水田林草湖开展系统治理，加强农村人居环境整治，重建生态和谐、"看得见山、望得见水、记得住乡愁"的"美丽乡村"，不仅是逐渐实现生活富裕的农村居民安居乐业的需求，也是吸引渴望亲近大自然、放慢生活节奏的城市居民到乡村开展休闲旅游、养老养生等活动的重要方式。

在这样的生态乡村里，生产与生活的价值是融入生态之中的。种养产业与村民的生活消耗和废弃排放间，能否实现乡村地域内的生态有机循环？乡村的生态资源环境及农业产出能否实现综合利用，如利用不同的地形地块和气候特征，从大面积专业化的工业式种养向不同形式的生物多样性种植和养殖回归？在把农产品精深加工为食品、保健品、美容产品等附加值更高产品的同时，能否将乡村手工艺融入生态资源和农产品资源，开发出诸如草编、竹编、粮画、面塑等文创产品？就地取材、对自然的敬畏、与自然共生、对劳动成果的尊重等凝结着人类生态和生存智慧的传统优秀理念和品质，及其引致的乡居低碳生活方式，能否促使乡村成为人们养老、养生、养心的适宜空间载体？等等。由此，生态宜居宜业的美丽乡村，在村落选址、民居营建、生活方式、生产方式以及民间习俗、民间信仰等物质与精神层面，应始终遵循自身的特点，汲取传统的乡村智慧，以保护修复乡村生态环境和维系乡村生态多样性、关切生产生活与生态的和谐共生、保护传承传统乡村文化及其物质载体，并发掘唤醒更丰富的"乡愁"表达，在基础设施、公共服务配套完善的基础上，实现田园生活和意象回归。

我们把基于乡村价值再发现的乡村"三生融合"发展，视为农村集体资产股权量化改革下农业农村现代化转型发展的内部条件。乡村"三生融合"系统的价值保护与传承，既构成新型股份合作制集体经济

---

① 中共中央 国务院印发《乡村振兴战略规划（2018～2022年）》[EB/OL].农业农村部网站，2018－09－26.http://www.moa.gov.cn/ztzl/xczx/xczxzlgh/201811/t20181129_6163953.htm.

发展路径下乡村产业振兴及农民持续增收的物质和精神源泉，也是改革创新所关切和期望达成的重要目标。对如何实现乡村价值再发现和乡村新的"三生融合"体系与集体资产股权量化改革深化间的"耦合"的讨论，将贯穿本书对改革缘起、现状、成果、问题及展望等各个方面的观察和研究，也是探讨改革的未来方向和优化策略重要的着眼点之一。

（二）"三产融合"：超越传统农业功能范畴的新型农村产业结构塑造

如前所述，当我们在新的阶段重新审视乡村价值时，从乡村的运行系统特征及其不可替代的价值中，发现了大量新的发展契机。甚至在所谓的"衰败"背后，换一个角度思考便可能打开另一扇窗。如"空心化"背后的人少及土地相对变多的现状，为留下或返乡的劳动力，以及愿意到农村发展的其他主体创造了更大发展空间，也为农业的适度规模化发展创造了条件；过去被认为传统落后的农耕生产和生活方式，以及似乎已经落伍或被遗弃的习俗和手工艺，却可能成为极富吸引力的地方文化特质及旅游吸引物，为乡村旅游、文创农业等新兴业态发展创造条件；传统熟人社会、传统合作习惯及组织、乡规民约等似乎已经式微的乡村社会网络结构及力量，则可能因制度变迁的惯性及村庄社群内部的相互信任等原因，更易被赋予创新意义上的新型合作关系及组织结构力量。

乡村经济生产是乡村社会发展的物质前提和基础。相较于党的十六届五中全会"建设社会主义新农村"总体要求中的"生产发展"，乡村振兴战略的"产业兴旺"，实质已突破了就"农"而"农"的农业生产发展思维定式，对开放条件下建构新型农村产业结构提出了新的要求。在乡村生态、生产、生活"三生融合"系统所提供的适宜生长土壤中，三次产业融合发展，是农村产业现代化转型及结构再造的必由之路。工业性生产所代表的技术创新、管理运营、及时信息、市场研判等现代性因素，将沿着城乡关联密切的产业链条，深入地渗透于乡村地域生产各环节，从而超越传统的农业农村功能，在现代与传统的接驳中发现新的乡村价值、获得更高附加值并实现小农户与现代大市场的有机衔接。

"三产融合"的新型农村产业结构塑造，是传统"以资源为基础"的农业向"以科学为基础"的三次产业联动集聚的现代化"蜕变"过程。乡村的生产价值，是围绕延伸的产业链条所形成的一系列创新型生产性活动及其适应性变革。到今天为止，种植和养殖的农业生产仍然是乡村产业的核心基础。但手工业和服务业一直以来也在乡村经济生产中占有地位。随着乡村经济发展水平的提高和乡村开放程度的拓展，种养之外的延伸性生产活动或关联性生产活动在乡村产业中日益发挥出更显著的作用，如农产品的加工、农文旅融合等新兴业态和新兴产业。乡村的产业边界得到极大拓展，产业门类极大增加，生产价值被赋予了更加丰富的内涵。

有两个问题值得我们关注。一是不同门类的产业间，存在相互关联、互为因果、相互融合的关系，是立足农业又不囿于农业的一个产业链式的体系，涉及三次产业不同产业形态的融合以及由此而来的新兴业态发育。如种植与养殖的融合形成了循环农业，而循环农业与科教融合，则形成了农业修学或科教旅游新业态，农业与文创、养老等融合形成农文旅产业新业态，等等。在这样一种产业体系中，即便是最基本的大田种植，也可能被开发出诸如"大地艺术"的新价值，由此产生的观光休闲旅游的附加经济价值也将大大超越大田种植本身的农产品经济价值。二是这种新型农村产业结构的塑造与生产价值跃迁，一定与乡村之间保持着紧密的联系，相互依托、相互促进，如果把所谓新兴的农业生产与乡村原本的空间、功能及村民主体分割开来，最终的结果是削弱乡村产业甚至导致乡村的加速消亡。如盲目追求规模化的农业生产，通过动员式甚至运动式的方法集中进行土地流转并引入社会资本长时间大量占有乡村资源，极易导致农民生计挤占问题；再如为发展所谓的乡村旅游，盲目追求乡村景观的整洁、气派而脱离本土乡村文化特质的大拆大建，必然破坏传统农家院落，导致原乡价值的丧失、乡土气息的冲淡，既不能发展出具有特色的农旅产业吸引物，又可能导致庭院经济的消亡；等等。

乡村生产价值的最大魅力在于"多业并举"，取材于自然、回馈于自然，人与自然、人与人之间在长期生产过程中形成某种适宜性均衡。因此，乡村的生产内容及农民的生活需求，从来就是顺时顺势、丰富多样。而农民必然是这种多元化乡村产业的核心能动主体。乡村产业的发展，既要满足农民多样化的需求、维系农村长久以来的宜业宜居，同时也要有效降低和化解来自自然或市场的生产经营风险。在此基础上，乡村不同于城市的村落景观、形态肌理、特色民居，甚至村民原生的生产生活状态、村民的社会关系模式、地方美食、特色民俗及活动等，均凝聚着村民长期生存的智慧、存储着乡村重要的"文化密码"，恰恰是最能吸引城市居民前往旅游、休闲和体验的。保护和开发好乡村独特的生产价值，除了在农业全产业链上拓展乡村产业本身的边界之外，我们还必须意识到，坚持农民的主体地位和保留乡村的"原汁原味"，是乡村新的产业发展振兴的基础载体，任何排斥农民和排斥乡村的产业发展方式，都可能因违背乡村产业发展的规律而遭受失败。

因此，前述"以科学为基础"的新型农村产业结构塑造，既强调科学技术创新及其向乡村生产的扩散，又强调科学制度创新在乡村的回应性变革。

科学技术创新是生产力发展的根本动力。长期以来备受重视的良种使用、新品种研发、适用技术及农业机械推广、化肥农药减量增效等，在推动农业增产提效、优化升级方面取得了显著成效，而当前"互联网＋"、物联网、高新生物技术、信息技术等现代科学技术向乡村生产的应用渗透，则加速推进了三次产业的紧密关联及相互融合，并极大地缩短了农业农村与现代化大市场的距离，势不可当地将农业农村深刻地卷入城乡开放互联的空间与市场。

传统乡村制度对此所表现出的不适应性，以日益尖锐的矛盾和日益累积的潜隐风险，在农村集体产权制度领域集中而突出地彰显。经由城乡互促互融开放创新格局而得以激发和释放巨大活力的农村资源要素，应该以何种地位、什么样的方式参与现代生产与市场竞争？其权利归属如何？权利主体能否对其流动配置进行自主决策？资源要素能否获得合理公平的对价？具有对等市场势力的组织或平台携这些资源要素参与市场竞争吗？相对弱势的分散小农户如何在激烈的市场竞争与显著的市场风险中表达诉求、实现权利、保护权益、获得激励？

事实上，城乡融合发展的外部制度环境加速变革，以及乡村内部对在明晰的产权归属及边界基础上强化产权合约制衡、保护合法产权权益的诉求日益增强，使以农村集体资产股权量化改革为代表的农村集体产权制度改革具有强烈的内外双重动力。这无疑是对科学技术创新驱动下的乡村生产力变革的积极回应。当聚焦于乡村地域内部，我们认为，农村集体资产股权量化改革作为农村生产关系适应性变革的重要构成，具有显著的"内在向度"特征。

（三）农村集体资产股权量化改革与农村产业振兴：制度调适与生产促进

农村集体经营性资产运营管理体制机制，是涉及农村生产关系的基本制度体系中的重要构成，其改革须与农村其他相关制度改革有机衔接，形成系统性、协同性改革效应，如此才可能真正发挥出农村"管长远、管根本"的深刻制度创新作用。农村集体资产股权量化改革的这一"内在向度"特征，至少可以从以下几个方面予以理解。

首先，农村集体经营性资产、资源性资产、非经营性资产共同构成集体经济组织成员的主要财产，并成为农业农村建设发展的重要物质基础。农村集体产权制度正是围绕这些资产，对集体成员之间、集体成员与非集体成员之间有关稀缺资源的归属、使用、获益等行为予以规范，并确定其相对地位和利益关系，是涉及农村基本经营制度的一项基础性、关键性制度。当前的农村集体产权制度改革是涵盖这三类资产的体系性改革，改革的系统性及分类施策至关重要。

　　中共中央、国务院发布的《关于稳步推进农村集体产权制度改革的意见》对农村集体经营性资产股权量化改革进行了集中部署，要求针对集体经营性资产"归属不明、经营收益不清、分配不公开、成员集体收益分配权缺乏保障"等突出问题，着力推进资产确权到户及股份合作制改革。[①]

　　改革虽然聚焦于集体经营性资产，但目标方向仍然在于构建"归属清晰、权能完整、流转顺畅、保护严格"的农村集体产权制度，盘活农村集体资产，推动它们在城乡更广阔的范围内自由流动和高效配置，从而实现农村产业的现代化转型、推动集体经济发展壮大、持续增加农民收入尤其是农民的财产性收入。因此，明晰了归属和权益的集体经营性资产要真正成为发展壮大集体经济的"资本力量"，实现有效"入市"并广泛地与其他社会资本相结合，往往需要通过某种合约关系，与土地等资源性资产捆绑在一起，相互壮大、相互支撑。同时，这也将更有利于以多元化的适宜性方式探索集体经济在新时期的有效实现形式，构建既能体现集体经济优越性又能调动个人积极性的集体经济运行新机制。

　　在各地已有的实践中，村民凭借已确权颁证的土地经营权、宅基地使用权等权益折价入股，与集体资产股权量化改革后建立的新型股份合作集体经济组织共同形成联合运营体，统筹整合集体资源要素，并通过集中开发或面向社会公开招投标等多种方式发展现代产业项目，或与农业产业化龙头企业等其他社会资本以股份合作方式发展集体经济，或由农民与集体共同开展农村土地股份合作社、服务性合作社等多种形式的股份合作，均是农村集体产权制度改革各类成果的综合运用实践探索。

　　而集体资产股权量化改革后建立的新型股份合作集体经济组织，与一般经济组织具有很大差异，它的财产属于集体成员共同所有，确权到户不是把集体资产分了，而是重在明确谁能拥有、拥有多少以及如何拥

---

① 中共中央 国务院关于稳步推进农村集体产权制度改革的意见（2016 年 12 月 26 日）[EB/OL].中央人民政府网站，2016 - 12 - 29. http://www.gov.cn/zhengce/2016 - 12/29/content_5154592.htm.

有这些集体资产的收益分配权和民主监督权。这一基本属性决定了新型股份合作集体经济组织的"社区性"特征，即构建集体资产运营新机制、聚力发展壮大集体经济，只有当集体经济发展壮大了，作为集体资产共同所有者的集体成员才能够切实增加收入，而集体才可能具备为集体成员和社区居民提供更优质、更丰富的公益性服务的能力。因此，三类集体资产相关的改革注定是相互交织的有机整体。

其次，农村集体资产股权量化改革中清产核资、股权量化及新型股份合作集体经济组织组建等工作的完成，只是意味着该项改革的基础性工作告一段落。改革的重要目标，是保护和拓展农民的财产权利及物质利益。因此，在规范和落实农民的股份权能并予以严格保护的基础上，新型股份合作集体经济组织作为管理者、生产者的可行能力建设就成为改革保持可持续动力的关键。

这一方面涉及新型股份合作集体经济组织内部治理结构及机制的规范和现代化改造，还涉及诸如集体资产台账、经济合同规范、民主决策程序等具体规范管理制度的建设。另一方面，更涉及"人"这个最核心的要素所牵引决定的集体经营性资产运管管理能力建设。本土精英（能人）带动是广泛实践和行之有效的模式之一，为通过重点培育能代表农民群体利益、引领农民群体共同发展的农民企业家队伍，抓住"少数关键"、由点及面，带动农民群体性现代化转型提供了实践启示。农户由此而展开产业链上专业化分工及生产联合，能通过合作的规模效应提升市场谈判力、降低采购成本，而这又便于引入配套技术服务与指导，更利于实施品控式产品生产及推进品牌运营、直接对接大型经销商等现代市场主体。更为重要的是，集体资产运营创新机制下显著增加的与不同市场主体的交易机会，以及了解学习开放市场的新技术新信息等机会，将极大地开拓农民的眼界、为他们提供持续学习提升的契机与动力，而农民群体也会在持续的现代性"习得"中加快向新型职业农民转型。

此外，因应农村集体资产股权量化改革而推动的多种形式股份合作，实质上也推动了乡村治理结构再造和乡村社区发育。保护农民的民主权利，本身就是农村集体资产股权量化改革的重要目标之一。改革中的集体成员身份如何认定，股权如何设置、是否设置集体股，股权管理是采取以户为单元不随人口增减变化的静态管理还是采取定期调整的动态管理，新型股份合作集体经济组织采取何种治理框架、管理规则、分配规则，涉及集体资产运营管理及成员利益的重大事项以何种方式议定，等等，均须尊重农民意愿、发挥农民的主体性作用，把选择权交给农民。对于集体资产股权量化改革本身的方案制定及实施规则、执行程序确立，以及改革后的集体资产运营管理等事项，农民除了参与民主决策外，还应享有改革全过程中的知情权、表达权、参与权和监督权等民主权利。

在改革推动下形成的农民合作生产，具有增收的内在动力，与农民切身经济利益诉求息息相关，对吸引农民自觉参与合作生产及治理、自主践行和相互监督诚信行为规范、参与设计和执行生产计划及利益分配等具有较强作用。由此而来的经济利益实惠，则构成推动农民合作生产并全面参与乡村治理的逻辑起点和内驱动力。

新型股份合作机制的发育和践行过程本身，就是一个组织重塑和治理优化的进程，为乡村治理结构再造奠定了组织与机制基础，而乡村社区发育及治理结构再造，又为更为紧密有效的合作生产与集体经济发展奠定了内生基础。因此，农村集体资产股权量化改革及在此基础上产生的新型股份合作集体经济组织与农民合作生产，与基层党组织领导下的村民自治相互补充、相互强化，有利于更好地发动群众、组织群众，增强村民对集体经济的信心和对集体的认同，共同推进集体经济壮大发展和基础设施与公共服务提升完善，促进乡风文明建设与和谐村（社区）构建，为农村基层党组织强化领导核心作用提供新抓手，增强基层党组织的号召力和凝聚力，从而对于健全党组织领导下自治、法治、德治"三治结合"的乡村现代化治理体系具有重大意义。

三　城乡融合发展单元：演绎"三重融合"的成都实践

作为公园城市的首提地，成都将生态文明思想贯穿于城乡空间格局的重构，致力于构建城乡生态、生活、生产空间相宜，自然、人文、经济、社会相融的复合系统。① 这是长期以来成都推进统筹城乡发展、城乡一体化发展系列成果累积下，城乡新型关系的更高层级创新，是新时代探索城乡融合发展及乡村地域"三生融合""三产融合"发展的实践新路径，为探讨内外部条件下，深化农村集体资产股权量化改革及推动农村产业现代化转型发展，提供了近距离观察的实践蓝本。其中，"城乡融合发展单元"作为统筹城乡资源利用、产业发展、市政与公共服务设施配置的最基本空间载体，是成都以城乡空间格局重构牵引城乡全面融合发展的新路径与新思路的关键与核心。

（一）城乡融合发展单元的缘起与基本内涵特征②

自 2003 年开始，成都市便在全国率先提出"推进城乡一体化发展"并付诸实践。2004 年，成都在市域范围全面探索"三个集中"，即"工业向园区集中、农民向城镇（新型社区）集中、土地向适度规模集中"，并配套进行一系列体制机制改革，推动城乡空间功能逐渐由无序蔓延错杂转向有序分工布局，传统自然村落逐渐由自然散居或集居转向兼具乡村形态与现代发展的新型社区聚落，规划从重城轻乡及单纯关注农居建设转向城乡一体及综合考虑环境、居住、设施配套和产业发展等因素。

---

① 2018 年 2 月，习近平总书记在考察四川期间提出成都建设公园城市的要求，强调"要突出公园城市特点，把生态价值考虑进去"。由此，成都开始了在全国率先探索公园城市建设、城市建设模式创新的全新实践。
② 该小节内容涉及的素材、资料以及有关成都公园城市的基本构想和建设框架，主要来自成都市规划设计研究院编制的《成都美丽宜居公园城市规划》（2018 年）和成都市规划管理局编写的《成都市公园社区规划设计导则》（2018 年）。

这一时期的城乡一体化发展中，成都市政府扮演了第一推动力的角色，改革具有显著的"自上而下""刚性执行"的意味，政策资源的投入重点落在了消除城乡二元分割的体制性障碍及基础设施、公共服务"补短板"之上。但改革始终允许各小区域因地制宜进行创新性改革和实施差异化发展，对下一级行政力量或治理主体进行了适当的分权，增强了改革的地方适应性，也激发了基层改革者及最直接利益攸关者农民的内在改革动力。同时，改革也为农村要素市场的激活和市场主体的培育创造了良好的物质基础条件与制度环境，并催生出形式多样的土地流转、农业产业化发展、集体经济市场化运营等实践创新探索。但是，农村产权边界模糊及其引致的产权约束和激励缺失问题，也在要素流动日益拓展空间范围和扩大交易规模的情况下渐渐暴露，并累积产生增强排他性权利的制度变迁及在此基础上的产权合约制衡和权益保护的迫切要求。

2007年，成都和重庆一起被确立为全国统筹城乡综合配套改革试验区。在前期探索的基础上，成都把以农地为核心的农村产权制度改革作为突破口，进一步在全市推进城乡一体化改革发展，并在全国率先提出全域规划，统筹协调规划城与乡的空间、功能、产业及基础设施、公共服务等，推进城乡"六个一体化"① 建设，极大地促进了城乡间的均衡发展。2008年汶川大地震在对成都的经济社会造成冲击的同时，也为成都加快农村产权制度改革步伐，并以农村灾后重建为"试验田"创新探索城乡一体化发展提供了动力。灾后重建的第一迫切任务是物质基础重建。在大量农民因灾失去居所且完全不具备短时期内重建房屋和复垦耕地的能力，而政府也难以完全通过财政支付承担重建成本的双重困境下，成都运用与落实先行改革区"部省市三方协议"，充分发挥农民的主体作用，在农村土地产权制度改革中大胆探索，尤其是在农村集体建设用地流转领域突破性创新，通过农村土地产权的多元化市场化流

---

① 成都提出的"六个一体化"，即城乡规划一体化、城乡产业发展一体化、城乡市场体制一体化、城乡基础设施一体化、城乡公共服务一体化、城乡管理体制一体化。

转创新重建资金筹措途径，取得了显著成效。农村产权制度改革也催生了一大批新型运营主体（机构），如组织结构多样的农民专业合作社、集体和农民以土地承包经营权入股建立的土地联社或股份公司，由各级政府主导成立的产权交易、担保、投资公司，等等，由此以产权合约为基础的城乡要素双向流动得以进一步激活。

灾后重建促使成都的乡村基础设施和公共服务设施水平大幅提升甚至超前建设，为乡村产业发展奠定了坚实的物质基础，而农村产权制度改革的日益深化，则为乡村产业发展创造了基础的制度环境并建构了一定的组织条件。在此背景下，成都将美丽乡村规划建设的理念转向"产村融合"，把产业发展作为推动镇村发展的根本动力，并结合各村落的自然生态肌理及其形成的生活生产文化，提出了"小组微生"① 幸福美丽新村升级版建设模式，特别强调结合当地自然人文和经济社会发展特征，以及结合产业发展"成片连线"地建设幸福美丽新村。

"美丽宜居公园城市"的提出，是成都在更高层级推动城乡协同发展、共生共荣的创新，是深化农村改革实践、推动乡村振兴发展的又一次换档升级。当前，成都正致力于探索公园城市理念在乡村地域的创新表达，着力构建"乡村振兴走廊＋城乡融合发展单元"等新型城乡空间格局。其中，城乡融合发展单元，是践行公园城市理念、重塑城乡空间格局、优化城乡要素配置、实现城乡产业融合发展的基本空间载体。

所谓的城乡融合发展单元，是基于地域相邻、资源禀赋相近、人缘相亲、经济社会发展水平相当等关键因素划分并在乡村地域布局的相对独立又有机联系的一个个农业产业功能区。在这一基本地理单元中，虽然仍以农业产业为基础，但链接现代市场、按照全产业链延伸的农业产业化发展是动能核心，传统以行政镇为单位的生产生活组织模式被彻底

① "小组微生"，即"小规模聚居、组团式布局、微田园风光、生态化建设"的简称，是成都依托土地综合整治，注重耕地数量、质量、生态并重，统筹田水路林村综合整治，探索的适宜当地幸福美丽新村建设的道路。

打破，转而依托规模化集约化的农业现代产业园区、特色化品牌化的乡村旅游景区，在整个地域空间内统筹布局镇村产业，并以城乡融合发展为增长点，带动周边区域联动发展，形成产城融合、产村融合的空间和管理单元。与此同时，在单元内按照城乡融合的理念布局和配置资源，一体化投放产业项目、建设基础设施、健全公共服务，以实现发展资源跨行政界线、城乡一体的高效融合。

显然，城乡融合发展单元的构建，显著特征是突破了乡村地域的传统发展局限，通过跨行政界线、城乡一体的新型空间单元融入整体区域发展格局，是对城乡经济地理的尝试性重塑。由此，乡村不再孤立于城市而发展，也不再服从于城市而发展，而是在突破传统城乡二元结构的基础上，要素在城乡更广阔的空间自由流动，产业及其配套的生产生活功能，也得以在基础设施和公共服务水平日益趋同的条件下，在城乡一体的空间内合理布局。城乡融合发展单元的构建，也是成都持续推进城乡一体化发展乃至城乡融合发展系列改革的累积成果和深化抓手。

此时，政府主导的改革已经为乡村内生驱动力量的生发和持续壮大，创造了良好的基础设施等"硬件"条件以及公共服务、制度环境等"软件"条件，从而政府力量具有从微观领域收缩转向宏观领域的"结构性退出"特征。政府将更着重于继续深化城乡融合的制度改革和供给，以及为农村市场经济体系的发育成长提供强制性产权保护及间接性支持和服务，发挥软硬"场景"构建者的作用，而以农民为核心主体的农村基层力量则在此基础上，与其他市场主体和社会主体一起，成为农村市场经济发展壮大和乡村产业振兴的践行者。

如果这一空间单元的预期功能及作用能够在实践中得以实现，城乡融合发展及"三生融合""三产融合"发展便具有有效的实质性空间载体。而这一创新空间载体的逐步建设完善，则为成都以农村集体产权制度改革为牵引的乡村产业创新业态、创新体系及创新经营主体等改革提供了软硬条件适宜的广阔试验场景。

（二）成都城乡融合发展单元的路径创新探索①："三重融合"的实践蓝本

根据成都市委发布的《关于加快建设美丽宜居公园城市的决定》，成都建设公园城市要"以人民为中心、以生态文明为引领"，在城市空间中有机融合公园形态，既强调回归城乡发展的人本逻辑，又强调回归城乡空间和关系系统的生态保护逻辑。在这样的公园城市系统中，既有人与自然和谐共生的生态空间和功能体系，又有推动产业叠加渗透、更新发展的经济生产空间和功能体系，更有体现共享、开放、普惠、公益等属性的人文生活空间和功能体系。作为基本和核心的空间载体，城乡融合发展单元因此被赋予了"主导产业明确、镇村分工合理、资源要素统筹分配、基础设施共建共享、管理机制创新开放、城乡充分融合"的基本特征。

在成都的公园城市建设框架中，城乡融合发展单元被构想为由"1个产业园区（旅游景区）" + "1~3个特色镇" + "N个中心社区" + "N个林盘"组成，同时根据各地理单元的特色产业类型，分别界定为农业型、园区型以及景区型。其中，特色镇作为链接城与乡的重要空间节点，是单元内区位条件相对较好、基础设施及公共服务相对配套齐全、经济实力相对较强、人口相对集中的发展极点，因而也是要素相对集聚的重点，发挥着发展中心、服务中心与辐射带动的作用。

每个单元内，自然生态保护、基础设施建设、产业经济发展、景观体系塑造、文化内涵彰显等的规划、建设和运营管理，均在城乡融合一体的体制机制下推进。在规划上，实施城乡全域规划且"多规合一"，并积极探索"总规（控规）单元 + 城乡融合发展单元"的全域覆盖规划管控体系，引导优质资源向特色镇、园区、林盘和社区集中，以城乡

---

① 该小节内容有关成都公园城市的基本构想和建设框架，主要来自成都市规划设计研究院编制的《成都美丽宜居公园城市规划》（2018年）和成都市规划管理局编写的《成都市公园社区规划设计导则》（2018年）。

空间功能的均衡配套，促进要素在城乡间双向自由流动、高效配置；在组织架构上，打破镇级传统行政管理模式，实现"地方政府＋功能区管委会"的新型组织管理模式，有利于打破行政边界和消除城乡分割，以发展单元为基本单位实现城乡协调发展。在建设落地中，将城乡融合发展单元置于全市"双核联动、多中心支撑"的功能体系中，既考虑单个发展单元的特色化规划建设，又形成体系化的全域乡村振兴空间体系。其中，农业型、园区型、景区型等多类型城乡融合发展单元，与全市 66 个产业园和轨道交通体系一起，形成全域网络化产业功能区系统，充分体现了城乡全域"一盘棋"的系统性、协调性发展理念。在政策和体制机制设计上，通过在城乡全域均等化布局和建设"双核—五大功能区—特色镇—农村新型社区（林盘聚落）"的多层级公共设施与基础设施体系，实现城乡基础设施和公共服务均等化，并以此促进城乡人口及生产要素的自由流动。如在成都整体城市空间格局从原来的"两山夹一城"改为"一山连两翼"后，西部片区的部分用地指标流转到东部片区使用，以实现全域内战略、空间、规划、建设等全过程协同，实际上是在农村集体产权制度改革的基础上，促进土地要素资源跨行政区流动、全方位激活土地要素资源的实践探索。

同时，"三生融合"与"三产融合"的理念与实践，彰显于城乡融合发展单元规划、建设、运营、管理的全过程。

首先，生态修复是大美田园风光营造及乡村产业升级发展、乡村人居环境整治的基础。成都将公园营造的要求贯穿建设发展全过程，在整体规划指引下全面修复与提升山、水、田、林、湖，镇村各类生产经营主体积极挖掘乡村的多种功能、探索农文旅等新业态的多元实践方式，将各自的产业发展有机融入全市大地景观营造、郊野公园、景观体验网络体系的整体框架中，利用艺术构图和生产性景观等手法提升乡村生态要素的景观价值、丰富乡村生态要素的休闲服务功能。如此，乡村地域优良的生态环境便为成都公园城市构建"山水田林湖城"生命共同体筑牢了绿色基底，并为"人"这一最为活跃、最具能动性、最富有创造力的要素，提供了开展生产、生活活动的"景区化、景观化、可进入、可参与"的空间载体。

其次，产业功能体系是镇村空间、功能体系重构的内核。城乡融合发展单元的规划设计及建设投入只是为其后续发展营建了物质空间基础，镇村空间、功能体系是其中的重点。但城乡融合发展单元最终成为富有生机、可持续发展的有效空间运行系统，则有赖于各单元内产业功能要素的聚合和多元场景的营造，有赖于在此基础上形成农、商、文、体、旅融合的现代产业体系。一方面，要求根据发展单元内自然地理、经济社会、历史人文等特征，因地制宜地规划和引导单元内合理布局产业功能体系，并基于横向产业协作和纵向产业链延伸两个维度的思考，在单元内合理布局细分产业环节、指引重点发展方向及形成与周边单元的产业协同关系。另一方面，各产业环节发展则须最终落实到镇村微观主体的具体实践活动当中，通过"政府＋市场＋农户"等分工协作、利益共享的产业发展机制构建，在发展单元内激发多元主体的效能，形成共商共建共享的良性格局。从这个意义出发，城乡融合发展单元通过营造多元产业融合场景以及整合产业发展要素，为农村产业与城市的新技术、新业态、新经济融合发展创造更便利的条件和搭建更有效的平台，吸引和留住更多人才在乡村地域发展，从而成为真正有生机、可持续的空间运行系统。

最后，高品质生活环境是乡村人文场景打造、功能设施建设的目的。一方面，致力于打破行政边界补短板，以单元内生产生活配套实际所需为依据，统筹考量并差异化建设基础设施及服务功能配套，尤其是着力增加既适应乡村特征又符合时代进步要求的品质化生活性服务设施，如金融服务站、新型职业农民互助中心、居家养老服务站、少儿托管所等社区类服务设施。另一方面，将田园生活传承及"乡愁"地域文化贯穿发展始终，不仅在特色镇、中心社区、林盘等分层级空间建设中保护乡村的历史遗迹、尊重乡村长期演进形成的肌理，而且强调在乡村非物质文化传承的基础上融入现代文创思想，形成多层级文化创意研发、文化交流博览、文化弘扬研究及其特色功能载体，并持续推动乡村文化新形态的产生与发展。如当前，成都在特色镇一级的空间，结合地域特色建立了"林盘学院"等文化特色功能载体，在中心社区一级的空间，建立了创意农业发展基地、在地文化交流基地等文化特色功能载体，在林盘一级的空间，建立了文化展览型、社团组织型、创客基地型等不同类型的文化特色功能载体。这些有形或无形的建设投入，在为乡村居民营造高品质生活环境的同时，也为他们依托现状生活场景发展乡村旅游等新业态新产业创造了条件，实际是为了打造集生态宜居、文化交流、休闲住宿等于一体的复合功能发展单元

　　成都的城乡融合发展单元已经在实践中，为城乡融合及"三生融合""三产融合"发展创造了有效的实质性空间载体。但空间载体的有效性及价值创造，必须经由人这一最活跃的要素及其组织结构通过生产、消费、分配、交换等经济社会活动才能实现。农村集体资产股权量化改革基础上建立的新型股份合作集体经济组织，因不同于一般经济组织的属性特征、乡村动员组织力及目标指向，理应成为乡村地域推动城乡要素双向融通、产业协同一体、价值共建共享的关键平台载体和组织主体。

　　笔者所在课题组调研发现，成都农村基层日益涌现出形式多样的、富有生机的实践创新模式。因应农村集体产权制度改革而构建的新型股份合作社（经济合作社），正以日益独立规范的主体形态，参与到城乡融合发展单元的要素配置、产业发展及利益分享等诸多方面，并在政府持续支持与逐渐壮大发展集体经济的条件下，重构服务于集体成员的乡村公共事务治理体系和机制。温江区寿安镇岷江村的新型股份合作集体经济组织与专业从事乡村文创旅游投资开发的市场企业，依托乡村生态、生产、生活等资源优势共同发展的三产融合新业态，是成都近年来建设城乡融合发展单元及推动乡村产业振兴的典型例证。

　　岷江村的新型集体经济组织正是集体资产股权量化改革后，村民以"三权"作价入股方式，与村集体共同组建的新型股份合作集体经济组

织。用参与投资企业的话来讲，向岷江村的投资开发经历了两次"混改"。第一次"混改"发生在企业与地方政府投融资平台之间，是民营资本与国有资本间的合股，组建的股份制公司资金来源分别为由政府投融资平台向项目区域投入的基础设施及公共服务配套建设资金，以及市场企业投入资源挖掘、品牌包装和民宿建设的项目起始资金。第二次"混改"发生在企业与新型股份合作集体经济组织之间，是民营资本与集体资本间的合股，组织的股份制公司按股权共同承担具体项目的选址、供地、建设、运营等成本与风险，并按股分享项目运营收益。

该项目总投资预计5000万元，涉及17个村民院落改造及周边基础配套建设，项目建成后，将形成以"九坊宿墅"民宿院落集中区、创意田园区、景观休闲区和互动活动区为主要载体的农商文旅融合发展功能区，涵盖以家族宗祠为代表的文化地标、2个旅游和产业配套中心、3个具有引领示范作用的名人大师院子、9个各具特色的匠人工坊院子、2个完善的养老乐活社区，以及17个风格多样、形态不同的特色民宿院落。在项目收益分配当中，村新型股份合作集体经济组织与专业公司合股组建的项目运营公司，以土地保底分红的方式向项目的具体供地农户支付土地及房屋租金，并按股权向村集体经济组织分配红利，村集体经济组织在提取一定比例公益金和公积金的基础上，按股权向村民进行红利分配。

这一实践案例中，城乡融合发展单元建设创造的城乡一体资源配置及设施和服务配套等良好条件，极大地增强了市场主体投资开发乡村文创旅游资源的信心和吸引力，并为后期项目开发与产品入市创造了较为完备的软硬件条件，既降低了项目开发及产业发展的成本，又缩短了项目产品与需求市场的空间距离与市场距离。而村新型股份合作集体经济组织则成为整合和调集乡村资源、协调和和谐村企关系、保护和争取村民利益的关键主体与媒介，既解决了企业投资与项目建设的本土化亲和力问题，又解决了农户资源的集合入市增值问题。

而项目中所呈现的民宿院落这一主体物质形态，可以更准确地理解为"乡村会客厅",其核心功能并不限于食宿等产品销售增值,而是作为整个乡村区域一切具有吸引力的物质和非物质资源的"展示场"和"销售场"。如项目以岷江村居民日常的生活、生产场景及活动,包装开发出四季乡野体验的"108 种玩法",每一位村民既是日常的生活者、生产者,又是乡野体验产品的演示者、引导者、服务者,甚至该村党支部书记的工作日常也被开发成为乡村发展与治理的课程产品,日常工作就是场景式讲授与教学示范。以民宿为主要物质载体和展示窗口、销售窗口,实质是要打造具有地域特质的乡村产业 IP 链条及产品体系,推动项目地整个乡村地域一切具有价值的资源转化为与市场紧密连接的高附加值产品,最终形成以城乡融合的制度环境与软硬件环境为基础,以"三生融合"为核心依托,以"三产融合"为实现路径的发展创新、价值倍增及合理分享新格局。

岷江村的改革实践只是成都城乡融合发展单元试验场的一个侧面。因应城乡融合的新型城乡共生关系及乡村内在的"三生融合""三产融合"发展,实践中以农村新型股份合作集体经济为主要载体的创新型农村市场组织力量,正在迅速崛起并迸发出生机活力,势将激发和吸引大量的社会资本流向农村、农业、农民,成为推动改革前行和乡村振兴发展的重要驱动力量。

第五章 农村集体资产股权量化
改革、"三个融合"
与农民增收长效机制

　　"改革—产业—增收"是本书的理论分析框架,其中的三者紧密联系、缺一不可。改革是动力,产业是实现农民收入增长的抓手,增收是目的。需要强调的是,此处提及的增收不是暂时性的收入增加,而是一种长期可持续增长,是支持农民实现持续增收的长效机制,或者说是实现农民收入的内生增长。对于实现农民收入持续增长的长效机制,基础来源于农村产业发展,但是农村产业发展并不等于农民收入增长,农民收入增长不一定是农村产业发展的必然产物或结果。个中缘由在于,农民不一定能够通过农村产业发展获得可持续增收①。当然,无论如何,现实中,实现农民收入的内生增长,都需要依托于农村产业的发展,否则农民增收只能是"无源之水"。所以,在农村产业发展的过程中,农民获得可持续的收入增长,关键在于农村产业发展的利益分配机制,即农民能够融入产业发展过程实现发展过程共享和获得非生产性收入实现发展结果共享。

　　正如前文所述,通过拓展共享发展这一本质的题中之义,即"过

---

① 如在资本主义农业生产中,农业资本家占有土地和其他生产资料,农业工人通过出卖自己的劳动获得收入,即便资本主义农业获得了极大的发展,但是农业工人获得的收入即使有所增加,也远远赶不上农业资本家利润的增长,原因很简单,农业资本家凭借土地等生产资料的所有权,占有了农业工人创造的剩余价值。

程—结果"的共享发展，要求农民融入农村产业发展过程中，增强农民的行动能力，使之成为现代农业的积极因素和重要组织资源；同时，农民共享农村产业发展结果也是我国农村基本经营制度的内在要求，即要求农村集体经济组织充分行使"统"的职能，提高农业生产的组织化程度和市场竞争力，促进农村经济发展和农民增收。根本上说，实现农民收入内生增长的目标，要求通过发展过程共享和发展结果共享两个方面共同作用，发挥以家庭为基本经营单位的"分"的优势和集体经济组织"统"的职能。一方面，集体经济组织"统"的职能，就是提高农民的组织化程度，增强集体经济的实力，让集体经济有能力承担更多的农村社会保障和公共品供给任务，让农民共享农村产业发展的结果。另一方面，"分"就是充分体现农民的行动能力，调动个体农户的生产积极性，充分发挥农民自身的资源禀赋优势，让农民参与到农村产业发展的过程中，提高农业劳动生产效率，实现发展过程的共享。基于此，本章内容的逻辑框架如图 5 - 1 所示。

一 农村集体资产股权量化改革基础上的分配制度变革与农民增收

从本章的着力点在农民增收这一落脚点来看，根据马克思主义政治经济学关于生产与分配关系的基本理论，采用刘灿和李萍等把分配制度划分为分配基础、分配原则、分配机制和分配形式四个维度进行研究的观点[①]，进一步来分析，农村集体资产股权量化改革及其基础上的产业发展对农村收入分配制度进而对农民收入增长机制所产生的影响。

（一）分配基础："统""分"结合基础上的双向增强

从分配基础来看，依循经典的马克思主义政治经济学的基本原理，

---

① 刘灿，李萍，等．中国收入分配体制改革［M］．北京：经济科学出版社，2019：179 - 182.

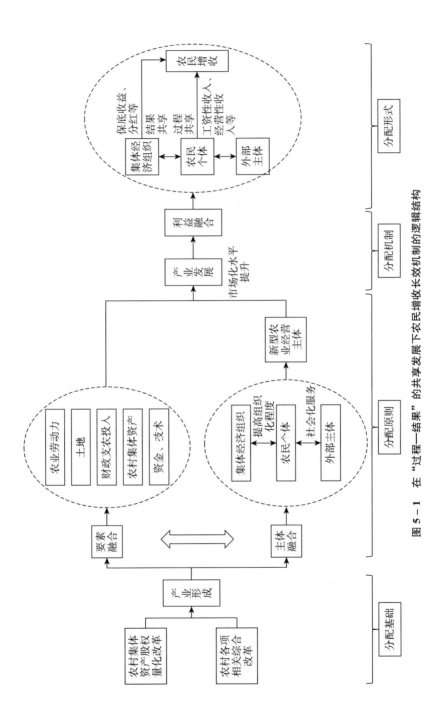

图 5 - 1　在"过程—结果"的共享发展下农民增收长效机制的逻辑结构

在社会生产关系中，生产资料所有制决定分配关系和分配制度，生产资料所有制构成分配关系和分配制度的基础。按照马克思分配理论的内在逻辑：分配是生产的背面，一定的生产制度决定了分配的制度。分配的性质是由生产的性质决定的，归根到底是由生产资料所有制的性质决定的，这一点马克思在《政治经济学批判》中做了明确分析，"分配的结构完全决定于生产的结构……参与生产的一定方式决定分配的特殊形式，决定参与分配的形式"①。分配包括产品的分配和生产条件的分配，狭义的分配关系，是指收入的分配，它"表示对产品中归个人消费的部分的各种索取权"②。这种分配关系取决于生产关系。对于生产条件的分配，马克思指出："一定的分配形式是以生产条件的一定的社会性质和生产当事人之间的一定社会关系为前提的。因此，一定的分配关系只是历史规定的生产关系的表现。"③ 因而"是在生产关系本身范围内""它们决定着生产的全部性质和全部运动"④。就我国农村地区收入分配的基础而言，农村集体所有制及集体产权制度的改革关涉生产条件的分配，而农村基本经营制度是农村集体所有制的实现形式，经营制度层面的改革涵盖和涉及产品的分配，二者共同形成了农民收入的分配基础。

产权是所有制的核心，是经济所有制关系的法律表现形式。产权是包含所有权、支配权、使用权等在内的权利束。生产资料的所有制形式决定了产权制度安排，因而所有制形式和产权制度均是分配制度的前提和基础。当前，在我国农村深化改革的重要时期，不论是农村土地产权制度的"三权分置"改革，还是农村集体资产股权量化改革，均是在坚持和完善农村土地集体所有制基础上的产权制度改革，是对我国农村产权制度的进一步优化和完善，这也将对我国农村收入分配基础产生深远影响。

---

① 马克思恩格斯选集（第2卷）[M]．北京：人民出版社，1995：13．
② 马克思恩格斯文集（第7卷）[M]．北京：人民出版社，2009：994．
③ 马克思恩格斯全集（第25卷）[M]．北京：人民出版社，1974：997．
④ 马克思恩格斯文集（第7卷）[M]．北京：人民出版社，2009：994．

从本书的研究范畴来看，农村集体资产股权量化改革的意义在于为农村集体经济组织的发展和农民集体行动能力的增强奠定经济基础，其实质是对我国农村集体经济制度的改革与创新发展。农村集体资产股权量化改革带来的农村收入分配基础的改革与优化，必然会对农村收入分配的分配原则、分配机制和分配形式产生重要的影响，进而形成实现农民收入新的快速可持续的增长机制。

具体而言，农村土地产权制度中"所有权、承包权、经营权"的分置，以及农村集体资产股权量化改革，对农村收入分配制度的分配基础产生了深刻影响。在农村土地产权制度改革方面，稳定了农民的承包权、放活了经营权，大大拓展了农民生产经营活动的空间，也为农民的增收提供了更多的可能性。农村集体资产股权量化改革，将过去闲置或低效配置的集体资产激活，同样改善了农民收入分配制度的分配基础。上述改革扭转了以往"统分结合"难以有效实现的局面，充分发挥了基本经营单位的积极性和集体经济组织的统筹作用。另外，农村集体资产股权量化改革可以形成并壮大农村集体资产，强化公有制经济。农村集体资产股权量化改革以后，可以以集体资产（资金、资本）为杠杆吸引多种所有制经济成分（包括农村生产经营者自有资金和城市工商资本等）进入集体经济，从而激沽农村集体经济，不断地扩大农村集体经济的规模。这在一定程度上利于改变过去一段时间以来农村集体经济组织"统"的作用和功能弱化的窘境，增强集体经济的组织能力和统筹能力，改善农村产业发展和农业生产环境，为农村居民收入的可持续增长奠定产业基础和创造发展环境。对于较为缺乏经营性资产而具有较为丰富的资源性资产的广大中西部地区而言，此次改革也将有利于扭转传统的"输血式"和"大水漫灌式"的局面，而转向"造血式"和"资产收益精准式"的可行道路。

（二）分配原则：两种分配原则的协调与发展

分配原则是收入分配制度秉持的基本原理和准则，是分配制度的核心安排。借鉴法学中关于法律原则的分类方法，我们尝试将分配制度的分配原则划分为公理性分配原则和政策性分配原则。公理性分配原则指的是，在社会关系的本质中产生被社会广泛承认和认可的分配公理，如社会主义生产资料公有制本质关系中产生的人们之间公平分配、人人平等、按劳分配等原则。政策性分配原则指的是，由于不同时期社会经济发展的不同，为满足国家战略的需要而从政策上确立的具体分配决策和政策安排，其核心是关于公平与效率关系的权衡。[①]

新中国成立特别是社会主义制度确立后，在相当长时期内按劳分配在分配领域中处于绝对优势地位。自1992年以来，党的十四大提出建立社会主义市场经济体制，十四届三中全会做出了《中共中央关于建立社会主义市场经济体制若干问题的决定》，确立了"坚持按劳分配为主体、多种分配方式并存"的分配制度，这体现了"效率优先、兼顾公平"的分配原则，既要体现分配的效率，促进生产力水平的提高，也要通过政策的调节作用，避免收入差距的拉大和两极分化。其后至今，我国收入分配原则长期体现为公理性原则和政策性原则的偏向与协调。特别地，党的十八大明确强调："实现发展成果由人民共享，初次分配和再次分配都要兼顾效率和公平，再次分配更加注重公平。"这说明在收入分配原则上，政策再次强调注重公平。数十年的经济快速发展，意味着"蛋糕"不断做大了，但还要把"蛋糕"分好，以促进公平正义。[②]党的十八届五中全会进一步提出了"共享发展理念"，认为共享发展是注重解决社会公平正义问题。

伴随着我国收入分配原则的演变，我国农村收入分配原则也处于同频发展中。2012年后，将农村收入分配原则进一步体现在共享发展理念下公平端的侧重上。落实到财政支农资金股权量化改革上来看，这一改革进一步强化了我国两种收入分配原则的协调与发展。具体来看，实

---

① 刘灿，李萍，等. 中国收入分配体制改革 [M].北京：经济科学出版社，2019：180 - 181.

② 习近平. 切实把思想统一到党的十八届三中全会精神上来 [J]. 求是，2014（1）：3 - 6.

现了按劳分配与按生产要素分配的协同演进，公有制经济的壮大保证了按劳分配，集体资产的股权量化改革带来了按生产要素分配的发展（如各种股息和租金）。实现了公平与效率的兼顾，改革中对贫困户的倾斜和公益金的存在体现了分配公平和人民共享的重要性，按生产要素分配的发展带来了分配效率的提升。

（三）分配机制：市场化水平的进一步提高

分配机制实质上是分配制度得以实施和运行的机制。一般而言，分配制度可以通过计划经济和市场经济两种运行机制来实施。计划经济的分配机制是通过计划的方式来分配收入，这种情形下价格机制和竞争机制难以发挥作用；市场经济的分配机制则是由市场竞争决定收入分配，价格机制和竞争机制起决定性作用。二者的差别在于：收入分配是由计划的方式确立，还是由供需双方通过竞争机制的方式确立。[①] 在计划经济时期，我国的分配制度以按劳分配的方式，并匹配一套严格的计划机制来保障实施。而自市场取向改革特别是社会主义市场经济体制确立的改革以来，我国的分配制度转变为按劳分配为主、多种分配方式并存的分配制度，这一分配制度则是在市场机制的条件下来实施。进一步说，自1992年党的十四大确立和实施了社会主义市场经济体制以来，资源配置逐步转变为由市场机制决定，这也逐步体现在收入分配机制的转变上。这一时期的收入分配机制由单一的计划型分配机制逐步转向市场调节与政府调控复合作用的分配机制。党的十六大报告强调："在更大程度上发挥市场在资源配置中的基础性作用……发展产权、土地、劳动力和技术等市场。"党的十八大强调，初次分配领域，要更好地"兼顾效率与公平"，并提出"加快健全以税收、社会保障、转移支付为主要手段的再分配调节机制"。党的十九大报告进一步指出："履行好政府再分配调节职能，加快推进基本公共服务均等化，缩小收入分配差距。"

---

① 严格地说，计划经济中不能说完全没有对资源和收入的竞争，只是这些竞争主要是对资源的分配性竞争，所谓"跑部钱进"，而极少是生产性的供求竞争。

综观我国收入分配机制改革，随着我国市场经济体制的不断完善，市场在资源配置中的重要作用越发凸显。既要充分发挥市场机制高效配置资源的作用，同时也需要更好地发挥政府的作用，将政府作为市场机制在公共服务失灵时的重要补充。农村的各项改革也依循着这一思路，农村集体资产股权量化改革就是一种有益的体现。

在农村集体资产股权量化改革过程中，从分配机制来看，一方面，改革有助于壮大农村集体经济，增强政府对农村经济宏观调控的能力。同时，农村集体资产股权量化改革在集体经济发展壮大的过程中，形成公益金等也是计划类调节形式的一种体现。另一方面，随着改革的不断推进、产业的发展，农村生产要素得到激活，市场机制的决定性作用在农村得到进一步凸显。

（四）分配形式：农民收入总量增长与结构优化

分配形式指的是社会收入的分配所采取的具体方式。依据划分的标准不同，产生不同的分配形式。如从现象来看，可分为工资性收入、经营性收入、财产性收入等；从收入来源来看，可分为劳动收入、资本收入、技术收入等。分配制度决定了分配形式，在计划经济时期，分配形式表现为工资、工分、实物等形式；在市场经济年代，分配形式通常表现为工资、奖金、股息、红利、利息以及其他多种形式。但是，总体来看，在改革开放初期以后的相当长时期内，农村居民的收入水平是显著低于城市居民的，农村居民收入的内在构成相对城市来说也更为单一。

从分配形式来看，一方面，农村集体资产股权量化改革有助于实现农民收入水平的总体提升，通过财政支农资金转为集体资产的方式直接增加农民的分配性收入。农民不仅仅可以通过股权量化改革获得一定量的财产性收入，更重要的是通过参与产业发展过程获得工资性收入。如大邑县蔡场镇新福村集体资产从2015年的150万元增长至2020年的600余万元，70%的利润按入股比例分红为农户带来可观的财产性收入，更重要的是为周边农户提供了新的就业岗位。另一方面，改革的推行带来了农民收入形式的日益多样化，形成了一批新型农业生产经营主体，提高了农业的经营效率和农民的经营性收入，有助于壮大农村的中等收入群体；激活了农民的财产性收入，主要是农户还通过自有资金或资产入股等形式获得了股息和租金等收入；稳定了农民的工资性收入，改革还使农户外出务工更无后顾之忧，同时又为农民创造出新的本地务工机会，实现收入和家庭的兼顾；增加了以贫困农户为重点对象的转移性收入，表现为集体资产股权量化改革中贫困农户多配的股份和集体经济发展后计提的公益金等。进一步分析如下。

第一，改革与产业发展有利于提高农民的经营性收入。从现实情况来看，中西部农村地区耕地资源并没有禀赋优势，以家庭为基本单位的经营模式往往存在规模过小、比较收益不高的弊端。农村集体资产股权量化改革，将过去存量的、低效的集体资产变为具有流动性的、高效的经营性资产，农村居民更是可以凭借量化后的股权获得经营收益；同时，农村居民还可以参与到集体资产的经营和管理过程，通过充分发挥不同个体的资源禀赋优势，来实现集体资产最大化的经济价值。这些均有利于提高农村居民的经营性收入。

第二，改革与产业发展有利于激活农民的财产性收入。对于广大的中西部农村地区而言，农村集体资产大多属于资源性资产，这类集体资产过去要么处于荒废状态，要么被其他主体所占有，农村居民作为集体经济组织成员，却难以享有集体资产所带来的收益。在集体资产股权量化改革以后，农村居民作为集体经济组织成员获得了量化的股权，这从法律层面上为农村居民的财产权利提供了保障。从集体资产的经营过程来看，农村居民有权利参与、监督与管理集体资产的经营过程，实现对自身财产权利的保护。而集体资产的经营成果，则由集体经济组织成员共同享有，所以改革与产业发展有利于激活农民的财产性收入。

第三，改革与产业发展有利于稳定农民的工资性收入。从调研过程中观察到的实际情况来看，农村居民工资性收入的增加主要来自两个方面。一方面，农村集体资产股权量化改革主要通过组建专业合作社、农业龙头企业等新型农业经营主体的方式，使之以集体资产和耕地为基础资源，从事更为专业化的和具有规模效应的农业产业。这些新型农业经营主体则需要吸纳大量的农业劳动力，农村居民可以以劳动力投入的方式获得劳动报酬或工资性收入，以集体资产股权的方式获得股息或分红等财产性收入。另一方面，新型农业经营主体的经营模式，与原有的小规模、家庭经营模式相比，大大提高了农业生产经营效率，同时会释放更多的农业劳动力以实现非农化转移，原有的大量农业劳动力将摆脱低水平经营的桎梏，从事收入更高的非农经营活动，从而获得稳定的工资性收入来源。

第四，改革与产业发展有利于增加以贫困农户为重点对象的转移性收入和通过形成公益金帮助相对贫困的居民。之所以称此次改革在一定程度上具有扶贫功能，是因为在集体资产股权量化改革的过程中，针对贫困农户设置了特殊的股权帮扶工具——贫困户优先股。一方面，这种扶贫策略具有精准识别的功能。由于集体资产的量化环节需要在集体成员的监督下进行，集体成员之间的贫困状况彼此最为熟悉，所以更容易形成集体成员之间的普遍共识。另一方面，针对贫困户的特殊股权，在集体资产形成的产业发展过程中稳定存在，有利于针对贫困户的稳定帮扶，从而有利于对贫困户的收入增加形成稳定预期。如在广元的兰池村，除了以集体成员身份获得集体股以外，贫困户还额外获得扶贫股份，这些扶贫股份为贫困户带来了更多的股息收入，达到了精准扶贫的目的。

（五）农村集体资产股权量化改革、产业发展、农民增收与乡村振兴

乡村振兴战略的总体要求是产业兴旺、生态宜居、乡风文明、治理有效和生活富裕。毫无疑问，在乡村振兴新的背景下，农村集体资产股权量化改革也应服务于上述总体要求。为此，农村集体资产股权量化改革不应局限于农民财产性收入的一定增长，更重要的是，还应当促进农

民生产性收入的持续增长，将广大农民纳入农村产业融合发展的过程之中，通过广大农民对农村产业融合发展过程的共享，实现广大农民对农村产业融合发展结果的共享。

综上分析，结合我国改革的实践，我们认识到，改革、产业与分配（分配基础、分配原则、分配机制、分配形式）之间是存在一种良性互动关系的。农村集体资产股权量化改革，带来了农村分配基础的进一步优化和完善，但是改革本身并不能自动带来农民持续而有效的增收。进言之，要在农村产权制度改革包括集体资产股权量化改革的基础上，发挥村集体"统"的职能，为促进农村产业融合发展进一步调整和改善农村生产关系，构建紧密型的利益联结和共享共富机制，将分散的农民联系起来，形成村集体与个体农户以及外来资本之间的互利共生关系，坚持和改善农村集体经济发展壮大的分配基础，探索实施集体产权改革激励和市场机制作用下兼顾公平与效率的分配原则和分配机制，促进农民收入来源的多样化及丰富农村分配形式的多样性。反向来看，让各类生产要素能够通过市场机制的作用获取收益，有利于激发市场活力，提高城乡资源要素的配置效率；农民群体收入结构优化，有利于成为农村产业发展、经济社会发展的动力。因此，分配原则、分配机制和分配形式的不断发展和完善，可以反过来促进农村产业的进一步发展，形成收入分配制度优化、农村集体经济的分配基础巩固之间的互促互进良性循环。

考虑到本书的分析主旨以及利益关系分析的重要性，本章在后文分析中把研究重点落在共融共享与农民增收长效机制上。以此来考察改革、产业对农民增收的动力机制、实现路径，对农村收入分配的直接效应和间接效应，以及不同相关利益主体之间的利益联结机制和共生共融机制。

二　改革、"过程—结果"共享发展背景下的"三个融合"与农民增收长效机制

本书坚持认为，农民收入持续增长机制，根本上是要建基于通过

农村集体资产股权量化改革，将广大农民纳入农村产业融合发展的过程之中，通过广大农民对农村产业融合发展过程的共享，实现广大农民对农村产业融合发展结果的共享。一句话，农民收入持续增长机制必须是内嵌于产业发展中的要素融合、主体融合、利益融合之中，即构建产业发展的共融共享机制之中的，是"过程—结果"共融共享发展的逻辑产物。倘若停留在农村集体资产股权量化改革给农民带来的有限的财产性收入的增加，则是对此项改革意图、价值取向的最大误读，有可能导致改革陷入急功近利的、坐吃山空式、简单化的泥淖。

（一）产业发展中的要素融合：拓展要素交流和配置空间

要实现农村产业融合发展，必然要涉及现代要素的投入。为什么通过农村集体资产股权量化改革，能够拓展农业生产要素的交流和配置空间呢？农村集体资产股权量化改革，就是要探索集体经济的有效实现形式，改变过去集体所有制经济主体虚位以及集体经济组织功能缺位的情况。[①] 明确集体资产的产权界定，有利于集体经济组织和农民获取更大的经济价值。正如巴泽尔在《产权的经济分析》中提到，未被界定的产权的经济价值被留在了"公共领域"[②]，在产权未被明确界定的情况下，任何第三方都可以通过攫取"公共领域"的经济价值来让自己获益，只要成本小于攫取的收益。通过改革明确集体经济组织和农民的权利关系，让被滞留在"公共领域"的经济价值"回归"集体和农民，让农民拥有的资源变成可发挥其要素功能和经济价值的资产，来实现农民收入的增长。因此，农村集体资产股权量化改革——分配基础的改革，使得村集体成员拥有的集体资产份额同现代要素一样，在公理性分配原则——按要素分配原则下，保障了农民的收益分配权，而产业发展中的要素融合，则是在按要素分配原则下促进农民增收的

---

① 张红宇.中国农村改革的未来方向［J］.农业经济问题，2020（2）：107 - 114.
② 约拉姆·巴泽尔.产权的经济分析［M］.格致出版社，上海三联书店，上海人民出版社，2017：4 - 5.

基础环节。

1. 实现农村集体资产的要素功能

农村集体资产是归属集体经济组织集体的，包括资源性资产和非资源性资产：前者主要包括土地、森林、草原等自然资源；后者主要包括流动资产、固定资产、无形资产和其他资产等。农村集体资产股权量化改革的对象是三类农村集体资产，但是对于西部山区，一般经营性资产较少，而资源性资产较多。因此，在改革以前，资源性资产一般处于"沉睡"状态，尚未得到较好的开发利用，或者处于经营效率较低状态。农村集体资产股权量化改革有利于盘活农村集体资产，促进这些集体资产从非生产性或者生产效率较低的部门转移到生产性或生产效率较高的部门。农村集体资产股权量化改革的核心是明确集体资产的产权归属，不仅指的是所有权，还包括经营权、管理权和收益权等一系列权利。在集体资产权利束归属明晰的情况下，才能形成权责明晰、自由流转的有效产权，为农村集体资产通过市场化转化为资本、"沉睡"资产转化为"活的"资产、农村集体资产从生产效率较低的部门转移到生产效率较高的部门提供动力来源。如西部贫困山区的一些荒山，作为村集体资产，在改革前并未得到充分的重视，农户对此也不关注；在改革试点启动以后，将股权量化到个人，农户参与的积极性被激发，希望通过合理利用来获得收入。

集体资产发挥要素功能，需要满足两个条件，它们缺一不可：一是要素交换需要由产权主体来具体执行，即需满足产权明晰条件；二是可流动性，即资源要素需要进入市场，形成要素价格，并以此确定收益分配关系。农村集体资产股权量化改革让集体资产满足上述条件：一是权属关系的明确界定，解决了以往对农户激励不足导致农户利益受损的问题；二是农村集体资产的整体性、不可分割性转变为可分性、可流动性。

农村集体资产权属关系的明确界定主要体现为，进一步明晰集体资产的所有权归集体经济组织所有，集体经济组织成员均能分配既定份额的股权。明晰上述权利关系，有利于产权主体有效行使其权利并获取资产增值带来的收益。① 在此次改革之前，集体经济组织未能有效行使其所有权这一主体权利，农民也未能享有作为集体经济组织成员的权利和获得收益，导致集体经济的低效率和资产外流。② 而产权明晰能有效避免这一情况的发生，让集体资产置于"公共领域"的经济价值重新回归集体和农户，农户则有动机主动参与集体资产的管理和行使权利。

农村集体资产的整体性和不可分割性主要体现为，在自然属性上③，村集体资产往往需要通过其整体性特征，发挥经济效益和内在价值。比如某一座荒山，如果将荒山的各个区域划分给农户，农户往往用来种植一些林木或农作物等，其经济价值较为有限。而如果将它当作一个整体，则可挖掘其生态价值，如打造为旅游景区，大大提升其生态价值和经济效益。又如某一生产性设备，作为一个整体发挥本来的作用与功能，如果将它分解为各个零部件，则其价值大为减少。自然属性的不可分割性指的是村集体资源性资产往往需要通过整体来最大化其效益或内在价值，一旦进行分割则其效益或内在价值就大打折扣。通过农村集体资产股权量化改革，利用村集体资产的社会属性——产权关系的可分性化解了自然属性上的整体性、不可分割性问题，这为村集体资产的自由流动创造了可能，也为它们与其他生产要素融合提供了条件。如根据课题组调研情况来看，各地通过发展多种形式的合作经济组织，发展具有各地特色的产业。

2. 促进现代农业要素的优化配置

舒尔茨在《改造传统农业》中提到，现代农业同样可以是经济发展的源泉，将传统农业改造为现代农业，需要通过引进新的生产要素以

---

① 中共中央 国务院关于稳步推进农村集体产权制度改革的意见（2016 年 12 月 26 日）[EB/OL]. 中央人民政府网站，2016 – 12 – 29. http://www.gov.cn/zhengce/2016 – 12/29/content_5154592.htm.

② 刘守英，熊雪锋，龙婷玉. 集体所有制下的农地权利分割与演变 [J]. 中国人民大学学报，2019，33（1）：2 – 12.

③ 本书将集体资产的物理特征视为自然属性，将其权属关系视为社会属性。

及对人力资本进行投资来实现。[①] 速水佑次郎同样强调,相较而言,加强技术进步方面的人力资本投资,更有利于促进现代农业的发展,并且通过旨在保护产权的制度的实施来发挥竞争性的市场机制的作用,则有助于实现可持续发展。[②] 保护性产权制度的目的则在于明确各个主体之间的权属关系,从而发挥竞争性市场的作用最大化资源要素的价值,这恰好又为资本下乡发现乡村价值提供了可能。

以往农村集体资产低效利用的原因在于对集体和农户主体地位的忽视,对各类要素拥有者的激励不足,阻碍了生产要素的流动和融合。长期以来由乡镇政府、村"两委"作为代理人行使权利,参与管理村集体资产,农户既"无权"也无意愿参与,集体资产的收益往往与个体农户关系不大,农户的利益受到挤压。部分有经营意识的能人想要参与村集体资产的经营管理,但由于村"两委"无力监督、大部分农民不愿行使自身权利和监督,而无法做到;同时,村集体资产被侵占、挪为他用或其经济效益被虚报问题的存在,使得村集体资产经营难以为继,集体资产长期以来的贬值、流失,导致集体和农民的利益受到极大损害。[③] 另外,"无人管事""无章理事"也进一步制约了农村外部要素的流动[④],产权主体虚置、合作合同签订不规范、集体与农户利益冲突不断,加大了外部主体经营村集体资产的风险和成本,比如农村集体资产产权让渡不顺畅,交易成本高;农村集体资产产权经营不顺利,市场风险高。这大大打击了资本下乡的积极性,从而阻碍了生产要素的流入,恶化了农村集体资产的经营环境。因此,权属明晰解决了以往激励不足、农户利益受到挤压的问题,农户主体地位的凸显激发了农民广泛参与的积极性;

① 西奥多·舒尔茨.改造传统农业 [M].梁小民,译.商务印书馆,2016:75 – 81.
② 速水佑次郎.发展经济学——从贫困到富裕 [M].李周,译.北京:社会科学文献出版社,2003:152 – 187.
③ 仇叶.集体资产管理的市场化路径与实践悖论——兼论集体资产及其管理制度的基本性质 [J].农业经济问题,2018 (8):17 – 27.
④ 冯卓,詹琳.城镇化进程中农村集体资产管理问题探究 [J].经济体制改革,2014 (2):93 – 96.

外部要素拥有者有动机进入和参与村集体资产的经营管理，资源要素交流和交换空间大大拓展；这些为产业发展奠定了坚实的动力基础。

人力资本要素融会贯通。一方面，农民通过合作经济组织形式，参与管理村集体资产，改变了过去村集体资产无人管、无人经营的状态；另一方面，农业种植能手、非农领域的企业家等参与以集体经济为主的产业发展，极大地丰富了农业经营主体的人力资本。物质资本要素，包括资金、技术、信息等生产性要素，也投入村集体资产的生产经营当中。随着人力资本要素的投入增加，这些人力资本所附着的技术、企业家才能、市场信息、资金等也被带入农村集体资产的经营管理当中。这极大地促进了城乡要素向农业的流动，拓展了农村产业发展要素投入渠道，刺激了各类现代要素的流动，为增添农业农村发展的新动能提供了可能。如四川的"新乡贤＋"模式，通过引导当地在外成功人士返乡创业，使得一大批有资金、懂技术、善管理的能人志士回乡成为"创业引路者"，为农村产业发展注入新的力量。

3. 改善农民的资源禀赋

以往农民的资源禀赋较为有限，或者说可利用的资源较少。部分原因是一些村集体受到了事实上的资源禀赋条件限制，而大部分村集体实际上拥有较好的自然资源条件，只是这些自然资源以往遭到忽视而未被充分利用。农村集体资产股权量化改革，则是为这些存量自然资源的开发利用提供了动力，极大地改善了农民的资源禀赋状况，包括物质资本和社会资本。

首先，物质资本方面，西部山区集体资产主要表现为森林、山岭、草原、荒地、滩涂、水面等自然资源，以往这些自然资源的经济价值并未被重视，它们处于经常性的荒废或者低效率利用的状态。通过明晰集体资产权属关系，在集体所有制的条件下，这些自然资源的股权量化到农民个体，农民获得了处置权、收益权等权利。这些权利能够让农民将置于"公共领域"的经济价值转变为自己的预期收入，集体资产的经营状况和运行效率，直接决定了农民对这部分集体资产的经济价值的实现。

所以，这部分自然资源转变为能够为农民带来预期收益的物质资本。

其次，提高组织化程度有利于增加农民的社会资本。社会资本是个体可资利用的、利于实现个体目标的资源或社会关系网络。① 社会资本的匮乏，将导致个体在生产经营活动中，仅仅依靠自身的资源要素或禀赋；而丰富的社会资本条件下，在社会网络或组织中，个体可利用自身以外的资源，来达到生产经营的目的。因此，可以说丰富的社会资本在一定程度上能够增强个体的发展能力，有利于在更高层次上进行信息交流和资源获取，为个体的发展和目标实现提供便利。② 根据速水佑次郎对社区的定义，社区最典型的特征便是由血缘和地缘关系联结起来的部落和村庄。③ 在我国农村地区，一个村落往往可以视为一个社区，集体经济组织成员便构成了社区的主体，在农村社会的人际交往的基础上，构成了合作经济组织。

为什么说集体资产股权量化改革能够增加农民的社会资本呢？主要是基于两个方面原因。第一，自农村家庭联产承包责任制实施以来，村集体成员之间的合作关系逐步弱化，特别是随着农村劳动力的大量外流，在农村劳动力"离农"倾向加剧的情况下，村集体实际的信任和合作关系趋于瓦解，农民之间的联系日趋淡薄。农村集体资产股权量化改革，为重新构建农民之间的利益联结和合作关系提供了良好的生存环境。集体经济组织成员之间的信任构成了社会资本，这类社会资本为成员之间的合作提供了便利，同样有利于降低生产经营活动中的交易成本，这在市场机制尚未健全和完善的西部欠发达地区尤其重要。④ 第二，改革激活了乡村价值，这为外部主体融入农村产业

---

① 宫留记. 资本：社会实践的工具 [M]. 河南大学出版社，2007：15 – 17.

② 李创，吴国清. 三维资本协同下的精准扶贫问题研究——基于马克思与西方资本理论视角 [J]. 西南金融，2019（8）：71 – 79.

③ 速水佑次郎. 发展经济学——从贫困到富裕 [M]. 李周，译. 北京：社会科学文献出版社，2003：283.

④ 速水佑次郎. 发展经济学——从贫困到富裕 [M]. 李周，译. 北京：社会科学文献出版社，2003：286、312.

发展提供了可能。因此，基于信任与合作关系的集体经济组织，既改善了集体成员的信任与合作关系，同时又通过融入外部主体的社会关系网络，增加了农民的社会资本①，农民拥有的资源禀赋条件也将得到极大的改观。

（二）产业发展中的主体融合：农村集体资产的多元赋权

积累的资本得到有效利用，取决于人的能力和社会组织。② 同样，农村集体资产要素功能的发挥和经济价值的实现，取决于处于主导地位的农民和集体经济组织。当然，在市场经济条件下的农村产业发展，同样需要拥有现代要素和技术的外部主体的参与。因此，农村产业的发展，既需要发挥集体经济组织的制度优势，突出农民主体的能动作用，也需要依靠外部主体的参与，形成多元主体广泛参与、各类要素汇集融合的格局，来达到农村集体资产经济价值的实现和农民增收。

1. 主体构建：发挥集体经济组织的制度优势

社区是在协商基础上通过合作来打造的③，社区不仅在有效配置资源中能够发挥重要作用，而且在公共财产的管理方面也是有效的。在我国农村集体经济组织的发展过程中，基于地缘关系和血缘关系的信任与合作机制一度弱化，导致集体经济的功能大打折扣，从而大大弱化了集体经济组织的作用与功能。改革不仅需要重拾集体经济组织与农户的经济关系，而且需要重塑集体经济组织在提升农民组织化程度方面的作用，再次发挥集体经济组织"统"的功能。

---

① 唐任伍，孟娜，刘洋. 关系型社会资本："新乡贤"对乡村振兴战略实施的推动［J］. 治理现代化研究，2021，37（1）：36-43.
② 速水佑次郎. 发展经济学——从贫困到富裕［M］. 李周，译. 北京：社会科学文献出版社，2003：117.
③ 速水佑次郎. 发展经济学——从贫困到富裕［M］. 李周，译. 北京：社会科学文献出版社，2003：284.

　　集体经济组织的制度优势主要包括两个方面。[①] 首先，在实现资源有效配置方面，借鉴速水佑次郎的观点，社区通过促进其成员进行合作，能有效促进资源的配置。在尚不完善的市场经济中，陌生的个体之间因缺少必要的信任而导致合作关系的不稳定，以至于众多交易行为无法完成，而信任是一种社会资本。在集体经济组织中，成员在传统的熟人社会中产生的乡土联系和社交网络，形成了构建合作关系的良性土壤，通过长期以来的社会交往和无数次重复博弈产生的联系，构建了农民之间信任的基础。这种长期以来由农村社会交往积累形成的联系，让在缺乏明确法律和正式规则的农村社会中，仍然可以通过农民之间的协调沟通来化解彼此之间的利益冲突，也能够在一定程度上抑制"搭便车"问题[②]，从而降低了因建立合作而需要的较高交易成本，并提高了交易效率。此外，基于这种合作，集体经济组织充当了"小农户"与"大市场"之间双重委托代理载体[③]。在市场经济条件下，面向广阔的市场和追求利润最大化的各类主体共同参与，小农户作为单一主体往往很难参与竞争。对于小农户而言，通过提高组织化程度，将集体经济组织作为代理人，提高市场竞争力，减少所面临的各类风险；针对大市场而言，集体经济组织能够作为委托方。这种小农户与集体经济组织之间、集体经济组织与大市场之间的双重委托代埋关系，避免了"一对多"的交易模式，大大降低了市场交易成本，提高了市场交易效率。

　　其次，在地方公共品的供给方面，由于同一个集体经济组织的成员之间存在广泛的共同利益[④]，成员之间的相互影响产生的信任关系，构成了成员可资利用的社会资本，从而有利于集体经济组织在提供地方公

① 速水佑次郎. 发展经济学——从贫困到富裕 [M].李周, 译. 北京: 社会科学文献出版社, 2003: 284-289.

② Martin L. Weitzman and Chenggang Xu. Chinese township village enterprises as vaguely defined cooperatives [J]. *Journal of Comparative Economics*, 1994, 18 (2): 121-145.

③ 郑淋议, 钱文荣, 洪名勇, 朱嘉晔. 中国为什么要坚持土地集体所有制——基于产权与治权的分析 [J]. 经济学家, 2020 (5): 109-118.

④ 邓大才. 利益、制度与有效自治: 一种尝试的解释框架——以农村集体资产股份权能改革为研究对象 [J]. 东南学术, 2018 (6): 56-63+248.

共品方面受益。由于集体经济组织成员间的信任和合作关系，能够阻止机会主义行为的发生，这样由集体经济组织提供的地方公共品更易达到最优水平。反之，当集体成员之间的信任和合作关系积累不足时，就难以发挥集体经济组织在公共品供给上的优势。

2. 还权赋能：增强农民作为主体的可行能力

农村集体资产产权不明晰的情况下，农民作为集体经济组织的成员，参与集体资产管理与经营的积极性不强。主要原因是因为没有被清晰界定权属关系，集体资产的经济价值被置于"公共领域"，导致第三方有攫取集体资产经济价值的机会主义行为，且农民参与集体资产的经营与管理与其收益无明显关系，因而农户在这一过程中，并没有激励去监督与管理集体资产。当然，产权清晰界定还不是增强农民参与集体资产经营管理积极性的充要条件。因为农户对集体资产权利的有效性与集体资产为农民带来的预期收益和为保护这一权利的努力而形成的成本有关。进一步说，农户为保护该项权利所做的努力，他人企图分享这项权利的努力，任何"第三方"所做的保护这项权利的努力，这些努力是有成本的[①]，所以农民行使主体权利依赖于集体资产为他们带来的预期收益与他们付出的成本的比较。预期收益水平的高低直接决定了农民行使、转让或放弃这些权利等不同行为。换句话说，如果集体资产带来的经济价值高于农民参与集体资产经营管理的成本，则农民有动力参与其中；如果集体资产在产业发展过程中带来的经济价值低于农民参与的成本，则农民仍然缺乏参与动力。实际上，由于农村产业发展面临的诸多自然风险和市场风险等不确定性，特别是在产业发展初期，投入较大、效果较慢、周期较长，产业发展的经济效益不明显甚至出现亏损的情况下，吸引农民参与集体资产的经营与管理就显得尤为重要。

增强农民作为主体的可行能力，调动农民主动参与集体资产经营、监督与管理的积极性，需要从降低产权保护的成本以及由此带来预期收

[①] 约拉姆·巴泽尔. 产权的经济分析［M］.格致出版社，上海三联书店，上海人民出版社，2017：4.

入的提升着手。首先，降低农民参与行使权利的成本。集体资产股权量化改革作为一项内生性的制度变迁或者诱致性制度变迁，具有内在自发性，是由某种在原有制度安排下无法得到的获利机会引起的，这说明农民参与行使权利的成本或机会成本足够低。其次，集体资产带来的预期收益的提升，要同农民参与集体资产经营与管理的努力程度结合起来，即农民需要享受集体资产增值的剩余索取权。按照巴泽尔的决定产权最优配置原则，对资产平均收益影响更大的一方，得到的价值增值的份额也应更大。① 所以，增强农民的可行能力，充分调动农民行使权利的积极性，需要让农民享有更大份额的剩余索取权，从而突出农民作为主体的作用，让集体资产经济价值的实现水平同农民的努力程度挂钩，实现"权利主体、自治主体与受益主体"的统一。这既是集体资产最大化其经济价值的理论要求，也是集体资产股权量化改革本身的现实目的。

3. 主体多元：农业专业化和社会化趋势下的必然选择

农业专业化指的是随着社会生产力水平的不断提升，农业生产逐渐由传统"小而全"的生产和经营方式，转变为生产或经营一类或几类产品的"专而精"模式。农业社会化体现为生产经营活动范围的不同，推动农业逐渐摆脱过去封闭的、小范围的生产经营方式，转变为在更大范围、更广空间实行的开放型的生产经营方式。农业专业化和社会化的联系在于，两者均是在社会分工的基础上发展起来的，区别在于前者本身是现代农业的分工形式，后者则是在社会分工深化后形成的，农业生产的专业化和社会化是传统农业向现代农业发展的必经之路。② 因此，在我国实现农业现代化的过程中，农业专业化和社会化是必然趋势。

技术水平的提升，必然会促进农业生产分工的深入，而分工经济的形成，又反过来促进先进技术的采用、现代农业物质装备的应用，从而进一步提升农业生产的专业化水平。另外，农业分工的深化也将

① 约拉姆·巴泽尔. 产权的经济分析 [M]. 格致出版社，上海三联书店，上海人民出版社，2017：9.
② 雷海章. 现代农业经济学 [M]. 中国农业出版社，2003：243–248.

使农业的前部门和后部门分离，产生农业生产资料的生产、供应以及农产品加工、仓储等新的部门，上述的各个环节又独立发展形成产业化经营。显然，对于现代农业技术的采用、现代农业物质装备的应用，以及上述产业化经营的各个环节，仅仅依靠农村集体经济组织和农民是远远不够的，农民能够承担的分工领域较为有限，必然要依靠外部主体，引导下乡的资本、技术以及企业家才能等参与农业生产专业化过程。

农业生产社会化是建立在社会分工深化（专业化）基础之上的，从内容来看，农业生产专业化和社会化的侧重点有所不同。专业化强调的是某一环节的专而精，社会化强调的是整个产业过程的开放与广泛协作。农业生产专业化需要充分发挥协作的优势，农业生产社会化使现代农业系统的各局部之间、农业与其前后部门之间，以及农业与它的环境经济系统之间具有有机的联系，通过协作创造出新的生产力。随着农业社会化的发展，单独的、小规模的农业经营方式将缺乏市场竞争力，因而需要将分散的农户组织起来，将它们纳入社会化大生产体系。因此，现代农业的发展，农业生产专业化和社会化的不断深入，必须依靠外部主体的介入，让各个主体充分发挥其资源禀赋的优势，形成最大化的经济效益和社会价值。如四川省广元市苍溪县黄猫垭商会，便是在当地政府的号召下，百余位出自当地的在外经商企业家联合发起成立的。这部分返乡企业家带来的不仅是资金，还有当地更为匮乏的市场理念、资源、技术等。[①] 目前，在黄猫垭商会的带领下，为改善基础设施，修建联通高速公路的快速通道；着力产业发展，打造了1500多亩的红心猕猴桃园、花椒产业园，集体经济产业园；发展乡村旅游，建成星级乡村旅游接待中心、红豆杉农民公园、世外桃源和桃花岛。这为苍溪县黄猫垭镇农村集体经济发展，助力脱贫奔小康和乡村振兴，提供了鲜活的样本。

---

① 《苍溪县黄猫垭商会：助力脱贫奔小康 乡村振兴谱新篇》，人民网，http://gongyi. people. com. cn/n1/2019/0317/c424401-30979865. html，2019年3月17日。

（三）产业发展中的利益融合：构建紧密型利益联结机制

农村集体资产的要素功能发挥，为农村产业的进一步发展带来诸多机遇。但是其中的核心环节，则是构建紧密型的利益联结机制，从而实现农民收入的内生增长。实际上，此次改革中的集体资产与家庭承包地存在明显不同，后者虽然属于集体资产，但是已经"确地到户"，在承包期内与其他农民家庭没有直接联系，而前者则由于自然属性上的整体性，以及社会属性上的可分性致使"确权到户"，结果则是集体资产的经济价值实现同所有集体成员相关。可见，集体资产是全村集体成员的共同资产，且集体成员有着共同的利益，彼此利益紧密相关。[①] 所以，农村集体资产股权量化改革，不仅是对农民收入分配基础的改革与优化，还有利于构建紧密型的利益联结机制，让各参与主体之间形成"风险共担、利益共享"的利益共同体，在按要素分配和按劳分配的原则下，丰富了农民收入的分配形式和分配结果。

那么，如何实现产业发展中的利益融合、构建紧密型的利益联结机制呢？所谓的利益联结机制，是指具有共同利益的主体之间相互联系、相互作用的关系及其调节功能。[②] 一般而言，松散型的利益联结机制的利益主体往往各自为政，由于个体成员之间的利益往往并不一致，甚至存在相互侵害的可能；而紧密型的利益联结机制的利益主体之间形成广泛的共同利益，各成员之间在行动上受到利益一致的激励，往往容易为了共同利益而采取一致行动。利益联结机制包括利益实现、利益分配、利益调节和利益保障。其中，利益实现、利益分配和利益调节发挥激励效应，利益保障发挥约束效应。

1. 利益实现：创新多元化的利益联结机制

改革为农村产业发展、农民持续增收提供了强大动力。但是农村产

---

① 邓大才．利益、制度与有效自治：一种尝试的解释框架——以农村集体资产股份权能改革为研究对象 [J]．东南学术，2018（6）：56－63＋248．

② 涂圣伟．工商资本参与乡村振兴的利益联结机制建设研究 [J]．经济纵横，2019（3）：23－30．

业发展、农民增收，仅仅依靠农民自身特别是传统农民是远远不够的，需要引进农民企业家、新型职业农民等。正如舒尔茨所言，要打破农村低水平均衡陷阱，必须引进新的生产要素，提升农村人力资本发展水平。① 吸引农民企业家、农业带头人发展产业，同样需要满足激励与约束条件。农村集体经济组织经济功能的实现是基础，也是各个利益主体参与集体经济组织的最大动力，这便是首要的激励机制。

一是多元化的利益主体有利于形成更为紧密的利益联结机制。农村集体资产的所有权主体是集体经济组织，而农户作为收益权主体之一，也必然要求分享集体资产经营带来的收益。一方面，农村集体资产要为农民带来收入的增长；另一方面，农村集体经济组织需要满足集体的公共服务需求。除了农民、村集体以外，利益主体还包括工商资本所有者、企业家等，他们为乡村产业发展带来了企业家才能、人才、资金、技术和信息等现代生产要素。因此，除了要保障农民、村集体的利益以外，也必然要保障工商资本所有者、企业家等的合法权益，不能以牺牲工商资本所有者、企业家等群体的利益来发展农村产业和助农增收，不然必将挫伤他们发展农村产业的积极性，也势必会影响农村产业发展和农民增收的进程。对于农民、村集体、工商资本所有者、企业家等相关利益主体，不能以牺牲任何其中一方来保证另一方的利益。要在市场机制的作用下，通过折股量化村集体资产、资金、技术、人才等，来确定收益的分配原则、分配机制和分配形式。如按照公理性分配原则和政策性分配原则，即按劳分配和按要素分配，让各个参与主体能够在集体所有的资产上以劳动所获报酬或工资性收入、经营性收入、转移性收入和财产性收入等不同分配形式共享发展结果。这既是保障农村产业发展和助农增收的基本前提，也对吸引更多的工商资本所有者、企业家投身于农村产业发展起到了良好的示范作用。

二是创新发展多种类型的合作经济组织。以股权联结为基础，发展

---

① 西奥多·舒尔茨. 改造传统农业 [M]. 梁小民，译. 商务印书馆，2016：27 - 29.

多种类型的农业合作组织。在实践探索中，如郫都区战旗村"公司＋基地＋合作社＋农户"的产业模式下，集体经济实现形式从集体经济合作社（战旗蔬菜专业合作社）到集体股份合作社（战旗农业股份合作社）再到集体资产管理公司（战旗资产管理有限公司）的变迁，使得集体经济组织、农户、工商资本所有者等主体之间的利益融合程度不断加深，集体经济组织的经营模式也经历了从生产合作到股份合作再到资产合作的升级。大邑县蔡场镇新福村集体经济发展的"三级"架构模式："一级"集体经济组织为集体经济股份合作社；"二级"公司型集体企业负责全村产业规划、招商引资、项目开发和一体化运营；围绕特定产业发展项目，集体企业通过与社会资本、区域自治组织等组建产业化联合体，以出资或者资源入股等方式成立"三级"项目公司。一方面，将新福村粮食生产的单一功能向集育秧、机插、机收、烘干、储存、加工、销售于一体的粮食生产加工的价值链拓展；另一方面，通过挖掘"农耕文化"，以农业观光休闲为主题，打造集美食体验、农业观光、农事体验、休闲度假于一体的"农耕岁月"田园综合体，努力实现由传统农业向"现代农业＋农产品加工＋现代服务业"产业链的纵向发展。苍溪县兰池村的"龙头企业＋专合组织＋家庭农场＋农户"现代农业产业模式，通过自然资源"资产化"、财政资源"资本化"、人力资源"职业化"、组织/管理"资本化"，引导各类生产要素汇聚于农业园区、集聚在新型农业经营主体，增强集体经济组织的产业发展能力。

2. 利益分配："过程—结果"的共享发展

利益分配是构建紧密型利益联结机制的关键一环，利益分配的公平与合理与否，将直接决定下一阶段集体成员是否会为共同利益采取一致行动。因此，认识和理解利益分配形式，关注村集体、农民、工商资本所有者等不同主体合作领域拓展带来的利益联结关系的变化，是形成一个稳定、紧密的利益联结机制的必要过程。

农民持续性的收入增长，是农村集体资产股权量化改革的最终目的，这一过程需要发挥集体经济组织的制度优势和农民的可行能力。就前文分析所言，农民需要在产业发展过程中主动参与以提高自身的发展能力，即发展过程共享；同时需要分享改革、产业发展的红利，即发展结果共享，以实现农民收入的可持续增长。从现阶段来看，农民的收入从来源的角度可以划分为经营性收入、工资性收入、财产性收入以及转移性收入。其中经营性收入、工资性收入是农民进入、融入产业发展过程中，履行了生产性职能而获得的收入，或称"职能性收入"；也就是说，农民参与了农村产业发展过程，形成了发展过程的融入和共享。这是充分发挥"统分结合"双层经营体制"分"的功能，提升农民可行能力的组成部分。从实践情况来看，现阶段，虽然大部分农民的收入主要还是工资性收入，但是其来源更加稳固，并且有利于解决农村的空心化问题。在农村集体资产股权量化改革施行以后，一方面，农村劳动力得到释放，这部分劳动力有两条出路——外出进城务工获得工资性收入或者进入本地合作社等各类农业经营组织劳动；另一方面，农民获取工资性收入的渠道扩大，他们可以不用"离乡背井"进城务工获得收入，为本地集体经济组织如股份合作社、合作社、农业企业工作同样可以获得可观的工资。

财产性收入、转移性收入等非生产性收入是农民凭借对集体资产的占有、支配权以及对贫困群体设置的"贫困户优先股"而获得的收入，农民并未参与、执行生产性职能，获得的是集体资产经营的红利，农民获得这部分收入体现的则是发展结果的共享，我们将它视为"非职能性收入"。此时，我国农村集体经营制度发挥其收入分配的调节作用，体现的是集体经济组织"统"的职能。例如，农民凭借土地承包经营权获得的土地流转收入，便是"非职能性收入"。

在改革开放初期推行的家庭联产承包责任制下，农村土地实施的是所有权和承包经营权的"两权分离"，所有权归农村集体经济组织，农民则拥有土地的承包经营权。在以农业经营收入为主的时期，这在一定程度上激发了农民生产的积极性，大大提高了农业生产收入，但承包经营权难以流转制约了土地资源的优化配置，导致很难进一步提升农民收入水平，而是将农业劳动力锁定在有限的农业耕地上。随着生产力水平显著提升，农业剩余劳动力过剩的弊端逐渐显现，为适应生产力的发展，农村土地的产权制度实施所有权、经营权和承包权的"三权分置"，这为农村土地的合法流转奠定了政策基础和提供了法律保障。"确权颁证"虽然在一定程度上稳定了农民的承包权，但由于土地的人均面积有限，即便在稳定了承包权的前提下，农民凭借集体土地的承包权所能获得的收入仍较为有限。事实上，农村集体还拥有大量的资源性资产，这些资产仍未被高效开发和利用，而其中的阻碍便是集体资产的产权不明晰。农村集体资产股权量化改革便是针对此类资源性资产，希望通过激活此类资产的要素功能，为农民带来更为丰富的收入来源。通过将原本闲置或低效使用的农村集体资产进行确权，让集体经济组织和农民作为重要主体参与其中，从而大大拓展了农民收入的渠道。

"过程共享"要求提高农民经营性收入和稳定工资性收入，这是在市场机制作用下，遵循按劳分配和按要素分配的原则，充分体现农村集体经济组织对农民个体可行能力的激励，是公理性分配原则和政策性分配原则相结合的内在要求和体现。"结果共享"要求提高农民的财产性收入和转移性收入，这是农村集体经济组织制度优势的重要体现，也是政策性分配原则的内在要求，即兼顾公平和效率的分配原则的体现。"过程共享"与"结果共享"两个环节，通过改革优化和完善农民收入的分配基础，在公理性分配原则（保证公平）和政策性分配原则（兼顾公平和效率）的基础上，在市场机制的作用下推动农村产业发展和集体资产增值，并以不同的收入分配形式，让农民通过"过程共享"和"结果共享"，形成其收入增长的长效机制。

3. 利益调节：公平与效率兼顾的分配原则

利益调节的主要目的在于矫正外部性与推动政策目标实现。由于各个主体在利益联结过程中，在信息掌握、话语权和投票权等方面存在差异，各方主体之间的利益分配与期望的结果存在一定差异。一方面，要在实现农村集体资产健康可持续经营的基础上，保障集体经济组织与农民的主体地位及收益；另一方面，要保障除集体经济组织和农民之外的其他主体权利不受侵犯并实现预期收益。通常而言，在市场机制较为完善的情形下，通过市场的作用便能够实现各主体间利益有效率的分配。但在实践中，由于信息不对称等现实原因，对纷繁复杂的利益主体之间的关系难以进行有效调节，利益侵犯、分配不公等导致收入差距拉大。对于农村地区，特别是经济发展较为落后的中西部农村地区，集体经济组织自生能力较弱，市场机制尚未完善，政府仍然需要在推进农村资源要素交易市场建设、社会化服务、产业培育、市场保护、治理规范等方面发挥重要作用。如成都设立成都农村产权交易所，为农村集体经营性建设用地入市、农村集体资产的市场化定价提供了可能；郫都区战旗村集体资产中土地资产、"土地增减挂钩试点"结余的建设用地指标资产迅速增值，为集体经济组织的集体资产保值增值奠定了制度基础。

在市场经济条件下，利益分配往往由各利益主体所拥有的资源要素的稀缺性、专用性资产、人力资本等因素来决定。因此，往往存在各个主体之间掌握的信息不对称、话语权和决策权的不平等，农民和集体经济组织往往处于分配的不利地位，从而需要更为完善的利益调节机制，来维护和保障集体经济组织和农民的利益，特别是畅通农民的利益诉求表达渠道，对各类利益侵犯等不正当行为进行有效监管，以此来实现农民和集体经济组织的合法利益。如苍溪县兰池村的"龙头企业＋专合组织＋家庭农场＋农户"模式中，财政支农资金通过量化投入特色产业发展和生产性基础设施配套建设中，并发挥农民在管护、监督环节的比较优势，村集体则起到组织和协调的中介作用。在上述案例中，农户作为重要主体，履行了监督集体经济组织的职能，这是提升农民可行能力的重要体现，同时农民维护了自身在合作经济组织中的利益。村集体同样是集体经济组织的重要主体。一方面，村集体需要提高农民的组织化程度，即将分散的农民个体组织起来，使之参与和融入集体经济组织中，履行好"统"的职能；另一方面，在产业发展过程中，诸如农村基础设施建设、环境保护、文化建设等领域，具有较强的公共物品性质，该类物品供给具有较强的公益性与外部溢出效应，常常需要村集体、企业、政府等多个主体联合参与，特别是在部分环节由企业来进行更有效率，因此需要政府进行合理的补贴，以增强企业主体参与的积极性。另外，在利益调节方面，为体现公有制的制度优势，还需要通过政策性分配方式，来对集体经济组织成员中的弱势群体和贫困群体进行再分配，如苍溪县兰池村通过设定"贫困户优先股"的方式进行利益调节，来体现公平与效率兼顾的分配原则。

4. 利益保障：构建紧密型利益联结机制

在市场机制尚未完善的情况下，再完美的利益分配机制也难以保证合作关系的长期稳定。特别是，在当前我国农村信用体系尚未健全的情况下，利益主体之间存在的利益差异、利益矛盾甚至利益侵犯，既导致了利益联结机制的瓦解，同时也抬高了下一次合作的成本。因此，构建对利益各方具有约束力的机制，有利于增强利益分配关系的稳定性。这是需要构建紧密型利益联结机制的原因，也是应对市场机制尚未健全状况的必要手段。

一是构建紧密型的利益联结机制。构建多主体间互利共生、共融共享的利益联结机制是农民持续增收的基础。集体资产为什么要改革？在市场机制作用下的农村集体资产股权量化改革，既是维护农民对集体资产的基本权利，保障农民切身利益，发挥资源的要素价值的重要途径，也是农民收入分配基础的改革与优化。因此，一方面，提高集体资产的利用效率，发挥集体资产要素性的价值是改革的重要目标；另一方面，更为重要的是，构建共融共享的利益联结机制，就是在农村产业发展过程中，提高农民增收能力，帮助农民实现收入可持续增长。

与紧密型利益联结机制相对的是松散型利益联结机制。过去城市工商资本或市场主体通过土地流转等形式获取农民的耕地资源，或通过"公司＋基地"等模式构建企业与农户之间的利益联结机制，为什么称之为松散型利益联结机制呢？最根本的原因在于农民没有"剩余索取权"。也就是说，在双方合作的过程中，农户和企业双方的风险承担不对等，利益分配环节的地位有所不同，且容易受到自然风险、市场风险的冲击，双方合作表现为不稳定。农村集体资产股权量化改革下，在外部主体同农户合作的过程中，农民以集体资产的股权入股获取收益，外部主体则以资金、技术等现代生产要素折股量化，双方的权利关系不存在本质区别，同等享有剩余索取权、共同承担经营风险，真正实现了"风险共担、利益共享"的利益联结机制。所以说，改革为构建共融共享的利益联结机制提供了重要契机。

通过改革，集体资产已经量化到了农户和个人。单一的个体股权无法单独发挥资产的作用，即形成价值增值，而农民自身对通过资产实现收入增长又具有内在要求。改革后个人股权分散化与集体资产统一性、不可分性之间的矛盾要求众多个体、农户联合起来，联合起来的农民形成了合作经济组织，这一组织在经营管理、抵御风险、利益维护方面的能力大大增强。因此，农村合作经济组织是提高集体资产利用效率、实现广大农民利益的有效载体，也是实现农业产业链利益的关键环节。而在农民之间联合形成合作经济组织之后，资金、技术、市场信息等要素的匮乏导致合作经济组织对资产的利用能力较弱，从而对引入企业主体、社会资本具有更强的意愿。量化到农户的集体资产，以股份的形式投入生产经营阶段，构成了利益分配的基础，是一种基于产权的联结，由此各个主体之间形成了风险共担、利益共享的利益联结机制。

二是有效发挥政府职能。在市场功能残缺和信息不对称的情况下，只有利益分配机制很难保障合作关系长期稳定。当前，在市场机制尚不完善的情况下，政府的有效监管往往是对信用违约的最后一道"防火墙"。面临诸如各个利益主体之间的利益侵害，需要构建有效的失信和违约的惩戒措施，这是保障各主体利益的重要手段。一方面，需要加强对集体资产经营的过程监管，对集体资产经营收益实施专户管理，通过上级政府部门监管、集体经济组织成员监督等方式，来构建集体资产经营风险的防范体系，确保集体资产的稳健运营。另一方面，需要构建集体经济组织、个体农户信用评级系统，完善农村信贷信用体系，加强守信激励和失信惩戒，保障农村集体经济组织各主体间利益联结机制的稳定性。

第六章 农村集体资产股权量化改革、产业发展与农民增收：基于农户和县域视角的实证

本章拟运用农户微观调研数据和县域宏观经济数据来实证分析农村集体资产股权量化改革对农民增收的直接影响，以及通过产业发展带动农民增收的间接效应，以期为正在全国尤其是西部广大农村地区推动的农村集体资产股权量化改革的深化，促进农民长效综合增收机制的形成，辨识机理、厘正策略。

一 分析框架：双重效应及其重心

作为一个特殊的产业和职业，农业和农民的发展离不开政府等外部力量的支持，一个显著的体现就是财政转移支付的扶持。在确立的初期，家庭联产承包责任制对调动农民的生产积极性、促进农业发展、实现农民增收发挥了不可忽视的重要作用。但是，其后农村改革的相对滞缓，"统分结合"的双层经营体制在实践中逐渐失衡，"分"基本上形同小生产、低效率、农民增收困难，而"统"日渐式微，农村集体经济在很大程度上丧失了增加农民收入的功能。这种情况下，通过农村集体资产的改革，尤其是股权量化改革，建立起与市场经济体制相适应的

农村集体经济运行机制与分配机制，即建立起集体经济发展与农民切身利益直接挂钩的利益链，从而促使集体经济在市场运营的保值增值中增加农民收入。诚然，农村集体资产股权量化改革可以直接给农民带来财产性收入，因为农民可以获得集体资产经营的分红，即"非职能性收入"。但是，农民看重的绝非眼前的一次性或短期收益。而获得长期分红、更多的财产性收入离不开的一个无可置疑的前提是：农户将通过集体资产股权量化改革获得的股份作为股本，并通过要素融合、主体融合实际转化为有效的农村产业融合，如依托适合当地资源禀赋特色的产业选择、走三次产业融合发展的道路，最终形成利益融合基础上的"产业流—收入流"的内生性、持续性良性循环。

　　基于此，本章重申我们的基本观点和思路：农村集体资产股权量化改革着眼于长远，更多的是立意在始点改革、主体改革；着意在通过与此匹配的延伸改革、系统化改革，找到引爆农村产业发展、壮大农村集体经济的过程共享方式，使农民持续增收具有可靠的产业基础；合意在确保产业发展的结果为农民共享，从而确保在多方利益共享中实现农民收入长期增长，使农民持续增收有着分配农民利益指向的制度政策保障。

　　正是在这个意义上，我们更为看重的是，农村集体资产股权量化改革通过产业发展的内在作用实现增收的间接效应（改革—产业—增收），即间接影响农民的"职能性收入"。本章在此综合运用实地调研的微观数据和县域层面的宏观数据来进行实证研究，具体的定量分析框架见图 6 - 1。

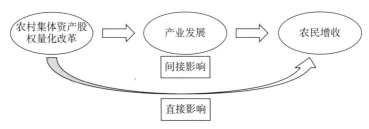

图 6 - 1　农村集体资产股权量化改革、产业发展与农民增收的定量分析框架

二 改革影响农民增收的模型构建与指标选取

在前文理论分析框架的基础上，构建农民增收的影响因素模型。以期通过实证结果揭示农村集体资产股权量化改革、产业发展与农民增收之间的关系，并为前面章节的理论分析提供经验依据。

（一）模型构建

本章构建多元线性回归模型来分析农村集体资产股权量化改革对农民增收的影响，并对产业发展的内在作用机制进行检验，从而更明确地鉴别出农民收入变化的原因及各解释变量的贡献大小。基本的模型设定如下：

$$Y = \alpha + \beta P + \gamma X + \varepsilon \tag{6-1}$$

式中，Y 为农民收入；P 和 X 是分别表示农村集体资产股权量化改革和相关控制变量；α、β 和 γ 是待估计参数；ε 是一个随机扰动项。

此外，本章为了探析产业发展在农村集体资产股权量化改革影响农民增收中是否存在中介效应，借鉴温忠麟等采用的检验方法[①]，构建以下中介效应方程：

$$M = \alpha X + \varepsilon_1 \tag{6-2}$$

$$Y = \beta X + \varepsilon_2 \tag{6-3}$$

$$Y = \theta X + \gamma M + \varepsilon_3 \tag{6-4}$$

其中，X、M、Y 分别为核心解释变量、中介变量、被解释变量。若 α 和 β 均显著，那么如果 θ 和 γ 也都显著，比较 β 和 θ 的绝对值，当 β 的绝对值大于 θ 时，在 X 对 Y 的影响中 M 起部分中介作用，如果 γ 显著而 θ 不显著，则 M 在 X 对 Y 的影响中起完全中介作用。

[①] 温忠麟，张雷，侯杰泰，刘红云. 中介效应检验程序及其应用 [J]. 心理学报，2004 (5)：614-620.

（二）指标选取及数据说明

1. 指标选取说明

（1）被解释变量：农民收入。本章不仅研究农民人均收入，还选取农民人均收入的四个构成部分——农民人均经营性收入、农民人均工资性收入、农民人均财产性收入、农民人均转移性收入来做进一步的实证分析。其中，在实证的过程中，基于研究目的，根据来源的不同，我们将农民收入划分为两类：职能性收入和非职能性收入。

（2）核心解释变量：农村集体资产股权量化改革。在多元线性回归模型中，选用虚拟变量是否参与农村集体资产股权量化改革，来度量农村集体资产股权量化改革对农民收入总体及其内在构成的具体影响。

（3）中介变量：产业发展。在农户微观调研数据分析中，选用"人均村产业投资规模 + 人均村产业年产值"作为产业发展的表征变量；在县域宏观经济数据分析中，选用"第一产业人均增加值、第二产业人均增加值、第二产业和第一产业增加值比值"作为产业发展的表征变量。

（4）控制变量。在农户微观调研数据分析中，控制变量分为两类。①农户资源禀赋变量。农户资源禀赋包括三个方面：一是自然资源禀赋，表示为农户人均耕地面积；二是人力资源禀赋，表示为农民受教育程度，主要是指户主的受教育年限；三是社会资源禀赋，使用非农就业率来衡量。②其他控制变量。农民收入的增长还会受到家庭外部环境特征的影响，如综合保障、区位因素和精准扶贫等，其中综合保障是农户对自己养老、医疗等基本保障的现实满意度和心理预期情况。因此，本章同时引入这三个控制变量，以提高模型的精度，并检验它们带来的影响。在县域宏观经济数据分析中，控制变量包括：①城镇化水平；②居民消费水平；③居民用电量；④化肥施用量；⑤人均耕地数量。对收入性数据进行取对数和无量纲化处理，以此来形成统一的研究口径。在表6-1中汇总了相关变量的名称与定义。

表 6 - 1　相关变量说明

变量类别	变量名称	表征变量	定义	变量形式
被解释变量	农民收入（FI）	农民人均收入	家庭总收入除以家庭人数	连续变量
	职能性收入（FOI）	农民人均经营性和工资性收入之和	家庭经营性收入和工资性收入之和除以家庭人数	连续变量
	非职能性收入（FPI）	农民人均财产性收入	家庭财产性收入除以家庭人数	连续变量
核心解释变量	农村集体资产股权量化改革（REFORM）		是否参与农村集体资产股权量化改革	虚拟变量
农户模型中介变量	产业发展（ID）	村级产业发展水平	人均村产业投资规模＋人均村产业年产值	连续变量
县域模型中介变量		县域产业发展水平	第一产业人均增加值；第二产业人均增加值；第二产业和第一产业增加值比值	连续变量
农户模型调节变量	村级集体资产规模（CA）	人均村级集体资产规模	人均村级集体资产存量	连续变量
农户模型控制变量	农户自然资源禀赋（NR）	农户人均耕地面积	平均每人拥有的耕地（亩）	连续变量
	农户人力资源禀赋（HR）	农民受教育程度	户主的教育年限	连续变量
	农户社会资源禀赋（SR）	非农就业率	从事非农产业劳动力数量与总劳动力之比	连续变量
	综合保障（SS）	是否有好的各类保障	1＝是，0＝不是	虚拟变量
	区位因素（RL）	农村或城郊	1＝农村，0＝城郊	虚拟变量
	精准扶贫（PP）	是否贫困户	1＝是，0＝否	虚拟变量
县域模型控制变量	城镇化水平（URB）	城镇化率	常住人口城镇化率	连续变量
	居民消费水平（XF）	人均消费水平		连续变量
	居民用电量（MEC）	人均用电量		连续变量
	化肥施用量（HF）	亩均化肥施用量		连续变量
	人均耕地数量（GD）	人均耕地数量		连续变量

2. 数据来源及处理说明

为了更好地了解农村集体资产股权量化改革的情况、获得一手调研数据，笔者所在课题组在 2016～2020 年进行了 8 次农村田野调查，通过集体座谈、个别访谈和问卷采集等形式，共获得了 865 份有效问卷，这是本书微观实证数据的来源。具体的调研地点（在大部分调研地区采集了微观问卷数据）囊括如下地区：四川省广元市苍溪县永宁镇兰池村和黄猫乡、利州区工农镇小岩村和赤化镇泥窝村、朝天区朝天镇金堆村；云南大理白族自治州宾川县力角镇力角村、金牛镇罗官村民居委会蔡甸村和李相社区、城郊地区下关镇登龙社区和银桥镇阳波村；四川省遂宁市蓬溪县拱市村；贵州省六盘水市盘州市盘关镇天富刺梨合作社、石桥镇鲁番专业合作社、普古乡娘娘山银湖合作社和安顺市平坝区乐平镇塘约村等。

县域层面的数据主要来源于 2016～2020 年《中国县域统计年鉴》，县域样本共 176 个，其中改革试点区为《四川省农村集体资产股份合作制改革试点方案》选取的全省 10 个县（市、区）农村集体资产股份合作制改革试点：成都市龙泉驿区、温江区，内江市市中区、武胜县，阆中市，眉山市彭山区，西昌市，广元市利州区，广汉市，射洪县。

三　农村集体资产股权量化改革、产业发展与农民增收：农户微观层面的实证

（一）农村集体资产股权量化改革与农民增收：直接效应

1. 农村集体资产股权量化改革与农民增收：总体与结构影响

在前文分析的基础上，利用 Stata 16.0 软件，估算农村集体资产股权量化改革对农民收入、职能性收入、非职能性收入的影响水平，具体回归结果如表 6 - 2 所示。

表 6 – 2　基准回归结果

变量	FI	FOI	FPI
REFORM	0.7458 *** (3.79)	0.6430 *** (5.15)	1.1498 *** (7.13)
NR	– 0.0124 *** (– 2.86)	– 0.1156 *** (– 2.80)	0.0612 *** (3.27)
HR	0.0883 *** (3.23)	0.1544 *** (3.25)	0.0015 (0.55)
SR	0.1972 *** (4.37)	0.1874 *** (3.92)	0.1352 *** (3.48)
SS	0.2167 * (1.74)	– 0.2256 *** (– 2.75)	0.1024 *** (2.36)
RL	0.7304 ** (2.84)	– 0.8702 * (– 1.80)	1.1364 *** (3.22)
PP	0.5841 *** (3.32)	0.3005 * (1.85)	0.4828 *** (2.95)
C	9.6484 *** (5.72)	9.2185 *** (7.86)	9.0308 *** (13.47)
F 值	F = 7.6154 (P = 0.0001)	F = 7.3505 (P = 0.0002)	F = 5.2836 (P = 0.0005)
调整后 R^2	0.63	0.62	0.58

注：括号内的数值为 t 值，*、** 和 *** 分别表示在 10%、5% 和 1% 的水平下显著；如无特殊说明，余表同。

由表 6 – 2 可知，F 统计量和核心解释变量的 t 统计量均较为显著，说明所建模型的拟合效果均较好，且较为合意。

第一，实证结果表明，农村集体资产股权量化改革与农民增收之间呈正相关关系，即农村集体资产股权量化改革有利于实现农民增收，对农民的职能性收入和非职能性收入都可以产生积极影响。这与本书的理论分析一致，即站在共享发展的视角来看，农村集体资产股权量化改革不仅促进了发展结果的共享（非职能性收入的增长），而且促进了发展过程的共享（职能性收入的增长），体现了以人民为中心的全面的共享发展。

进一步看，虽然农村集体资产股权量化改革对农民的职能性收入和非职能性收入都可以产生显著的影响，但是对非职能性收入的影响更强。这是因为在改革的前期，农村产业发展所需要的匹配改革Ⅰ和农民共享发展所需要的匹配改革Ⅱ尚不完善，对职能性收入的贡献相对弱于非职能性收入。

第二，从控制变量来看，可得以下几点。（1）农户自然资源禀赋会对农民收入产生一定的负向效应。这是因为，农户自然资源禀赋是影响农民增收的一个因素，也会影响农户参与农村集体资产股权量化改革的情况。进一步说，拥有更多耕地等自然资源禀赋的农户预期可以从此项改革中获得由此带来的新增收益（如新增的财产性收入、分红等经营性收入和入社劳动的工资性收入），而这一预期可能影响部分农民选择留在家乡务农、工作和生活。当然，短期内存在总收入的增加不及进城打工收入的情况。总之，农村集体经济组织成员通过农村集体资产股权量化改革获得的股权，以及他们作为股份合作社利益共同体成员的身份，随着股份合作社的资本运作和发展，使农民增加了多渠道获得收入的机会。①

（2）农户人力资源禀赋会对农民收入产生积极的影响，这也佐证了匹配改革Ⅰ的重要性。因为，农民的受教育程度会对其收入产生影响，进而影响他们在改革中发挥的作用。农户的人力资源禀赋对农民增收的影响，更多地体现为农户信息搜寻、处理、获得、判断的能力影响务农或非务农决策从而形成的农户竞争力增强带来的收入增加。这也佐证了人力资本对于农民增收的重要作用，即人力资本可以成为彻底解决农民增收难题的关键因素。

（3）农户社会资源禀赋会对农民收入产生积极的影响。工资性收入具有明显的社会性倾向，即农户拥有的社会资源越多，越容易获得优质的就业信息和就业机会，更容易增加工资性收入。由于农村的资产市场较差，农民就算有好的社会资源也很难实现其固定资产的售卖和增

---

① 当然，市场竞争中，改制后的农村新型股份合作社等集体经济组织同样面临着各种风险，如自然灾害风险以及市场经营的各种风险。因而，不排除因决策失误、经营亏损等引致农民减收可能的客观存在。

值，这严重制约农民财产性收入的增长，所以社会资源禀赋对财产性收入影响力度最小。这是因为，参与改革可以看作农民的一种决策行为，遵循有限理性经济人的假设，个人总是试图选择自己利益最大化的制度安排。一般而言，农民从事的职业为非农业且非农劳动力越多的家庭，农民外出就业的期望收入就越高。从农村的现实来看，目前越来越多的农户更愿意以过去抛荒或者半抛荒的土地资源入股加入各类合作社，也包括集体资产股权量化改革形成的股份合作社，促进农业适度规模化经营，从而分享改革带来的红利。

（4）从其他控制变量来看，就区位因素而言，距离城镇越近的农民收入增长得越快，尤其体现在财产性收入上面。但是，距离城镇越近的农民经营性收入越低，这是因为距离城镇近的农民的土地更多地会用来从事非农经营活动。精准扶贫有助于农民财产性收入和总收入的增长，这与此项改革中给贫困户多分发一定量股权有着密切的关系。但是对农民经营性和工资性收入的影响小于对农民财产性收入的影响，这也反映了农村贫困户很难通过自身努力来实现脱贫，农村的脱贫离不开政府的扶持。

2. 农村集体资产股权量化改革与农民增收：利益联结水平的分类比较

进一步看，在实地调研中我们可以发现，在农村集体资产股权量化改革过程中扮演不同角色、具有不同参与程度的参与者，在改革过程中享受的利益具有极大的差异。故而，我们再次运用微观调研数据来考察，这种差异究竟处于一个什么样的程度。把所有样本分为核心参与、参与和边缘参与三类样本进行分类回归。其中，核心参与者就是这个改革的参与人（参与了改革中产业发展的村干部、能人、业主）；参与者是指具体参与到改革中去的人（如相关技术人员）；边缘参与者是主要享受分红，并未较深程度地参与其中的人。从总体865份问卷中，识别出603个样本来进行分类研究。具体回归结果见表6-3。

表6-3 分类回归结果（被解释变量：*FI*）

变量	核心参与者	参与者	边缘参与者
REFORM	1.8244 *** (5.38)	1.0229 *** (4.85)	0.3264 *** (3.82)
NR	-0.0153 ** (-2.16)	-0.0116 ** (-2.04)	-0.0108 ** (-2.32)
HR	0.0820 *** (2.99)	0.1046 *** (3.58)	0.0935 *** (3.72)
SR	0.4136 *** (4.71)	0.2319 *** (3.48)	0.1496 *** (4.16)
SS	0.1017 * (1.81)	0.2465 * (1.83)	0.3234 ** (1.90)
RL	0.6158 ** (2.30)	0.7631 ** (2.41)	0.7112 ** (2.17)
PP	0.0007 (0.61)	0.4737 *** (3.05)	0.5963 *** (3.59)
C	13.2547 *** (4.36)	8.4567 *** (2.34)	10.3259 ** (1.82)
F 值	F = 11.6556 (P = 0.0000)	F = 8.3208 (P = 0.0001)	F = 6.8154 (P = 0.0002)
样本量（个）	43	402	158
调整后 R^2	0.70	0.65	0.48

从表6-3中的分类回归结果可以看出，农村集体资产股权量化改革对不同人群的影响不尽相同，对于核心参与、参与、边缘参与人群的影响逐渐减弱，其影响系数分别为1.8244、1.0229和0.3264，但是改革的激励效应依然存在，对不同人群的影响依旧是正向的。这一研究结论可以给予我们两点政策启示：一是，在推进农村相关改革的过程中，需要进一步发挥改革核心参与人群的带动效应，有效形成"能人经济"的带动效应，对农村改革发展中的带头人给予更多的物质奖励和荣誉激励；二是，在推进农村相关改革的过程中需要形成更为广泛的激励效应，让更多的农户享受到更多的改革红利，从而实现共同富裕。

（二）农村集体资产股权量化改革与农民增收：产业发展的间接效应

在分析了农村集体资产股权量化改革对农民增收的直接影响后，我们还有必要进一步考察农村集体资产股权量化改革通过产业发展带动农民增收的间接影响，并且从长期来看，这种间接效应更为重要。接下来，我们运用微观数据来考察这种间接效应，并进一步分析改革过程中农村集体经济存在的调节效应。

1. 农村集体资产股权量化改革与农民增收：产业发展的内在作用机制

本书分析农村集体资产股权量化改革对农民增收的影响没有局限于直接的分配层面，而是延伸到改革对农村产业发展以及相应的收入分配结构变革的影响。因而，如何通过农村集体资产股权量化改革促进农村产业的持续发展及其收益分配的配套改革，以保障农民收入的增加，成为本书研究的核心组成部分。故而，在此以村级产业发展水平（ID）为中介变量，检验改革对农民增收的影响是否存在中介效应，中介效应检验结果如表 6-4 所示。

表 6-4　改革对农民增收影响的中介效应检验结果

步骤	农民收入检验方程	职能性收入检验方程	非职能性收入检验方程
第一步		$ID = i + c_2REFORM + e_1$ 0.8926 *** (2.54)	
第二步	$FI = i + \alpha_2REFORM + e_2$ 0.7458 *** (3.79)	$FOI = i + \alpha_2REFORM + e_2$ 0.6430 *** (5.15)	$FPI = i + \alpha_2REFORM + e_2$ 1.1498 *** (7.13)
第三步	$FI = i + c'_2ID +$ $b_2REFORM + e_3$ 0.9746 ***　0.5218 *** (3.31)　　(4.70)	$FOI = i + c'_2ID +$ $b_2REFORM + e_3$ 0.9762 ***　0.5201 *** (2.63)　　(2.37)	$FPI = i + c'_2ID +$ $b_2REFORM + e_3$ 1.3576 ***　0.6673 *** (3.75)　　(4.60)

注：方程下第一、第二行分别表示回归系数数值和 t 值；控制变量的选择跟前文一致，它们的估计系数也不存在显著性变化，因此省略相关实证结果。

通过以村级产业发展水平为中介变量进行研究可以发现，村级产业发展水平的中介效应明显，即改革通过村级产业发展来影响农民收入的路径是可取的，其中改革有利于提高村级产业发展水平，进一步地提高农民收入。此外，通过观察实证结果的数据，我们还可以发现这种中介效应是部分中介效应而不是完全中介效应。蕴含其中的经济学含义是，农村集体资产股权量化改革不仅仅可以直接带来农民收入增长，更重要的是通过产业发展来间接带动农民收入增长，这种直接效应和间接效应都是客观存在的。这与我们改革的目标是相一致的，即农村集体资产股权量化改革不仅促进了农民财产性收入增长，实现广大农民对农村产业融合发展结果的共享；还促进了农民生产性收入的增长，将广大农民纳入农村产业融合发展的过程之中，实现广大农民对农村产业融合发展过程的共享。

进一步看，我们可以发现，虽然农村集体资产股权量化改革通过产业发展对农民的职能性收入和非职能性收入都可以产生显著的正向效应，但是明显可以看出对非职能性收入的影响更强。这说明肇始于农村集体资产股权量化改革的农村产业发展及其相关配套改革尚存不足。故而，需要通过匹配改革Ⅰ诱导形成推动产业发展、效率提高的制度结构及其协同作用，即"制度—产业"子机制，推动"资源基础型"农业向"科学基础型"农业转变，促进农业产业发展，为农民稳产增收提供有力支撑。

2. 农村集体资产股权量化改革与农民增收：集体经济的调节作用

进一步看，我国农村基本经营制度是指以家庭承包经营为基础，统分结合的双层经营体制。统分结合的双层经营体制，内在地要求既要发挥农民家庭经营"分"的优势，又要发挥集体经济组织"统"的职能，并将两者有机结合。前文我们分析了农村集体资产股权量化改革与农民增收中"分"的部分，在此需要站在集体经济的视角来考察"统"的作用。故而，以村级集体资产规模（CA）为调节变量，检验改革对农民增收是否存在集体资产的调节效应。具体检验结果如表 6 - 5 所示。

表 6 – 5   改革对农民增收的影响中集体经济的调节效应检验结果

变量	系数（FI）
REFORM	0.7219 *** (3.71)
CA	0.9954 *** (5.38)
REFORM × CA	0.6840 *** (4.52)
NR	– 0.0118 ** (– 2.63)
HR	0.0921 *** (3.64)
SR	0.2025 *** (3.94)
SS	0.2873 * (1.81)
RL	0.6381 ** (2.56)
PP	0.5127 *** (3.10)
C	7.2457 *** (4.43)
F 值	F = 8.5835 (P = 0.0000)
调整后 R^2	0.69

由表 6 – 5 可知，变量 REFORM、变量 CA 的回归系数都是正数，交乘项 REFORM × CA 的回归系数也是正数，并且这三个变量的回归系数在 1% 的水平上都是显著的，由此我们可以判定集体经济在农村集体资产股权量化改革对农民收入增长影响的过程中存在显著的正向调节效应。究其原因在于，农村集体资产股权量化改革带来的农村收入分配基础的改革与优化，必然会对农村收入分配的分配原则、分配机制和分配形式产生重要的影响，进而形成实现农民收入新的快速可持续增长的机

制，这也是我们所提出的匹配改革Ⅱ的现实依据。

四　农村集体资产股权量化改革、产业发展与农民增收：县域层面的实证

前文，我们已经使用农户微观层面的调研数据对农村集体资产股权量化改革对农民收入增长的影响进行了定量分析。为进一步增强研究结论的准确性和可靠性，在此使用县域层面的相关数据来进一步分析农村集体资产股权量化改革对农民增收的具体影响。但是，需要说明的是，县域层面的农民收入数据只有农民人均收入，没有职能性收入和非职能性收入的划分。由于本节是对上一节的补充证明，所以一些共性的分析在本节就不再赘述。

（一）农村集体资产股权量化改革对农民增收的直接影响

由表6-6可知，解释变量的系数均较为显著，说明所建模型的拟合效果较好，且较为合意。从县域层面数据的实证分析结果来看，农村集体资产股权量化改革对农民收入可以产生显著的正向影响，这和农户微观调研数据的实证结果一致，有效地增强了研究结论的稳健性。

表6-6　改革对农民增收影响的回归结果

变量	系数（FI）
REFORM	0.0383 *** （0.0042）
URB	0.203 *** （0.0035）
XF	0.0816 *** （0.0040）
MEC	0.0737 *** （0.0021）
HF	-0.0437 *** （0.0015）

变量	系数（*FI*）
GD	− 0. 0000 *** （0. 0000）
C	7. 4840 *** （0. 0151）
观测值（个）	880
R²	0. 6139

注：括号内的数值为标准误；实证模型选用的是固定效应模型。

（二）农村集体资产股权量化改革对农民增收的影响：产业发展的内在作用机制

由表6-7可知，解释变量的系数均较为显著，说明所建模型的拟合效果均较好，且较为合意。通过实证结果可以发现，无论是从第一和第二产业总体来看，还是分别从第一和第二产业来看，农村集体资产股权量化改革以及建构于其上的产业发展在县域数据层面都有利于实现农民增收，这亦和农户微观调研数据的实证结果一致，有效地增强了本章研究结论的稳健性。分类来看，第一产业人均增加值的中介效应强于第二产业人均增加值。究其原因在于，农村集体资产股权量化改革在前期阶段，更多的是作用于第一产业本身，改革本身不仅利于农民增收，也利于农业农村的高质量发展，这符合改革的初衷。

表6-7 产业发展的中介效应检验结果

变量	AV1	FI	AV2	FI	AV_RELATE	FI
REFORM	0. 0373 ** （0. 0066）		0. 2750 *** （0. 0253）		0. 3370 *** （0. 0263）	
AV1		0. 1740 *** （0. 0107）				
AV2				0. 1010 *** （0. 0083）		
AV_RELATE						0. 1305 *** （0. 0033）

续表

变量	AV1	FI	AV2	FI	AV_RELATE	FI
URB	- 0.9210 ***	0.3620 ***	0.4680 **	0.1540 ***	1.3890 ***	0.1590 ***
	(0.0466)	(0.0149)	(0.0683)	(0.0078)	(0.0644)	(0.0057)
XF	0.5960 ***	- 0.0195	0.6160 ***	0.0200 **	0.0193	0.0838 ***
	(0.0264)	(0.0125)	(0.0476)	(0.0039)	(0.0615)	(0.0026)
MEC	0.0812 **	0.0587 ***	0.2440 ***	0.0486 ***	0.1630 ***	0.0679 ***
	(0.0110)	(0.0021)	(0.0111)	(0.0026)	(0.0176)	(0.0021)
HF	0.0563 *	- 0.0538 ***	0.1420 **	- 0.0582 ***	0.0858 **	- 0.0466 ***
	(0.0142)	(0.0022)	(0.0208)	(0.0005)	(0.0164)	(0.0013)
GD	0.0000 ***	- 0.0000 ***	- 0.0000 ***	- 0.0000 ***	- 0.0000 ***	- 0.0000 ***
	(0.0000)	(0.0000)	(0.0000)	(0.0000)	(0.0000)	(0.0000)
C	6.3060 ***	6.3630 ***	0.1120	7.4650 ***	- 6.1940 ***	7.6500 ***
	(0.1164)	(0.0509)	(0.3345)	(0.0242)	(0.4053)	(0.0169)
观测值（个）	880	880	880	880	880	880
R^2	0.8916	0.6676	0.8721	0.6648	0.5906	0.6186

注：括号内的数值为标准误；实证模型选用的是固定效应模型。

五　"改革—产业—增收"实践中面临的现实梗阻

农村集体资产股权量化改革作为本书研究框架"改革—产业—增收"路径上的出发点，亦是研究的一个重要环节。随着全国大范围地进行农村集体资产的股权量化，在实操中关于股权量化的问题已得以解决。譬如，在农村集体资产股权量化过程中所遇到的产权不明晰、股权量化的范围以及成员资格权的确定等问题。随着对农村集体资产进行股权量化已初步完成，目前研究的重点应聚焦于在股权量化之后怎样实现农村产业的调整与升级，最终达到发展农村集体经济和提高农民收入的目的。具体从"改革—产业—增收"来看，改革即农村集体资产股权量化改革，在实际操作过程中关于改革的障碍已初步扫除，则基于该分析框架，主要是解决"改革—产业"与"产业—增收"两个阶段的问题。亦只有破解"改革—产业"和"产业—增收"所遇之难题，方能促使"改革—产业—增收"顺畅运行，最终落脚于农民收入增长与利益增进上。

质言之，农村集体资产股权量化改革是生产关系的调整，旨在通过分配制度的创新，如财政支农资金转为农村集体资产，为农村集体经济组织的发展、农民参与农村产业发展、农村集体行动能力的增强创造前提条件。而农村产业的现实发展增加了可分配的成果，分配基础得以优化；伴随着产业振兴的农村集体经济的壮大发展保证了按劳分配和按要素分配、公平与效率兼顾的分配原则得以坚持和协同实施；市场分配和政府有为调控相结合的分配机制的作用也在农村中得以发挥；改革与产业发展中丰富多样的分配形式得以实现，农民获得不断增值的财产性收入、经营性收入、工资性收入、转移性收入等。如此，生产关系的调整反作用于农村生产力即农村产业的调整升级，从而促使收入分配这一生产关系更加合理，利于农民增收。因此，需具体从"改革—产业"和"产业—增收"两个阶段与分配制度改革的四个环节审视农村集体资产股权量化所面临之窘境。

（一）"改革—产业"阶段面临的现实梗阻

农村集体资产股权量化改革是从生产关系的角度对它进行调整，根据生产力与生产关系的辩证关系，生产关系应反作用于生产力，这就要求生产力也应随着生产关系的转变进行动态调整，以达到契合生产关系之目的，即农村产业应伴随着集体资产股权量化改革进行调整。然则，农村产业调整升级的路途不是一帆风顺，而是阻挠重重，具体有以下四点。

第一，农村产业发展碎片化，融合程度不高是突出难题。目前，农村产业大多呈现单一性的特点，存在同质化、竞争化的现象，并且产业之间的联系不太紧密，产业间不能实现有效对接，农业和第二、第三产业之间的长效联结机制仍未健全，在集体资产股权量化的基础上实现农村三产的深度融合，建构长效的利益联结机制是发展农村产业的重要抓手。此外，除农村三次产业的融合之外，还应该追求以生产、生活、生态为主要内容的"三生融合"，就目前实际情况来看，"三生融合"亟待进一步推进。

第二，农村产业的发展缺乏相应的技术支撑。这里涉及的技术支撑主要涵盖两个方面。一方面，缺乏农业生产相应的先进科学技术，比如农业种植过程中农作物的情况追踪检查设备、农村加工业和制造业的机器设备及农村旅游业中的智能服务设备等，在农村三产发展中都需要现代化的器械设备作支撑。另一方面，缺乏相应的技术人才，现代化农业产业的发展不只依靠先进设备，掌握先进技术的人才更为重要，有些地区在发展现代农业的过程中与科研院所进行合作，以促进农业高质量生产，但是绝大多数偏远地区因地理位置、资金等难以与科研机构开展合作，致使当地的产业发展停滞不前，导致集体资产股权量化改革对农村生产的作用难以发挥。

第三，产业发展的不平衡，主要包括产业发展内部结构的不平衡以及地区之间产业发展的不平衡。一方面，农村产业发展更多的是涉及第一和第三产业的结合，很少兼有发展第二产业。此外，有些地区根据自身实际情况重点发展一种产业，其他产业少有涉足。因此，地区内部产业发展结构就极其不平衡，产业发展很难持续。另一方面，地区间的农村产业发展不平衡，由于地区间地理位置、经济发展水平、城乡要素流动、基础设施建设水平等各异，农村产业的发展情况也不尽相同，从而致使地区间农村产业发展的不平衡。

第四，农村配套基础设施的不健全也是农村产业发展的"绊脚石"。农村配套基础设施是农村产业发展的基石，换言之，农村产业的融合升级离不开农村配套基础设施的建设与完善，诸如道路、路灯、水渠、公共厕所、垃圾处理池等农村基础设施的缺失，均不利于农村产业发展与融合。

（二）"产业—增收"阶段面临的现实梗阻

作为"改革—产业—增收"路径上的最终目的和落脚点，农民收入增长和利益增进是集体资产股权量化改革之初衷。然而，"改革—产业—增收"这一现实路径上存在多重难题阻碍其顺畅运行，要想该实践路径畅通无阻，不仅需要弄清楚"改革—产业"阶段的问题，还需要明晰"产业—增收"阶段所遇的问题。就分配制度改革的四个环节的情况而言，"产业—增收"这一阶段主要面临以下难题。

第一，从分配基础来看。按照马克思分配理论的内在逻辑：分配是生产的背面，一定的生产制度决定了分配的制度。分配的性质是由生产的性质决定的，归根到底是由生产资料所有制的性质决定的。农村实行的是生产资料的集体所有制，这在一定程度上有利于让农民分享发展结果、增加收入。但是，集体经济组织与合作经济组织的交易成本相对较高，缺乏微观效率，构建和发展这两种组织主要是基于宏观效率要求——实现共同富裕。为了调和宏观效率与微观效率之间的矛盾，必须将"产业型政策"与"社会型政策"结合起来。此外，产权是所有制的核心，是经济所有制关系的法律表现形式。农村土地产权制度虽然进行了重大的变革和发展，但是产权保护等问题在农村地区依旧存在，正式契约有时候也难以得到有效执行。

第二，从分配原则来看。分配原则是收入分配制度秉持的基本原理和准则，是分配制度的核心安排。在改革发展过程中，虽然重视按劳分配和发展的公平性，但是由于相关主体的逐利性，往往存在过于重视要素分配和效率提升的问题。典型的是，下乡的工商资本作为带动农村发展的重要引擎，拿了收益的"大头"。农村产业发展光靠农村内部力量和政府扶持是远远不够的，因此，吸纳城市工商资本是发展农村产业的重要途径。通过引导企业参与农村产业建设，将先进的管理、技术、人才等引入农村，促进当地生产发展和经济增长。但是，一个不可忽视的问题是工商资本具有资本逐利性之特征，它们投资是为了获取更大的收益，参与农村产业发展也不例外，是为了借助农村政策优惠获得更大收益，那么在农村产业发展过程中农民本身的收益极易被忽视，由于下乡企业在利润分配上具有挤出效应，农民获得的产业发展红利相对较少。

第三，从分配机制来看。分配机制是指分配制度得以实施和运行的机制。通常，分配制度既可以通过计划经济的运行机制来贯彻实施，也可以通过市场经济机制来贯彻实施。改革带来了农村市场化水平的进一步提升，也壮大了集体经济，可以增强政府对农村经济宏观调控的能力。但是，市场经济发展背景下农村集体经济内部管理问题突出。农村产业高质量发展离不开有效的集体经济组织治理机制，就目前集体经济组织内部治理来说，如果它们被内部少数人所控制，比如村委会或者少数精英对集体经济组织进行管理，利于自身获取更大收益，而农民利益受损，那么集体经济组织就逐渐变为了少数精英牟利的工具。此外，相关管理人才缺乏，抵御市场风险能力不足。农村产业是依托集体经济组织内部进行管理与决策，但是由于内部管理人员大部分是当地的农民，缺乏相关的管理人才，现代化的经营理念和管理方式很难进入。在进行市场化决策时，可能缺失发展远见，而着眼于眼前利益，导致产业发展不可持续，从而导致集体经济组织内部人员收益受损。

第四，从分配形式来看。改革虽然带来了农民收入总量增长与结构优化，但是依旧存在两个方面的问题。一是，虽然农民收入得到了有效的增长，城乡相对收入差距有所缩小，但是城乡绝对收入差距依旧在扩大，需要更加有效的农民增收政策。二是，虽然农民的非职能性收入和职能性收入都得到了有效的增长，但是职能性收入的增速相对较慢，说明建构于农村集体资产股权量化改革上的产业发展所带来的过程共享还有待增强。

六　实证分析小结

本章利用 2016～2020 年笔者所在课题组在四川、云南、贵州三省调研的 865 份农民问卷调查数据和四川省 176 个县域层面的数据，实证研究了农村集体资产股权量化改革对农民收入及其内在结构（职能性收入和非职能性收入）的影响，并分析了产业发展的中介效应和集体经济的调节效应。得出如下几点主要结论。

（1）农村集体资产股权量化改革对农民收入及其构成均会造成显著的正向影响，但是对非职能性收入的影响力度更大。总体来看，农村集体资产股权量化改革不仅促进了农民非职能性收入增长，实现广大农民对农村产业融合发展结果的共享；还促进了农民职能性收入的增长，将广大农民纳入农村产业融合发展的过程之中，实现广大农民对农村产业融合发展过程的共享。

（2）在农村集体资产股权量化改革影响农民收入增长的过程中，存在产业发展的部分中介效应和集体经济的正向调节效应，并且第一产业发展对农民增收的作用力度更大。本书基于马克思的"生产—分配"理论和"产权现实性"思想，从农村集体资产股权量化改革本身，向实际的经济过程、农村产业发展乃至收益分配等延伸，搭建的一个宽视角的制度分析框架——"改革—产业—增收"在实证上是可以得到论证的。

（3）农户资源禀赋差异会影响农民通过改革促进收入增长的程度。人力资源禀赋和社会资源禀赋对农民收入的增长有正向促进作用；农户拥有良好的自然资源禀赋在一定时期内对农民收入的增长会有负面影响；农户享有的社会保障越好、所处的地理位置越优，则农户实现收入增长的可能性越大；改革中的精准扶贫政策可以显著地提高农户的收入水平。

（4）农村集体资产股权量化改革对不同人群的影响不尽相同，对于核心参与、参与、边缘参与人群的影响逐渐减弱，但是改革的激励效应依然存在，对不同人群的影响依旧是正向的。因此，需要更为广泛的激励效应，让更多的农户享受到更多的改革红利，要共同富裕。

（5）从"改革—产业"和"产业—增收"两个阶段和分配制度改革的四个环节审视改革发展实际，农村集体资产股权量化改革及建构于其上的产业发展和农民增收还存在一定程度的现实阻梗，需要制定相应的配套政策和制度体系来趋利避害。

第七章 农村集体资产股权量化改革
与农民增收：案例分析

本书前面章节构建了"改革—产业—增收"的分析框架，将农村集体资产股权量化改革嵌入农村集体产权制度改革之中，站在农村全面深化改革的大视域下，系统梳理和逻辑推演了农村集体资产股权量化改革所形成的"始点改革"及匹配改革Ⅰ和匹配改革Ⅱ是如何促进产业发展、改善收入分配格局，进而在农村形成产业发展与农民增收、公平分配与共同富裕"相促进、共融合"的良好局面。

基于前面的理论分析，本章将基于一个细化的分析框架，选取我国西部地区五个资源禀赋各异、市场化水平不齐和产业发展各具特色的典型村庄进行案例分析，以期为深入了解农村集体资产股权量化改革何以影响集体经济发展和农民增收提供鲜活案例支撑。

一 理解农村集体资产股权量化改革与农民增收：
一个细化的分析框架

农村集体经济是"集体成员利用集体所有的资源要素，通过合作与联合实现共同发展的一种经济形态，是社会主义公有制经济的重要形式"。①

① 中共中央 国务院关于稳步推进农村集体产权制度改革的意见（2016 年 12 月 26 日）[EB/OL]. 中央人民政府网站，2016 - 12 - 29. http://www. gov. cn/zhengce/2016 - 12/29/content_5154592. htm.

自 2017 年全面启动农村集体资产清产核资工作以来，我国农村集体资产的家底浮出水面。数据显示，截至 2019 年底全国农村集体账面资产规模 6.5 万亿元，其中非经营性资产占比超过半数，达 52.6%，村均账面资产 816.4 万元。分地区看，东、中和西部地区占资产总额的 64.7%、17.7% 和 17.6%，村均集体资产依次为 1831.9 万元、666.07 万元和 733.89 万元。集体资产质量上，2017 年村均账面负债 245.8 万元，村均资产负债率 40.3%；2019 年全国有 10.4% 的村集体收益在 50 万元以上，42.3% 的村集体收益在 5 万元以上，超过 75% 的资产集中在 14% 的村。可见，虽然农村集体资产规模持续扩大，但地区之间、村庄之间资产分布不均衡、集体经营效益较低。与此同时，截至 2019 年底我国农村集体产权制度改革试点已覆盖全国 80% 的县份，有 59.8% 的村集体资产完成产权制度改革，44.8% 的村登记注册集体经济组织并获统一社会信用代码。[①]

虽然农村集体产权制度改革进程较快，但农村集体经济组织经营效益亟待提升。统计数据显示，2017 年全国完成产权制度改革的单位量化资产总额为 6655.3 亿元，其中股本占资产总额的 95%，当年分红总额达 411 亿元，集体成员人均分红 315 元，单位股金分红率仅为 6.5%。[②]

随着我国持续深化市场化改革，农村集体经济以各种形式参与到以市场作为资源配置主要手段的现代社会中，再加上农户分化与农民市民化导致集体成员的身份边界变得模糊[③]，因此推动农村集体产权制度改革，亟须对其匹配农业生产经营体制、政府扶持农业政策体系等改革举措，助推形成城乡要素流通市场和农业产业化经营，以期实现"改

---

① 韩长赋. 国务院关于农村集体产权制度改革情况的报告——2020 年 4 月 26 日在第十三届全国人民代表大会常务委员会第十七次会议上报告 [EB/OL]. 全国人大网，2020 – 05 – 12. http://www.npc.gov.cn/npc/c30834/202005/434c7d313d4a47a1b3e9edfbacc8dc45.shtml.

② 农业部经管总站体系与信息处. 2017 年农村集体产权制度改革情况 [J]. 农村经营管理，2018（10）：17 – 17.

③ 李宪宝，高强. 行为逻辑、分化结果与发展前景——对 1978 年以来我国农户分化行为的考察 [J]. 农业经济问题，2013，34（2）：56 – 65 +111.

革—产业"。与此同时，要推进集体资产股权量化改革，探索集体经济有效的实现形式，在保证集体成员收益权的情况下，推动集体经济各类资源与农村市场主体有效结合、相互融合，助推脱贫攻坚与乡村振兴。农村集体所有制的有效实现形式经历了由劳动集体经济、租赁集体经济和股份合作集体经济的转变历程。[①]　其中，集体资产股权量化改革后发展股份合作制被认为是一种实现集体发展权益与集体成员权益相统一的有效形式[②]，其主要表现形式有社区型股份合作制[③]、土地合作[④]、农地共营制[⑤]、联合社会资本的混合所有制[⑥]等类型。从这层意义来讲，集体资产股权量化改革为集体经济探索多元化有效实现形式奠定制度基础和提供了治理保障。

不过，梳理我国集体产权制度改革的进度，可以发现各地因区位条件、资源禀赋和产业基础不同而在产权制度改革进程、集体经济微观组织形式、后续产业发展道路与收入分配格局等方面呈现鲜明的区域差异性。尤其是在区位条件差、土地资源禀赋多、市场化水平比较低的地区，集体经济主要走基于生产合作的集体经济合作社（例如，种养殖专

---

① 蓝宇蕴. 非农集体经济及其"社会性"建构 [J]. 中国社会科学，2017（8）：132 - 147.

② An Chen. The politics of the shareholding collective economy in China's rural villages [J]. *The Journal of Peasant Studies*，2016，43（4）：828 - 849；郑有贵. 农业"两个飞跃"应创建集体权益与成员权益统一的实现形式 [J]. 毛泽东邓小平理论研究，2017（8）：34 - 39 + 108.

③ 罗必良，潘光辉，吴剑辉，广新力. 社区型股份合作制：改革面临创新——基于"龙岗模式"的理论与实证研究 [J]. 华南农业大学学报（社会科学版），2004（4）：1 - 10 + 23.

④ 钱忠好，曲福田. 农地股份合作制的制度经济解析 [J]. 管理世界，2006（8）：47 - 55；Ziming Liu，Malte Müller，Jens Rommel，Shuyi Feng. Community-based agricultural land consolidation and local elites：Survey evidence from China [J]. *Journal of Rural Studies*，2016，47：449 - 458.

⑤ 罗必良，李玉勤. 农业经营制度：制度底线、性质辨识与创新空间——基于"农村家庭经营制度研讨会"的思考 [J]. 农业经济问题，2014，35（1）：8 - 18；罗必良，钟文晶，谢琳. 走向"全域共营制"——从农业经营到乡村振兴的转型升级 [J]. 农村经济，2022（1）：1 - 9.

⑥ 苑鹏，刘同山. 发展农村新型集体经济的路径和政策建议——基于我国部分村庄的调查 [J]. 毛泽东邓小平理论研究，2016（10）：23 - 28 + 91.

业合作社）、基于社会化服务联合的服务合作社（例如，农机专业合作社、植保合作社）、基于资金入股的资金租赁合作经济等多元化的以发展高产农业、绿色农业为主导的特色农业发展道路。而在区位条件好、经营性资产多、市场化水平相对高的地区，农村集体资产股权量化改革进程相对较快，集体经济多以联合社会资本的混合所有制、集体资产联合经营的集体资产管理公司等组织形式大力发展功能性农业、探索农业多业态融合发展的道路。那么，为什么不同地区农村集体资产股权量化改革进程与集体经济的有效实现形式呈现如此巨大的差异？上述巨大的差异如何影响到集体经济发展水平与农民增收效果？上述关键要素背后的逻辑联结是什么？

本节拟细化拓展"改革—产业—增收"总体分析框架，在此基础上嵌入市场化水平、集体资产要素禀赋、合作治理模式与集体经济内部治理等要素，构建"市场化水平—要素禀赋—集体资产股权量化改革（始点改革）+匹配改革Ⅰ—乡村特色产业发展—匹配改革Ⅱ—集体经济发展—农户增收"的分析框架，梳理不同城镇化、市场化水平条件下，具有差异化集体资产禀赋结构的村级集体经济如何内生性地选择其产业发展方向，并在匹配改革Ⅱ的支撑下选择何种合作治理模式，进而引致集体经济与外部先进生产要素结合形成利益联结机制差异化的产业发展模式，并最终影响到农民收入水平与收入结构。

市场化是指市场机制在一个经济体中对资源配置发挥的作用持续增强的演变过程，其本质就是市场要素根据价格机制实现优化配置。市场化水平主要通过对产品市场、要素市场在地区之间、不同所有制之间的差距进行综合加权形成。① 因此，随着城乡二元经济格局逐渐瓦解和城乡融合发展日益加快，城乡要素禀赋相互对流、要素禀赋重新优化配置的趋势明显。但是全国各地的市场化进程不尽相同。地区之间存在不同

---

① 陈宗胜等. 中国经济体制市场化进程研究［M］. 上海：上海人民出版社出版，1999：112 – 118；张曙光，赵农. 市场化及其测度——兼评《中国经济体制市场化进程研究》［J］. 经济研究，2000（10）：73 – 77.

程度的市场化进程，以及区域内部不同生产要素市场间具有差异化的市场化水平，两种因素叠加会引致城乡要素市场分割，相应的农村各类生产要素流动能力和增值空间受到限制。① 对于农村土地等自然资源来说，市场化进程缓慢，再加上资源用途管制，导致土地等自然资源的流动性受制约，但分割的市场、差异化的地区价格导致其增值潜力巨大②；反过来，劳动力和金融等资产市场化进程快，其流动性大、增值空间小。

因此，当集体资产股权量化改革实施时，改革所激活的要素增值空间和增长潜力在资产专用性强的土地等自然资源、流动性强的财政配套资金、金融普惠资金与劳动力要素上面是不一样的。不同市场化进程会显著地改变集体资产要素禀赋结构，尤其是市场化进程加速会导致先前流动性弱、专用性强、地区价格差异比较明显的土地等自然资源增值较快，而劳动力资源、金融资产等专用性弱的资产价值增值不明显。集体资产要素禀赋结构的变化，再加上农业生产经营体制变革和政府农业支持政策变革等匹配改革Ⅰ，会导致旨在同时实现集体权益和成员权益的集体经济的有效实现形式不一致。通常来看，专用性资产多的村庄，资产价值高、专用性强，再加上市场化水平高，通常采用集体资产管理公司等专业化程度高、治理架构完备的新型集体经济组织。

在乡村产业发展方向选择上，虽然通过集体产权制度改革助推涉农产业选择走城乡融合、三生融合和三产融合的"三重融合"发展道路，但鉴于土地等自然资源专用性强、替代性差、地区特色突出，因此专用性资产多的村庄相对容易吸引人才、品牌、技术、信息等城市先进生产要素，并在此基础上发展功能性农业，积极拓展现代农业所具有的旅游休闲、生态保育、文化传承等多样性功能。对于流动性资产多，要素增

---

① 刘守英，熊雪锋，龙婷玉. 集体所有制下的农地权利分割与演变 [J]. 中国人民大学学报，2019，33（1）：2 – 12；张锦华，胡雯. 从"产权管制"到"市场分割"——农民工工资决定机制研究 [J]. 农业经济问题，2020（11）：25 – 41.

② 丰雷，胡依洁，蒋妍，李怡忻. 中国农村土地转让权改革的深化与突破——基于 2018 年"千人百村"调查的分析和建议 [J]. 中国农村经济，2020（12）：2 – 21.

值空间小、替代性强的村庄，一般采用基于生产合作的集体经济合作社等组织形式从事高产农业、特色农业的生产经营活动。专用性资产多的村庄，资产价值高、专用性强且要素间的替代性差，并以具有市场前景的功能性农业为发展方向，因此不仅市场潜力大，而且在市场谈判中拥有优势地位，因此其集体经济组织自生能力强。相应的，它们在经营模式上通常选择自主经营或者通过招商引资进行合作开发。与此相反，后一类村庄的集体经济合作社可能选择资金入股、资产租赁或者提供劳务服务等简单合作方式以获得经营收益，也有可能与政府农业投资公司等龙头企业构建资金入股等利益联结机制以进行农业产业化经营。具体的理论分析框架如图 7 - 1 所示。

收益分配格局方面，虽然匹配改革Ⅱ能通过改善集体经济组织治理体制、提高乡村社会治理能力和完善三次收入分配格局等方面，协同推进产业发展与集体成员共富共享，但已有的研究表明不管是在全球生产网络中还是在农业产业化组织的利益分配中，合作组织成员收益分配的份额都会随着自己投入要素或提升产品资产专用性和重要程度而提高①。因此，自然资源等专用性资产占比高的村庄，不管是通过合作经营还是自主经营，集体资产的专用性导致集体经济分成比例较高，从而实现集体权益与成员权益的有效结合。集体成员的收益分配实现形式，不仅有经营收益、股金分红，还有集体资产增值的资产价值收益。而对于资金、劳动力等流动性资产占比高的村庄，由于要素的替代性较强，通常获得土地流转金收入、资产租赁收入、劳动佣金和部分保底的股息

① 李国学. 资产专用性投资与全球生产网络的收益分配 [J]. 世界经济, 2009 (8): 3 - 13; 周振, 孔祥智. 资产专用性、谈判实力与农业产业化组织利益分配——基于农民合作社的多案例研究 [J]. 中国软科学, 2017 (7): 28 - 41; Xiangxiang Xie, Anlu Zhang, Lanjiao Wen, and Peng Bin. How horizontal integration affects transaction costs of rural collective construction land market? An empirical analysis in Nanhai District, Guangdong Province, China [J]. *Land Use Policy*, 2019, 82: 138 - 146; 方达, 郭研. 农村土地流转, 资本有机构成与城乡收入差距——基于马克思政治经济学的经验与实证证据 [J]. 经济学家, 2020 (11): 107 - 115; 李江涛, 熊柴, 蔡继明. 开启城乡土地产权同权化和资源配置市场化改革新里程 [J]. 管理世界, 2020, 36 (6): 93 - 105 + 247.

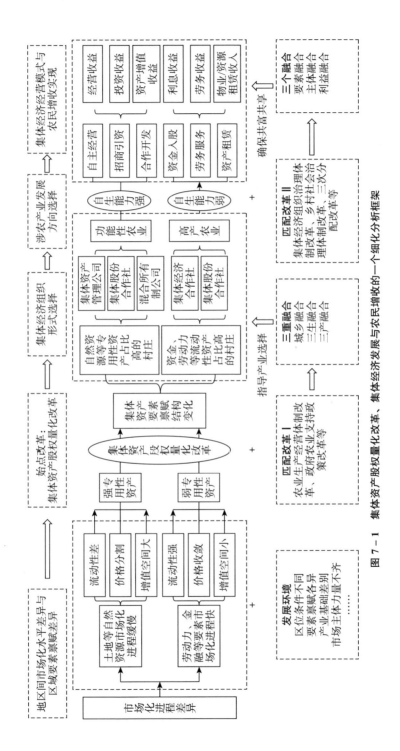

图 7 - 1　集体资产股权量化改革、集体经济发展与农民增收的一个细化分析框架

分红。流动性资产占比高的村庄，集体经济组织自生能力较差，它促进集体成员增收、改善收入结构的作用不明显。尤其需要指出的一点是，对于资产租赁、资金入股这样的农业产业化经营模式，通常面临农业龙头企业的道德风险问题。一旦龙头企业面临市场风险、经营风险，那么处于相对弱势地位的集体经济组织的收益权就很难获得有效保障。因此，对于部分市场化水平落后的地区，为提升当地农业产业化发展水平，助推集体经济发展，通常采用"地方政府农业投资公司＋村集体经济组织"的方式进行农业生产经营管理。这在一定程度上保障了集体入股资源的保底收益，但是由于政府农业投资公司在运营中存在双重委托代理问题和"与民争利"的问题，它们在提升集体资产经营收益、优化市场竞争环境和提升新型农业经营主体市场竞争力上面作用力有限。

上述细化的分析框架有助于回答以下问题。（1）为什么我国各地推进农村集体产权制度改革的进程不同，尤其是农村集体资产股权量化改革在偏远地区如何滞后？（2）农村集体资产股权量化改革进程中，各类农村集体资产以何种载体、何种利益联结机制、何种产业发展模式实现乡村富民产业发展？（3）农村集体资产股权量化改革激活乡村资源合理集聚和有效利用需要哪些配套的改革措施——"匹配改革Ⅰ"？（4）农村集体产权制度改革与农村产业发展所实现的经济效益如何在经营业主、农村集体和农户三方之间进行有效分配？特别是哪些"匹配改革Ⅱ"措施能实现广大农民对农村产业融合发展过程的共享、实现广大农民对农村产业融合发展结果的共享？上述细化的分析框架立足于我国各地差异化的农村集体资产股权量化改革进程，考虑到各地乡村产业发展模式和农村集体所有制实现形式的多样性，更为重要的是试图挖掘农村集体资产股权量化改革形成多元化收入分配格局的深层次原因。因此，"市场化水平—要素禀赋—始点改革＋匹配改革Ⅰ—乡村特色产业发展—匹配改革Ⅱ—集体经济发展—农民增收"，既是对"改革—产业—增收"总体框架的诠释，也是对"改革—产业—增收"总体框架的细化与补充。

二　西部农村集体资产股权量化改革与集体经济发展：典型案例分析

本节进行个案分析，试图验证上一节中的理论分析是否对西部农村集体资产产权改革实践具有解释力。

（一）五大案例选择依据

为了验证上述细化拓展分析框架对集体资产股权量化改革及其匹配改革、乡村产业发展与集体经济发展水平的解释力，本章依据各地区位条件、资源禀赋、市场化进程和特色产业发展方向，分别选取四川省成都平原经济区郫都区（平原地区）、四川省成都平坝地区大邑县（兼有山丘坝三种地形）、四川盆地周山地区广元市苍溪县（丘陵地区）、川西北绵阳市平武县（生态功能区）和贵州省六盘水市盘州市（山区）五个区县（见表7-1）的代表村庄进行典型案例研究。

表 7 - 1　案例点选择依据及其主要特征

村庄	地形	距离省会距离	资源禀赋	产业基础与特色	市场化水平	集体经济组织
郫都区战旗村	平原	25km	农村建设用地资源、豆瓣非物质文化遗产	农副产品加工业、乡村休闲观光旅游业	高	集体资产管理公司
大邑县新福村	山、丘、坝	60km	耕地资源、农耕文化	现代粮油产业	次高	种植专业合作社
苍溪县兰池村	盆周山丘陵	316km	土地资源、农产品品牌资源、财政支农资源	特色经果种植业（猕猴桃）	低	产业专业合作社
平武县民主村	山地	344km	生态资源、熊猫文旅资源	生态信息农业和生态观光农业	落后	村集体经济联合社
盘州市贾西村	石漠化高原山地	310km	财政支农资源、普惠金融资源	野生特色农产品（刺梨）种植及深加工产业	低	股份合作社

郫都区战旗村位于成都市二圈层，地处城镇接合部，具有较为丰富的农村集体经营性建设用地和郫县豆瓣非物质文化遗产资源，该村主要采用集体资产管理公司的组织形式发展农副产品加工和乡村休闲观光旅游业，相应的市场化进程快、发展水平高、集体资产增值空间大。大邑县新福村地处成都三圈层，是大邑县粮食产业园区的核心区，立足于当地耕地资源和农耕文化，该村以种植专业合作社等组织形式发展现代粮油产业。苍溪县兰池村是典型的川东北盆周山丘陵地区村落，其主导产业为红心猕猴桃等特色经果作物种植，此外该村发展获得苍溪县财政支农项目资金大力支持，具有财政支农的政策优势。平武县民主村毗邻大熊猫国家公园，位于国家重点生态功能区，依托丰富的生态资源和独特的熊猫文旅资源，该村大力发展生态信息农业和生态观光农业，走出了一条生态农业与绿色发展相结合的富民产业道路。盘州市贾西村地处土地石漠化的高原山区，土地贫瘠、破碎，但受益于六盘水市全域推进的"资源变股权、资金变股金、农民变股东"的农村"三变"改革政策优势，该村整合获得的财政涉农资源和普惠金融资源，依托"龙头企业 +股份合作社"的现代农业产业组织模式发展野生刺梨种植及深加工产业。区别于东部地区村集体经济以物业租赁和非农产业发展为主的产业发展模式，上述西部地区案例点村庄的资源禀赋以农地资源、生态资源和财政涉农资金为主，集体经济发展亦选择了以农业为主导，并围绕农业进行产业链延伸和产业间融合发展，体现出鲜明的区域特色。

（二）成都平原地区典型案例分析：郫都区战旗村

1. 案例点基本情况

成都市郫都区战旗村，位于川西平原腹地，距成都市区 25 公里，是成都都市现代农业的核心示范区。全村下辖 1750 人，人均耕地面积 1.1 亩。全村有 14 家企业，其中集体企业数量为 8 家，占 57%。不同于起初偏重第二产业的产业结构，现在的村域企业扎根于乡土文化、利用乡土资源，以农副产品精深加工业和乡村休闲观光旅游业为主。数据显示，2020 年，全村人均可支配收入为 3.52 万元，比 2017 年增长了 35%，年均增长 10.45%，当年全村人均可支配收入是全区农村居民人均可支配收入的 1.17 倍，增速高出 2 个百分点。收入结构方面，2020 年战旗村农民财产性收入占可支配收入的 27.8%，主要来源于土地流转租金、持股农户二次分利和集体成员股金分红。

2. "改革—产业"框架下农村集体经济发展演进

战旗村地处成都平原经济区，依托成都农村产权制度改革红利和城镇化快速推进红利，集体资产规模不断扩大，资产结构不断调整。如表 7 - 2 所示，2020 年战旗村集体资产规模是 2011 年的 6.3 倍，集体资产收益率稳定在 8% ~ 10%，是全国农村集体资产平均收益率的两倍左右。战旗村集体资产规模的扩大和质量的提高，均得益于成都城镇化和市场化改革的加速推进。城镇化方面，为破解城乡二元体制带来的城乡要素流通不畅、城乡收入差距日益扩大等弊端，成都市于 2003 年启动以"三个集中"[①] 为主要抓手的统筹城乡改革，通过推动城乡市场体制一体化、城乡公共服务均等化发展，力促城乡资源双向流动、城乡要素集聚发展和城乡产业融合发展。统筹城乡改革推动了产业、劳动力和土地等生产要素集约式发展，该市城镇化率由 2003 年的 57.52% 增加至 2020 年的 78.77%。市场化方面，在农地确权颁证后[②]，设立成都农交所推动农业生产要素向农业生产效率高的新型农业经营者集中。截至 2017 年，成都市土地流转面积约为 483.7 万亩，占承包耕地数量的 78.1%，土地适度规模经营率达到 65% 左右。另外，郫都区于 2015 年被国家确定为农村集体经营性建设用地入市改革试点区，借助农村产权交易平台，战旗村顺利将一宗 13.4 亩的农村集体经营性建设用地出让，获得土地出让金收入 700 多万元。当年除预留集体经济发展基金外，人均现金分红 520 元，

---

① "三个集中"是指工业向集中发展区集中、农民向城镇和农村新型社区集中、土地向适度规模经营集中。

② 截至 2017 年，成都市累计颁发各类农村产权证书近 900 万本，颁证率达到 99.5%；共颁发股权证 183.86 万本，股权量化面达到 98%，并建立了全市农村土地承包经营权管理信息系统和农村集体"三资"监管系统。

人均股份增值 2600 元。可见,随着农村资源市场化改革的持续推进,战旗村集体资产中土地资产、"土地增减挂钩试点"结余的建设用地指标资产迅速增值,从而使得集体经济拥有的专用性资产占比迅速增加。

表 7-2　战旗村 2011~2022 年集体资产发展情况

年份	集体资产(万元)	集体经济收入(万元)	集体资产收益率(%)
2011	1280	—	—
2017	4600	462	10
2018	5700	520	9.12
2019	7010	612	8.07
2020	8120	653	8.04

3. "产业—增收"框架下农村集体经济发展成效分析

集体资产要素禀赋结构的改变使得战旗村集体调整集体经济组织形式。2003~2006 年,随着成都市推进"三个集中",战旗村的土地经营权增值,村集体抓住这一机遇集中统筹土地以实现农业产业化。2006 年,战旗村率先成立战旗蔬菜专业合作社进行土地集中化改造,合作社规模化集中土地 1820 余亩,流转给种植专业大户 1750 余亩,20 余家农业种植和苗木业主,积极发展休闲农业、观光农业等业态。此后,都市现代农业逐渐成为战旗村主导产业,战旗村亦逐渐成为"一三联动、以旅助农"乡村旅游特色村。土地集中打破了传统小农分散式经营模式,提升了农业生产效率和市场应对能力,村民得到了土地效益分红、企业务工收入和农副产品经营收益等多元化的收入。

2009 年,村集体适时组建战旗农业股份合作社。其中,农户以土地承包经营权入股,占股份总数的 40%,村集体以 50 万元现金入股,集体股份占 60%。成立后,股份合作社集中了全村 98% 以上的土地,吸纳了全村 88% 的农民社员,并采取自主开发、招商引资、联合经营等方式,整体打造 1800 多亩以有机蔬菜、风味农副产品、旅游业为特色的现代农业产业园,并以"公司+基地+合作社+农户"的产业模式,大力发展有机农业、设施农业、休闲观光农业等新兴业态。目前已帮助 500 多名农民就近就业，辐射带动周边 1600 多名农户、大学生就业创业。

2015 年，战旗村抓住国家在郫都区开展农村土地制度改革三项试点工作的契机，注册成立郫县唐昌镇战旗资产管理有限公司，在将村内集体经营性建设用地、土地增减挂钩试点结余的建设用地指标、沟渠和绿地等集体资源资产清产核资后注入资产管理公司，并授权资产管理公司统一进行管理和经营。依托战旗资产管理有限公司，该村先后探索了村集体自主开发、土地作价入股、土地挂牌入市、生态环境分红等多元化的村庄经营和村集体经济发展模式。此外，资产管理公司对其经营净收益按照50%、30% 和 20% 的比例依次计提公积金、公益金和货币化分红资金，从而确保广大农民真正实现对农村产业融合发展的过程共享和结果共享。

4. 案例启示

剖析战旗村集体经济发展的历程可以发现，伴随着市场化进程加快，先是集体的土地经营权增值，紧接着是非农资源（如集体经营性建设用地、土地增减挂钩试点结余的建设用地指标、集体经营性资产）增值，相应的其最优集体经济实现形式经历从集体经济合作社（战旗蔬菜专业合作社）到集体股份合作社（战旗农业股份合作社）再到集体资产管理公司（战旗资产管理有限公司）的变迁，并且其经营模式也经历从生产合作到股份合作再到资产合作的升级，相应的集体经济收入主要的实现形式也经历从土地流转金到保底股金分红再到资产经营收益的转变。这进一步验证了合作组织成员收益分配的份额会随着自己投入要素或提升产品资产专用性和重要程度而提高的理论推断。

（三）成都平坝地区典型案例分析：大邑县蔡场镇新福村

1. 案例点基本情况

大邑县位于成都平原西部，距离市中心 60 公里，地形集山、丘、坝于一体，是成都市三圈层典型的农业大县。2020 年，该县农业增加值47.62 亿元，占 GDP 的 15.6%，高出同期成都市平均水平 12 个百分点。全县乡村人口 31.01 万人，城镇化率仅为 38.81%。2020 年，全县播种面积 37.81 万亩，其中小麦 10.54 万亩，占成都市小麦播种面积的 20%；水稻 18.29 万亩，占全市水稻播种面积的 8.5%。2020 年，该县粮食总产量 37.81 万吨，占成都市的 8% 左右。可见，大邑县是川西平原粮食生产大县和农业大县。

蔡场镇新福村地处大邑县城东南，该村下辖户籍人口 987 户 3210 人，耕地面积约 3500 亩，人均耕地面积为 1.1 亩左右，以粮油、花卉、果蔬为主要产业。2019 年，该村人均可支配收入 21548 元，较 2015 年增加了 23%。其中，农业收入占比为 46.5%，比 2015 年高出 12 个百分点。该村位于大邑县都市现代农业园的核心区，是国家农业综合标准化示范县的核心区域。目前，该园区位列成都市五星级现代农业园区，园内土地流转率达到 90% 以上、规模化率达到 80% 以上、粮油机械化耕作水平达 100%。

2. "改革—产业"框架下农村集体经济发展演进

2015 年之前，与大邑县其他村庄一样，新福村集体经济基础薄弱，发展空间小，没有经营人才，集体经济发展举步维艰。突出表现为：（1）经营性资产少，该村主要经营性资产为村上闲置的蚕房、酒厂和空置的学校用房，但上述经营性资产闲置率高、收益率低；（2）集体经济收入以上级财政补贴收入为主，依托集体经营性资产所实现的集体资产经营及发包收入、投资收益等经营性收入少；（3）效益高的集体经营项目少，村上累积的集体资金 30 万元，主要来自将闲置的村委会办公室、村小、铺面、鱼塘、土地等对外出租实现的租金收益，效益很一般，年均租金收入约为 3 万元，人均集体经济收入仅为 9.35 元。

为了发展壮大村集体经济，在立足大邑县建设现代粮油产业基地与形成农地适度规模经营格局的基础上，新福村首先坚持以党建为引领，将村两委骨干和党员同志吸纳入村级集体经济组织，充实集体经济组织人才队伍，发挥产业经营战斗堡垒的作用；其次瞄准烘干、仓储、育秧等社会化服务环节市场供不应求的局面，通过组建股份合作社和农业开发公司等新型集体经济组织，投资建设运营烘干中心、育秧中心和仓储中心，致力于打造集育秧、机插、机收、烘干、储存、加工、销售于一体的现代化农业发展产业链；再次深入挖掘"农耕文化"，以农业观光休闲、农事体验、农技科普为主题，打造"农耕岁月"田园综合体，力促乡村产业实现"生产、生活、生态"三生融合。

阶段一：农业产业链延伸阶段。考虑到农地均已流转至种粮大户，同时察觉到粮食产业链上游育秧，下游烘干、仓储等环节的社会化服务存在巨大的市场需求，村党支部书记胡永洪（退伍军人出身）等村干部在赴山东寿光、潍坊等地考察学习当地发展集体经济的先进做法后，瞄准当地粮食烘干服务有效供给不足的市场契机，发起成立大邑县锦谷麦香种植专业合作社，投资 150 万元建设粮食烘干中心，从事粮食种植和粮食烘干。如表 7 – 3 所示，为了解决建设烘干中心的资金与土地问题，村上决定通过集体资产出租、资金入股、合作社社员出资入股等方式形成股份合作社，采用"村集体 + 合作社 + 农户"模式经营。其中，村干部与合作社成员自筹资金 120 万元，占 70% 的股份，村集体以 30 万元的集体积累资金、闲置的村集体企业厂房、空置学校和集体建设用地等存量资产折价入股，占股本总数的 30%。在此基础上，该合作社在 2017～2019 年围绕粮油产业链积极拓展粮油产业社会化服务业务范围，努力打通粮油全产业链，同时向周边农户提供耕、种、管、收、储等环节的服务外包和土地托管等服务。

表 7 – 3　大邑县新福村集体经济发展与成效概况

发展阶段	集体经济组织	集体经营项目与收益				
		项目名称	固定资产投资	项目资金来源	年业务量	年均收入
阶段一：农业产业链延伸阶段（2015～2019 年）	1. 大邑县锦谷麦香种植专业合作社 2. 成都农耕岁月农业开发有限公司	粮油种植基地（2015 年）	—	—	年流转土地 1200 亩	87 万元
		粮食烘干中心（2015 年）	150 万元	—集体积累资金 30 万元 —村干部与社员自筹 120 万元 —村集体 7 亩建设用地	年烘干粮食 5000 吨	260 万元

续表

发展阶段	集体经济组织	集体经营项目与收益				
		项目名称	固定资产投资	项目资金来源	年业务量	年均收入
阶段一：农业产业链延伸阶段（2015~2019年）	1. 大邑县锦谷麦香种植专业合作社 2. 成都农耕岁月农业开发有限公司	育秧中心（2018年）	300万元	—财政扶持资金120万元 —社员自筹180万元	年育秧机插大田面积7000亩	120万元
		粮食周转仓储（2019年）	500万元	—财政扶持资金200万元 —社员自筹240万元 —集体经济盈余公积金60万元	年仓储粮食3000吨	—
阶段二：农商文旅体产融合发展阶段（2020年至今）	—成都新福里旅游资源开发有限公司 —成都福润社会服务有限公司	—福里乡村酒店 —民俗文化特色院子 —福韵工艺美术品项目 —家政物业服务项目	—	—	—	带动村民户均增收10000余元

具体来说，2015年大邑县锦谷麦香种植专业合作社流转1200亩耕地建设粮油种植基地，2018年依托财政扶持集体经济试点项目资金和社员自筹资金出资300万元投资建设育秧中心，2019年利用集体经济盈余公积金和社员自筹资金等投资500万元建设粮食周转仓储。2019年，该合作社粮油产业经营收入接近500万元，其中优质粮油种植收入约100万元，烘干服务收入280万元，育秧机插服务收入120万元。2019年该村正式组建"成都农耕岁月农业开发有限公司"，采用"合作社+公司+基地+农户""村集体经济+农村+家庭农场"土地托管模式面向周边种植大户提供育秧、烘干、仓储、加工、销售等专业化农业社会化服务。截至2020年，该合作社育秧中心为全县11%的水稻种植大户提供近2万亩水稻育秧、机插服务，实现利润80万元；烘干了全县13.5%共计1.3万吨粮食，实现利润130万元；加工销售大米3000吨，占全县大米产量的5%左右，实现销售利润180万元。

阶段二：农商文旅体产融合发展阶段。2020年该村新成立集体经济组织"成都新福里旅游资源开发有限公司"，主要开发新福村游学堂林盘土地整理项目，发展研学、培训、农耕博物、观光体验、休闲民宿及民俗文化等业态，通过发展乡村旅游和特色民宿壮大集体经济。集体经济负责人预计，未来三年至五年该村集体经济带动村民户均增收10000余元。

3. "产业—增收"框架下农村集体经济发展成效分析

从2015年到2020年，新福村集体资产从150万元增加到602万元；带动村民户均增收金额从30.40元增加到6000元；人均集体经济收入从80元增加到810元（见表7-4）。此外，随着发展壮大，集体经济既为周边农户提供了100多个就业岗位，也使得该村周边2万亩耕地和20多户种粮大户对优质高效的育秧和机插社会化服务的需求获得满足，从而有效提高了种植户的种粮效益，并保障了粮食安全。

表7-4 大邑县新福村集体经济情况

年份	集体资产（万元）	带动村民户均增收（元）	人均集体经济收入（元）
2015	150	30.40	80
2019	380	5000	678
2020	602	6000	810

集体经济收入分配上，合作社约定先期3年不分红，此后每年提取村集体经济30%的利润作为发展资金、70%的利润按入股比例分红。2020年村级集体经济实现收入260余万元，当年人均集体经济收入为810元，是2015年人均集体经济收入的10倍多，村民共享乡村产业发展红利的获得感得到极大增强。

4. 案例启示

结合新福村发展集体经济与选择产业的上述实践，可以归纳总结出该村发展集体经济的典型经验与做法。第一，坚持以党建为引领，通过搭建党建引领村级集体经济发展平台，优选配强集体经济组织经营管理人才队伍，以切实提升农村集体经济组织的经营能力与治理能力。第二，结合区位优势和农业发展基础，选准村集体经济发展道路，做好产业发展规划，从单一粮食生产转向延伸粮食产业链，并最终推动"三产融合发展"。第三，充分利用"三权分置"改革、集体资产股权量化改革等政策红利，创新构建集体经济发展的"三级"架构。因此，构建好集体经济发展平台、选准集体经济产业发展道路、搭建好集体经济组织运作架构是新福村发展壮大村集体经济的主要法宝。

（四）川东北盆地周山地区典型案例分析：苍溪县兰池村

1. 案例点基本情况

苍溪县地处四川盆地北缘，是典型的川东北盆地周山丘陵地区。2020年该县地区生产总值179.76亿元，其中农业增加值占28.3%，农业增加值占比同期四川省、广元市分别高出14个百分点、11个百分点，可见苍溪县是一个农业大县。该县农业资源突出，主要发展猕猴桃、苍溪梨、地道中药材等特色农业，是国家现代农业示范县和省级现代农业重点县。2020年，苍溪县农村居民人均可支配收入达到1.45万元，与同期广元市农村居民人均可支配收入持平，但比四川省农村居民人均可支配收入低3000元。兰池村距离苍溪县城45公里，2018年下辖九个村民小组430多户农户，共计1700多人，其中外出务工人口占劳动年龄人口的56%左右。2018年该村耕地2800亩，林地5602亩，人均1.6亩。该村是广元市级农业园区——金兰现代农业园区的核心区，其主导产业为红心猕猴桃、粮油种植和现代畜牧养殖产业。

2. "改革—产业"框架下农村集体资产股权量化改革演进

兰池村2013年是苍溪县的重点贫困村，"十二五"初期该村有贫困户127户254人，贫困发生率为15%，农民年人均纯收入仅为2580元。该村农业种植结构单一，以粮油种植为主，经营方式粗放，以农户分散经营为主，同时还面临基础设施落后、公共服务缺乏等突出问题。为改变该村面临的产业结构单一、基础设施落后的局面，苍溪县以建设现代农业园区为载体，整合财政支农项目资金投入1109万元重点支持园区特色农业产业化发展和建设配套性基础设施。上述涉农资金投入农业园区虽然短期内改变了兰池村的农业产业基础和交通条件，但存在以下几个方面的问题：（1）财政支农资金受益人主要是参与土地经营流转的新型农业经营主体；（2）财政支农资金没有与农民挂钩，导致农户非农化趋势明显，他们参与园区农业生产经营与管理的积极性不强；（3）财政支农资金投入建成的园区配套设施被部分短视的业主过度使用，导致政府投资效益不明显。深究上述问题，核心在于财政支农资金所有人虚化，财政支农项目的所有人与受益人、使用人不对称。

为了突破上述困境，苍溪县于2014年开始以兰池村试点探索进行财政支农资金股权量化改革。（1）清产核资，量化资产。兰池村将1109万元财政投入特色产业发展和生产性基础设施配套建设的支农资金，按1000元/股量化。（2）"村、社、村民"三级折股量化。其中按照10%归村集体、20%归社集体、70%归村民三级折股，推动村集体经济组织从"身份集体"向"利益集体"转变。（3）突出扶贫属性，向贫困户实行双重配股。兰池村将20%的扶贫产业发展资金折股给127户贫困户，贫困户人均多分得9.52股优先股。（4）选准特色种养殖业，引进业主采用"龙头企业＋专合组织＋家庭农场＋农户"的现代农业产业模式经营，并通过自然资源"资产化"、财政资源"资本化"、人力资源"职业化"、组织/管理资源"资本化"，积极引导各类生产要素汇聚至农业园区、集聚在新型农业经营主体上面。（5）协调利益分配机制，保障农户在产业项目收益实现前获得保底收益，在产业项目收益实现后能按土地、固定资产投资、涉农资金量化的股权折股分红，从而使得农户与业主形成利益共同体。

上述典型做法中，量化财政支农资金是撬动乡村产业发展的前提；因地适宜，选准具有比较优势的特色农业，并采用现代农业产业经营模式运作是核心；顺畅的分配机制和健全的治理机制是集体经济组织发展的保障，能调动业主发挥市场、品牌、技术和资金的优势，而农户发挥管护、监督的比较优势，村集体则发挥组织和协调的中介作用。当然，为了引导各类涉农生产要素向农业园区、向优势农业生产经营主体集聚，一个关键的制度基础就是农村集体资产确权与农村综合产权交易市场构建。①

3. "产业—增收"框架下农村集体资产股权量化改革成效分析

股权量化改革及后续采用现代农业产业模式经营特色优势农业，产生了以下几个方面的效益。

第一，农民增收，且收入结构持续改善。2011年兰池村贫困发生率为15%，人均纯收入2580元，股权量化改革后第二年（2015年）该村园区内农民人均纯收入达到1.17万元，比同期全县水平高1.27倍。2018年该村农民人均纯收入达到1.7万元，是2011年的6.6倍，贫困发生率从"十二五"初期的15%下降至1.9%。收入结构方面，农民的经营性收入持续提升，财产性收入不断激活。调研发现，改革后兰池村2018年人均领取的财产性股金利息为536元，相当于该县农民人均纯收入的5.9%。更为重要的是，依托倾斜股权分配政策，贫困户的财产性收入增幅更加明显。以三口之家为例，每户量化的财政支农资金股权份额均为11.55股，但是由于贫困户每人获得的优先股9.52股，这样贫困家庭总共获得的股份为40.11股。在产业项目没有获得收益之前按照同期银行存款利率支付股息，非贫困户三口之家每年能领取利息375元，而贫困户分得1300元的股息，是普通农户的三倍多，可见贫困户实现财产性收入增长明显。

第二，新型农业经营主体发展壮大，特色农业产业效益明显。得益于股权量化改革和相配套的农村产权制度改革，效率高的新型农业经营

---

① 同期，苍溪县推进农村资源"七权同确"，即对农民的农村土地承包经营权、集体土地所有权、建设用地使用权、房屋所有权、林权、小型水利工程产权和集体财产权等七项权利进行确认到户。此外，苍溪县成立农村产权交易中心，配套建立县、乡、村三级土地交易平台，推进农地等各类生产要素流转交易。

主体迅速吸收各类农业生产要素，不断发展壮大。以金兰现代农业园区为例，2014 年改革之初该园区有 57 家新型农业经营主体入驻，其中农业龙头企业占 5 家，农民专业合作社 5 个，种养殖大户 45 家，星级家庭农场 2 家。特别是通过"公司 + 基地 + 农户"等农业产业化经营模式建设了 4500 亩猕猴桃产业基地，采用专业化集约式经营，极大地提高了特色农产品的种植经营效益。调研发现，2015 年农民孙国华流转园区 520 亩土地种植优质红心猕猴桃，种植三年进入盛果期猕猴桃产业基地亩均收益达 1 万元以上。

第三，集体经济收入增长明显。通过自然资源"资产化"、财政资源"资本化"、组织/管理资源"资本化"，村集体获得量化股权的股息和分红，不仅直接增加集体经济的财产性收入，同时也为增加村集体物业租赁收入提供了契机。如表 7 – 5 所示，"十二五"初期兰池村是"空壳村"，集体经济收入为 0，但股权量化改革后，村集体经济发展壮大，人均集体经济收入持续增加。2015 年该村集体经济收入 3.13 万元，人均集体经济收入 18 元；2018 年集体经济收入增加至 8.8 万元，人均 51.7 元，分别是 2015 年的 2.8 倍和 2.9 倍。集体经济收入的增加，有助于村集体增加与民生相关的公共产品供给，并向贫困户提供生活救济和生产自救扶持。

表 7 – 5　苍溪县兰池村集体经济收入发展情况

年份	村集体经济收入（万元）	人均集体经济收入（元）	人均集体经济收入增速（%）
2013	0（空壳村）	—	—
2015	3.13	18	24.5
2018	8.8	51.7	23.7

4. 案例启示

兰池村通过自然资源"资产化"、财政资源"资本化"、人力资源"职业化"、组织/管理资源"资本化"，并采用"龙头企业 + 专合组织 + 家庭农场 + 农户"等现代农业生产经营组织模式运作，能否实现农民增收、产业增效、村集体增利三赢局面及在多大程度上实现共赢完全取决于是否选准了涉农产业，并在多大程度上发挥了现代农业经营模式的规模优势和专业优势。

调研中，笔者注意到依托于园区建设，围绕龙头企业、专业大户等新型农业经营主体开展规模化经营、专业化经营，在提升农业经营效益的同时，也在集聚农业经营风险。这种风险主要体现在以下方面。（1）园区选择单一品种进行规模化经营，虽然可以克服设施农业专用性投资高、农业品牌和质量监控投入沉没成本大的问题，但是会提高劳动监督成本、放大病虫害防疫和蔓延的风险，尤其是在农业社会化服务体系未完善时。以兰池村为例，调研发现 2017～2018 年园区内红心猕猴桃溃疡病暴发，并在短时间内在园区内迅速传播开来，给专业种植户带来不同程度的损失。相比于大面积、统一种植同一品种红心猕猴桃的园区业主来说，园区外面的传统农户由于以红心、黄心和绿心猕猴桃多品种搭配小台地栽植为主，在增加生物多样性的同时避免了成片受损，因此园区外的猕猴桃种植户遭受溃疡病损失的程度较低。（2）园区引入业主在实现规模化经营的同时，也在一定程度上增加了农户承担业主经营失败"跑路"的风险，尤其是在地方政府尚未构建有效的业主甄别机制和风险防范与分担机制的时候。

（五）川西北生态功能区典型案例分析：平武县民主村

1. 案例点基本情况

平武县地处四川盆地西北部，生态资源丰富，是长江上游重要的生态屏障地和国家重点生态功能区。截至 2020 年底，境内有野生大熊猫 335 只，占全国野生大熊猫数量的 18%，全县有 42% 的地域被划入大熊猫国家公园。与此同时，平武县曾是国家级贫困县，2019 年完成整县脱贫。2020 年该县户籍人口 17.48 万人，其中农村人口占 83.2%，农民人均可支配收入 1.5 万元，城乡收入比 2.3∶1；三次产业之比为 20∶35∶45，农业占比比绵阳市和四川省高出 8 个和 9 个百分点。可见，农业产业化发展在巩固拓展脱贫成果和助推县域经济发展中作用明显。

案例点高村乡民主村（社区）距平武县城 37 公里，毗邻老河沟自然保护区——我国第一个社会公益型保护地。该村户籍人口 282 户共 921 人，劳动力以外出务工为主，外出务工劳动力占到总劳动力的 48%，人均耕地 1.8 亩，人均林地 24 亩，森林覆盖率达 68% 以上。2019 年，该村农民人均可支配收入为 1.8 万元，比全县农村居民人均可支配收入高出 4200 元，收入中农业收入贡献率高达 34%。立足于生态资源和熊猫文旅资源，民主村大力发展生态信息农业和生态观光农业，走出了一条生态农业与绿色高质量发展相结合的特色乡村产业振兴道路。

2. "改革—产业"框架下农村集体经济发展演进

受地理位置和资源禀赋影响，2012 年前民主村以种植传统作物为主，品种包括水稻、玉米和土豆等，辅以猪、牛、鸡等畜禽养殖。由于传统农业生产方式粗放，农业经济效益差，2011 年全村人均纯收入为 5388 元，比全县同期水平低 1000 元。由于产业发展滞后，增收渠道受限，部分村民利用毗邻老河沟自然保护区的地理优势上山采药、进山打猎，这种"靠山吃山"的自然资源依赖型生计加剧了农户生计发展与生态环境保护之间的矛盾。

为更好地推动老河沟流域生态保护，2012 年 NGO 桃花源生态保护基金会与平武县政府签订委托管理协议，获得老河沟 50 年的保护管理权，并于 2013 年设立县级自然保护区，该保护区是国内首个政府监督、NGO 管理的公益性保护地。与此同时，为探索社区建设与生态保护的共赢发展道路，县政府在 2013 年把老河沟自然保护区与民主村"合二为一"，成立农村新型社区——民主社区。民主社区的设立，一方面有效整合了自然保护区与周边社区的各类资源，另一方面又通过农村社区治理体制改革为生态绿色产业发展带来市场空间、商业化运作和组织活力，由此推动民主村从传统农业向生态订单农业、生态信息农业和农旅融合的生态观光农业转变。相应的，依托生态产业化和农业产业生态化发展，受益于 NGO 嵌入形成的市场优势、品牌优势和组织优势，新型农村社区成立带来的农户增收效应明显。该村农民年人均纯收入由 2011 年的 5388 元攀升至 2019 年的 12234 元，收入增长了 1.27 倍（如表 7-6 所示）。

表 7-6　民主村（社区）农业产业发展情况

年份	农村居民年人均纯收入（元）	农业发展业态	农业产业化经营的主要模式
2011	5388	传统农业	小农户 + 大市场
2013	7000	生态订单农业	MGO + 农产品专业合作社 + 小农户
2017	8640	生态信息农业	"团购 + 定制 + 电商"模式
2018	11680	生态农业与生态旅游	村民 + 合作社 + 旅游公司 NGO + 农业合作社 + 农户
2019	12234	生态农业、观光农业与生态旅游	旅游公司 + 旅游合作社 + 民宿 + 农民 社会资本 + 村投 + 合作社 + 农户 企业 + 村投 + 基地

阶段一：生态订单农业（小规模、小农户、低水平标准化）。民主社区设立后，老河沟自然保护中心投入 10 万元产业发展基金，并确定以农户小规模散养式的生态定制农业为产业发展方向，采用"NGO + 农产品专业合作社 + 小农户"的产业经营模式，面向客户定制生产蜜蜂、生猪、核桃、花生等生态农产品。其中，桃花源生态保护基金会负责对接订单和质量控制，民福农产品专业合作社负责组织农户从事传统生态农业种养。为延伸农产品产业链，2016 年社区成立百花谷蜜业有限公司，负责开发和经营蜂蜜、蜂蜜酒、生态猪肉等特色生态农产品。产业发展成效方面，2013 年该村有 72 户签订生产订单，占全村农户的 25%，订单农产品销售额 80 万元；2016 年签约农户达 105 户，占全村的 37%，农产品销售额 120 万元，户均增收 1 万元。需要指出的是，由于订单主要来自基金会理事成员和理事单位等内部客户，因此该阶段生态订单农业规模小、商业化水平低、产品标准化程度不高，同时产业链上经营主体的利益联结机制较为松散。

阶段二：生态信息农业（大规模、高标准、组织化）。2017 年，以保护区划入大熊猫国家公园为契机，民主村借助熊猫公社计划大力发展以"订单农业，社区农场"为特征的生态信息农业。其中，订单主要来自城市物业企业，物业企业根据业主对农产品的需求，采用"团购 + 预售"方式预付订金认领土地。农户在收到订金后采购农资从事农业生产，然后将农产品用物流配送至订单客户。为进一步提升农产品的附加值和质量标准，桃花源生态保护基金会一方面创立了涵盖 20 多个品类的生态农产品品牌——桃花制，以提高市场认可度与识别度，另一方面推动生态农产品标准化体系建设，即围绕生态农产品产地生态环境、产品质量认证、产品质量追溯、经营户诚信建设等六大方面建设桃花制生态农产品标准化体系。此外，它还积极拓展农产品分销平台，推动产品销售从理事成员支持、理事单位认购走向市场化团购和平台化分销，着力打造生态农产品产供销一体化的闭环商业模式。随着农产品品牌创立、分销渠道拓展和品控强化，2019 年该村有 54% 的村民参与生态农产品定制生产，年销售额达 758 万元，是 2016 年的 6 倍多，年均增长 80% 以上，社区农户依托农产品销售实现年人均收入增长 25% 以上。

阶段三：生态旅游与生态农业融合发展。立足于老河沟生态资源和大熊猫文旅资源，民主村以建设大熊猫国家公园入口社区和熊猫生态小镇为契机，在原有生态定制农业的基础上，以生态康养和科普体验为特色，积极发展"民宿度假 + 自然教育科普体验"的生态旅游业。其中，引进北京绿十字等机构投资 5000 万元打造 10 个精品民宿项目，以点带面，不断提升精品民宿旅游服务品质。组建"村集体经济合作社"，以股权经营模式成立高椿旅游开发有限公司，采用"旅游公司 + 旅游合作社 + 民宿 + 农民"利益联结模式发展精品民宿产业。通过集体项目筹资、群众资金入股、实物折价入股等方式与周边村庄共同组建成立村投公司，并将农村生产用房、宅基地、闲置房屋、集体建设用地等乡村资源和农户政策性贴息贷款、农民互助合作资金等金融资源入股村投公司。村投公司以"资产管理、投融平台、金融互助、产业运营"为核心，通过自营、合作、参股或控股等多种形式，通过"社会资本 + 村投 + 合作社 + 农户"等利益联动模式大力发展民宿建设、旅游服务和生态农业。民宿度假和生态旅游业的发展又进一步推动生态定制农业的规模化、市场化和标准化。例如，为满足精品民宿顾客对高端生态农产品的需求，北京绿十字一方面与原乡原种农业专业合作社共同打造 2000 亩原种定制订单农业产业示范带，另一方面采用"企业 + 村投 + 基地"利益联动模式建设 40 亩有机五彩稻田、联建 500 亩有机生态车厘子产业园和种植 1000 亩观光金花葵。产业效益方面，2019 年有机生态车厘子产业园产值 3000 万元，亩均产值 6 万元，农户分享土地租金年收入 600 元/亩，为周边社区解决 200 余名农村剩余劳动力就业问题，他们通过务工人均实现工资性收入 5000 元以上。有机五彩水稻亩产 200 斤，亩均销售收入 2000 元，金花葵产值 110 余万元。此外，2020 年村投公司兑现集体资产收益分红，村民户均分得 1600 元股息，对当年农民人均可支配收入的贡献度达 9% 以上。

3. "产业—增收"框架下农村集体经济发展成效分析

民主村农业产业化发展和集体经济增收离不开农村社区社会治理体制的有力支撑。民主社区由老河沟自然保护区"新村民"与原民主村"老村民"合并而成。[①] 合并后为探索社会组织参与社区治理的有效模式，民主社区构建了"一核三会"组织架构，即以社区党支部为核心，建立社区议事会、监委会、村委会。其中，社区村委会和社区议事会中 15% 的成员来自保护区，保护区职工还担任党支部副书记和产业发展副书记等职务。农村社区治理体制改革，一方面有效整合了基金会职工、保护区工人与民主村原住居民的力量，有助于协同推进生态保护和社区发展；另一方面极大地激发了村民当家做主的热情，有助于整合乡村资源助推集体经济发展。

得益于桃花源生态保护基金会的积极引导和"一核三会"社区组

---

① 2013 年桃花源生态保护基金会入驻老河沟后，出于科研监测需要，来自社会各方的专家学者及原林场职工 35 个人常驻民主村，成为民主村事实上的"新村民"。

织体系的保驾护航，为积极适应农业产业化发展的需要，民主村集体经济经历了从集体经济合作组织到村投公司的身份转变。

阶段一：农民专业合作社。在小规模生态定制农业发展阶段，民主村以农民为主体，以股份合作为纽带，成立民福农产品专业合作社、原乡原种农业专业合作社，采用"NGO＋合作社＋小农户""企业＋合作社＋小农户"等利益联结模式发展生态订单农业。该模式中NGO和企业是订单的发包方，农户以土地入股承接生产订单，而合作社则在农资使用、技术培训、产品销售等方面实现统一化管理来保障生态农产品品质、提高农产品标准化程度。不过，由于订单规模小、产品市场化销售份额少，再加上生态农产品品牌尚未开发，经营主体间的利益联结机制较为松散，订单农业发展滞后，松散的利益联结通常是因"有订单而形成，失订单而消亡"。相应地，集体经济在产业增值中分享的比重不高。

阶段二：村投公司。随着订单规模扩大、产品分销渠道变广和农产品市场化水平提高，作为产业发展的新业态——生态信息农业和民宿旅游业一方面要求将产业链上的关联经营主体密切联系起来，以提高农产品标准化和品牌化程度，另一方面亟须整合农村闲置资源（包括但不限于宅基地、集体建设用地、农户闲置农房）、向农户倾斜的政策性金融资金和农民互助合作资金等农业生产要素，以形成"风险共担、利益共享"的利益共同体。为此，2020年民主村联合周边3个乡村振兴示范村，以"资源变资本、资本化股本、三权变股权、农民变股民"为发展理念创建村投公司，并探索村投公司带动农业产业化发展的新模式。作为一种新型集体经济组织，村投公司一方面发挥着整合资源、组织生产、对接市场等多功能作用，另一方面从体制机制上解决了农户长期稳定收益的问题和集体资产保值增值的问题。此外，以村投公司作为联结纽带，既可以跨村整合乡村资源，又可以解决同类专业合作社间的恶性竞争问题。实践结果显示，2020年民主社区村投公司通过"企业＋村投＋基地"利益联结模式参与生态农业项目6项，并自主经营精品民宿

1 处，实现集体资产经营性收入 225 万元，农民户均分红 1600 元。

4. 案例启示

上述关于民主社区农业产业化发展与集体经济建设的实践给我们带来以下三点重要启示。一是生态产业化与产业生态化发展需要立足区域生态资源和文化资源优势，选准特色优势产业发展。民主村立足于老河沟生态资源和大熊猫文旅资源，以生态康养和科普体验为特色，坚持农旅结合，走出了一条生态农业与生态旅游融合发展的产业发展道路。二是依据农业产业化发展阶段，探索新型农村集体经济的有效实现形式。民主村集体经济组织演进的路径清晰表明，农村集体经济的实现形式要与农业产业化发展阶段相匹配。在农业产业化发展滞后、农产品市场化水平低、农村要素市场有待发育的阶段，生产环节弱联结的农民专业合作社在一定程度上适应了农业产业化发展需要。而一旦进入农业产业化发展高级阶段，则需要探索以合作联社、集体资产管理公司、村投公司等为代表的新型农村集体经济有效实现形式。三是创新农村社会治理模式，积极引导 NGO、社会资本参与乡村治理，推动乡村产业振兴。在民主村农业产业化发展过程中，桃花源生态保护基金会是生态定制农产品销售平台的搭建者、北京绿十字是精品民宿旅游的示范者和特色原种农业的开拓者，它们均对民主村特色产业发展产生了重要的影响。因此，亟须创新农村社会治理模式，以期充分发挥社会组织在乡村治理和产业兴旺中的积极作用。

（六）贵州西部乌蒙山区典型案例分析：盘州市贾西村

1. 案例点基本情况

贵州省盘州市位于贵州西部乌蒙山区，毗邻滇、黔两省，离省会300 公里。境内属喀斯特地貌，地形以高原山地为主，山地、丘陵和坝地三种地形面积占比分别为 82.4%、9.2%、2.4%。宜耕地面积 145.5万亩，占土地总面积的 23.9%。其中较好的耕地仅 4.7 万亩，占耕地面积的 10%。盘州市盘关镇贾西村是贵州省一类贫困村，长期以来土地贫瘠、交通闭塞，主要种植土豆、玉米等传统粮食作物，农业种植结构单一，农业产业化发展薄弱，年轻人大多外出务工。2013 年，贾西村人均纯收入不足 2700 元，仅为全县农民人均纯收入的 50%，贫困发生率为 33%，高出全县平均水平 10 个百分点。

贾西村集体资产规模与结构。由于贾西村地处土地石漠化达 33%的高原山区，土地贫瘠、破碎，再加上当地新型农业经营主体发展滞后、市场化水平落后，在 2014 年六盘水市实施"资源变资产、资金变股金、农民变股东"改革之前，该村集体资产在 5 万元以下，以集体闲置生产用房、空置校舍等固定资产为主。实施"三变"改革之后，截至 2018 年村集体资产主要包括：（1）建设刺梨产业园区配套的路网、管道等产业配套资金近 2000 万元，以项目资金方式入股刺梨股份合作社；（2）村集体以管理协调获得合作社每年留存收益 5%的分红（由于合作社未盈利，尚未兑现）。此外，集体成员通过资源变资产、资金变股金，可将土地承包经营权折价入股（耕地每亩保底分红 400 元，山林每亩保底分红 100 元）、普惠金融特惠贷资金（符合条件每户可贷 5 万元）和财政专项扶贫资金折股量化入股刺梨股份合作社。依托土地经营权入股方式，2018 年该村有 738 户用土地经营权入股，合作建设标准化刺梨种植基地 6226 亩，刺梨产业实现产值440 万元。基于上述分析，可以发现地处偏远落后地区的贾西村土地等自然资源专用性强，资产价值低、占比少，而劳动力、资金等流动性强的资产相对充裕。

2. "改革—产业"框架下农村集体经济改革发展阶段分析

贾西村虽然地理条件差，但气候条件和土壤条件适宜种植刺梨。刺梨 1 年种植，3 年盛果，能收获三四十年，盛果后亩产 2 吨，刨除土地租赁成本、土地改造成本、种植管护成本外，一亩年收入近 4000 元，效益可观。选准刺梨产业后，贾西村集体经济发展刺梨产业主要经历了以下三个阶段，具体如表 7-7 所示。

表7-7　贾西村"三变"改革与集体经济发展阶段（截至2019年7月）

项目	阶段一	阶段二	阶段三
集体经济组织形式	种植合作社	股份合作社	农业龙头企业带动型的股份合作社
合作情况	收购订单：能人以1.5元至2元的保底价收购	—土地经营权入股（400元/亩） —普惠金融资金入股（5万元/户） —产业扶贫资金入股（1万元/户） —合作社发起人以资金入股（累计投入2000万元） —村集体以财政支农项目资金入股（政府项目投入2000万元） —村集体以管理协调入股	入股情况如刺梨股份合作社 +政府农业投资公司资金入股（3000万元，用于支付土地租金、农资和管护费） +农投公司统一收购（2元/斤）
利益联结	订单合同	合作社+农户	公司+总社+分社+农户
集体经济组织定位	采购者	生产者+销售者	管护者
农户收入分配	产量×收购价	土地保底分红（400元/亩）+资金保底分红（6%）+务工收入（1200元/月·人）+林下经济收益+可能的二次分红（合作社盈余的10%）	土地保底分红（400元/亩）+资金保底分红（6%）+务工收入（1200元/月·人）
合作社发起人收益	价差×收购量	销售收益-管护费-土地改造费	管护费节约+合作社盈余（比例为85%×49%）
村集体经济收入	0	财政资金入股分红+村集体管理入股分红	财政资金入股分红+村集体管理入股分红
农户收益风险	极高	高，合作社发起人经济势力不强、品牌运营能力差	较低，政府农投公司经济势力雄厚，产品加工、品牌营销能力强
风险分担	农户	合作社发起人	政府农投公司
产业经营效益	差	较高，但受制于合作社发起人能力与实力	适中，平台公司内部治理问题

阶段一：刺梨种植合作社。该阶段村里能人（煤老板）成立松散的刺梨种植合作社，并通过统一苗木、统一收购（保底价1.5元/斤~2元/斤），而农户自行种植并管护。由于该种植合作比较松散，本质上相当于"收购订单"，因此农户种植面临较大的管护风险、市场风险和收

购商违约风险。再加上农户种植刺梨会导致短期内没有粮食收成，因此该经营模式运行不到 1 年就失败。

阶段二：刺梨股份合作社。2014 年开始，贾西村通过"三变"改革，将刺梨种植合作社转型升级为刺梨股份合作社。村民以土地经营权入股，贫困户以普惠金融资金、产业扶贫资金入股，政府则以项目配套资金入股，从而将能人、合作社社员、村集体和地方政府紧密联结起来构建股份合作组织。该发展模式，出资的能人一方面承诺每年兑现入股农户的保底分红（耕地，400 元/亩；山林，100 元/亩）和 6% 银行同期贷款利率相等的资金保底分红，这样就解决了农户种植刺梨没有短期粮食收成的风险问题；另一方面承诺将合作社 10% 的留成收益按照股份进行分红，从而激励农户去经营和管护好刺梨。此外，集体以管理协调入股，可以有效发挥村集体监督与协调农户成本低的优势。"三变"改革通过还权赋能、盘活闲置资源、集聚产业资金，有效地激发了集体经济组织合作经营的市场活力。截至 2021 年，贾西村宏财盘江天富刺梨产业园刺梨种植面积已从 2018 年仅覆盖本村范围的 6226 亩扩大到周边 7 个村庄的 1.3 万亩，入股农户从最初的 738 户扩大至 3500 户。四年间刺梨种植基地规模扩大了一倍，入股农户增加了三倍多，其中覆盖 423 户贫困户，占入股农户数量的 13%，有效地带动了贫困户共享刺梨产业发展红利。不过，该模式运营成功还有赖于合作社发起人（能人）的资金势力、经营能力、产品加工与销售能力。

阶段三：政府农投公司带动型的股份合作社。2016 年，盘州市国有企业贵州宏财投资集团有限责任公司出资成立贵州宏财聚农投资有限责任公司，以"平台公司 + 合作社 + 基地 + 农户"的形式形成产业链上中下游关联主体密切的利益联结机制，推动刺梨产业向生产标准化、加工精深化和产品品牌化方向发展。其中，平台公司全额支付土地保底分红（400 元/亩）、入股资金 6% 的保底分红，并委托刺梨股份合作社进行田间管理（每亩管护费 400 元），且采用生产订单方式对刺梨鲜果以每斤 2 元价格保底收购。平台公司一方面可以凭借雄厚的资金实力快速扩大刺梨种植面积，另一方面又可以凭借对产业链上下游资源的整理能力，补齐产业链短板、提升农产品品牌价值和市场影响力，从而提高产品附加值。不过，国资背景平台公司的加入一方面会削弱合作社对有效管护的激励，原因是此时合作社仅被定位为刺梨生产的管护者，从而它有动机减少聘请务工人员的管护费，以此获得管护费的留成；另一方面平台公司进入导致的种植面积激进扩张，再叠加管护质量下降，导致整个刺梨产业的经营风险不断堆积。不过从风险分担的角度来看，该模式下政府农投公司承担了大部分的产业经营风险。

3. "产业—增收"框架下农村集体经济改革发展成效分析

经过"三变"改革后，农民的财产性收入显著增加，以一个典型的代表贫困户来说，如果以6亩的土地入股、5万元的特惠贷资金入股、1万元的产业扶贫资金入股，再加上每个月1200元的园区劳务收入，那么他每年从刺梨产业里获得的保底收入达2万元左右。再加上林业经济收入和合作社10%的留成收益分红，显然收入水平提升明显、收入结构改善显著。另外，相比于股份合作社，政府农投公司带动型的股份合作社更有利于克服合作经营中合作社发起人的个体异质性风险。

4. 案例启示

贾西村的"三变"改革一方面通过集体资产股权量化改革，赋能要素流通，促进资金、土地、劳动力等生产要素向生产效率更高的新型农业经营主体身上汇聚，从而推动农业产业化发展和农业生产率的提高；另一方面依托新型集体经济发展，将传统集体经济的身份成员转变成基于股权合作的经济成员，既从根本上改变了集体资产"人人有份、人人无份"的虚化状态，又切实保障了集体成员分享农业产业化发展增值的红利，提升了集体成员的财产性收入。此外，通过向贫困户、低收入群体等集体成员倾斜集体资产股权分配，又体现出集体经济发展具有的带贫益贫性质，从而优化收入分配格局，促进农村地区共同富裕。不过，值得注意的是，在市场化进程相对滞后、市场化新型经营主体培育和发展相对滞后的西部农村地区，当地农业产业化发展主要靠政府农投公司或者地方政府产业平台公司去带动，该模式虽然短期内能较好带动农业产业化快速发展，但如果后期市场化经营主体培育和发展滞后、市场竞争格局难以构建、政府产业扶持力度减弱，那么农村集体经济"三变"改革具有的促进农业产业发展、增加农民收入的双重效应可能会弱化。因此，亟须在"三变"改革中配套的"匹配改革Ⅰ"，激活市场经营主体活力、推进农村资源市场化发展。

三　主要结论与政策建议

本章细化了"改革—产业—增收"的理论分析框架，通过构建"市场化水平—要素禀赋—集体资产股权量化改革（始点改革）＋匹配改革Ⅰ—乡村特色产业发展—匹配改革Ⅱ—集体经济发展—农户增收"的理论分析框架，并运用典型案例分析法比较了不同市场化水平地区、差异化产业基础地方发展集体经济所采用的差异化路径。研究结果发现，各地重视结合本地区差异化的市场化水平、异质性的产业基础条件、差异化的新型农村经营主体发育水平内生性地选择最优的集体经济组织形式和集体经济产业化发展路径。其中，市场化进程比较快、产业基础好的地区，集体资产股权量化改革后集体经济组织通常以集体资产管理公司、集体经济股份合作社等形式组织起来，并采用自主经营或者股份合作经营模式发展功能性农业；而市场化水平较低的地区，集体资产股权量化改革后，集体经济组织通常以经济合作社的形式组织起来，并通过生产合作、服务合作和资产租赁等方式发展高产农业和特色种养业。

为什么不同市场化进程地区的集体经济发展路径不同？本章提供的一个替代性的解释是：市场化进程差异，一方面显著影响到集体资产中专用性资产（土地等自然资源）的价值和升值空间，从而改变了集体资产的要素禀赋结构，进而导致集体经济最优组织形式和产业发展路径的差异；另一方面显著改变了要素供需市场竞争和要素配置效率，从而影响到要素供给主体的收入分配格局。具体来说，从收入分配的视角来看，市场化水平高、产业基础好的地区，农民从集体经济发展中获得的财产性收入、经营性收入相对较多，因此其专用性强的土地等自然资源更难替代，增值空间明显；而市场化水平低的地区，资金、劳动力等流动性较强的资源充裕，从而导致村集体或村民通过生产合作、服务合作和资产租赁获得劳动佣金、资产租金和生产经营收入。但由于资金、劳动力具有较强的替代性和流动性，因此其增值空间不大、收益率不高。

为推动集体经济发展，有效发挥它协调集体权益和成员权益有效实现的功能，亟须在始点改革—产业发展中匹配改革Ⅰ，并在产业发展—农民增收中匹配改革Ⅱ，具体的政策建议如下。（1）推进市场化改革，提高市场化水平。在乡村振兴的背景下积极构建城乡要素有序、等价交换的农村产权交易市场，促进城乡要素相互融合发展，尤其是推进农村集体经营性建设用地、农村宅基地有序入市，做到"同价同权"，从而不断释放农村集体专用性资产的升值空间和发展潜能。（2）加快推进农村集体产权制度改革，建立和健全集体经济组织法人治理机制、风险防范机制，从而推进集体经济有效治理和分担因选错产业而承担的风险。（3）在推进政府简政放权的同时，也要针对市场化进程滞后地区加强有为政府的建设。尤其是在中西部偏远落后的地区，要充分发挥政府农业平台公司、国有农业龙头企业的产业引导作用，主动对接集体经济组织发展，通过构建密切的利益联结机制促进农业产业化发展。（4）积极培育新型农业经营主体，激发集体经济的竞争活力。农业龙头企业、家庭农场及家庭农场联盟等新型农业经营主体，既是集体经济组织的竞争者，又是集体经济合作发展的合作者。因此，不断培育和发展新型农业经营主体不仅有利于增加集体经济有效实现形式的选择，又可以营造优胜劣汰的竞争氛围以激发集体经济组织的竞争活力。（5）建立和健全现代农业社会化服务体系。要充分发挥"龙头企业 + 专合组织 + 家庭农场 + 农户"等现代农业产业化经营的规模化和专业化优势，必须在农业科技、农业植保、农业机械化、金融服务和品牌服务等方面给予新型农业经营主体各个方面的配套服务，尤其是加快培育提供农业社会化服务的新型农业服务主体，并通过政府购买服务等方式扩大农业社会化服务市场规模。

第八章　结论与政策意蕴

集体资产股权量化改革已于 2021 年底基本完成。经过清产核资、身份界定、折股量化、股权分配、组建新型股份合作集体经济组织等关键环节，基本实现了新发展阶段农业农村社会主义现代化创新实践的基础性制度建构和组织建构。而改革赋予农民的新增权利及附着于其上可能的"形成性收益"，要真正转化为实实在在落入农民口袋的"实现性收益"，则须进一步用好用活基础性改革的成果，持续性地推动相关配套制度改革，促进农村产业现代化发展，创造财富、累积财富、做大蛋糕，并通过强化收益的公平性分配、增强新型集体经济组织和农民的可行能力，真正实现从"改革"到"增收"的有效联通。正因如此，本书的研究并不囿于集体资产股权量化改革本身，而是将研究视角更广泛地拓展至农村产业发展及公平分配、增收共富等实质性问题。

全书构建了一个"改革—产业—增收"的分析框架，通过对集体资产股权量化"始点改革"、"改革—产业"的匹配改革 I、"产业—增收"的匹配改革 II 分别进行深入剖析，次第打开集体资产股权量化改革促进农民增收的"黑箱"，揭示其中的传导机制、探寻其中的实现路径。我们努力将马克思主义的立场、范式和基本原理贯穿研究始终，坚持以历史的、系统的、协同的视角及制度分析方法探讨农村社会主义现代化建设实践的问题破解与路径创新。期望本书的研究，既能为中短期视界下破解集体资产股权量化改革促进农民增收面临的现实问题提供建设性的策略参考，又能为长期视界下探索集体经济有效实现形式、增强农村新型集体经济带动农民共同富裕、应对不断涌现的新问题新挑战提供开放性的思路启发。

一 改革继起性的协同系统：促进农村产业技术、组织、制度三维创新及实现产业发展和增收共富的理论与政策意蕴

（一）理论意蕴：产权改革的逻辑

生产资料的所有制及产权结构，既对一个社会的基本经济制度属性具有基础规定性作用，也对生产过程的组织方式、生产成果的分配方式具有决定性作用。社会主义国家的基本属性决定，我国必须坚持生产资料的社会主义公有制。农村集体所有制作为其中的重要形式之一，是"集体成员利用集体所有的资源要素，通过合作与联合实现共同发展的一种经济形态"。在马克思主义经典理论的构想中，社会主义公有制是在社会生产力高度发达的基础上对资本主义私有制的替代，而我国仍处于并将长期处于社会主义初级阶段，生产力在总体上仍相对不发达，发展不平衡、不充分问题仍然突出。立足基本国情，探索适应不同时期生产力发展水平的社会主义公有制具体实现形式和发展道路，成为中国特色社会主义实践进程中持续性、内生性的创新主线。纵览我国不同时期的实践探索，基本的发展逻辑与内涵突出表现为：在坚持公有制基础不变的条件下，通过调整产权的权能结构，重构不同主体间的产权配置结构，进而改变不同主体与生产资料的结合方式及生产成果的分配方式，服从和服务于社会主义初级阶段不断解放和发展生产力的根本任务。

具体到"三农"领域，现阶段农村生产力的相对落后、城乡间发展的不平衡问题更是十分突出。农业农村在技术、资本、组织、管理等方面，均普遍呈现稀缺性特征，不仅与农业农村现代化发展的目标相去甚远，而且无法适应和对接开放条件下现代化大市场对高品质乡村产品的需求。受制于农业农村的禀赋条件，提高其社会化大生产水平、实现

其现代化转型，无法通过社区内部动员来完成，农村的资源要素亟须冲出社区，在广阔的现代市场空间，实现与城市、非农产业间要素的组合与优化配置。但是，任由农村要素在产权边界不明晰的情况下流向市场，并运用市场力量配置资源，不仅会造成资源配置的扭曲，而且可能因产权边界的模糊及其权能实现的阻滞，造成农民群体在资源占有、利用、收益等方面权能受损，甚而引发社会矛盾与冲突。①

改革开放以来，农村的耕地、林草地、荒山（坡）、水面等资源性资产，在历经多次改革后，已基本完成了明晰产权的改革；而经营性资产，如用于经营的房屋等建筑物、农业基础设施、工（器）具、机器设备、集体投资兴办的企业以及由集体持有的其他的经济组织所属资产份额、无形资产等，则仍然存在"归属不明、经营收益不清、分配不公开、成员的集体收益分配权缺乏保障"等问题②，这正是本书所研究的集体资产股权量化改革的缘起。具有基础性功能的产权关系调整，将深刻地影响和形塑农业农村现代化发展的生产经营组织形式乃至利益分配方式，建立在股权量化基础上的新型集体经济，势将更具开放性地呈现集体所有制的多种实现形式。尤其重要的是，改革将广泛动员和有效组织广大的小农户深入参与到农业农村现代化发展的创造过程中来，不断增强小农户在现代农业中的生存、生产与发展能力，更具内生性地实现农业家庭经营的巩固和提升，更具可持续性地实现小农户对发展结果的共享。

在本书研究的理论框架下，集体资产股权量化改革基础性改革的完成，并不意味着改革的结束，而是改革的"始点"。"始点改革"是"匹配改革"的前提和基础，因为生产资料的所有制结构在生产关系中起着决定性作用，而不同主体基于一定经济占有关系对生产资料的控制

---

① 姜军松，陈红. 新时代中国特色社会主义农村混合所有制经济的土地产权实现 [J]. 财经科学，2021（9）：39 – 53.

② 中共中央 国务院关于稳步推进农村集体产权制度改革的意见（2016 年 12 月 26 日）[EB/OL]. 中央人民政府网站，2016 – 12 – 29. http://www.gov.cn/zhengce/2016 – 12/29/content_5154592.htm.

权、利用权，则直接反映为某种产权权能结构，并因应不同的历史条件呈现不同的表现形式，规范、制约着主体与生产资料的结合形式及分配方式，生产经营方式和收益分配方式要对现阶段农村产业生产的最优技术规模变迁趋势做出适应性变迁，必然要求首先在产权权能结构上做出适应性调整，即所谓"始点改革"。

以此为基础，农村资源要素才具备突破社区边界在更大市场范围自由流动与优化配置的可能，农村产业也因此获得现代化发展转型的制度条件，从而"匹配改革Ⅰ"着眼于农村产业高效率发展与做大"蛋糕"的制度与组织创新，成为整个改革系统逻辑发展的必然结果与内生性要求。尤其重要的是，"匹配改革Ⅰ"对农村产业现代化发展的诱导与推动，能够切实将"始点改革"所指向的"预期性收益"转化为农村财富持续生产与积累的"形成性收益"，反过来作用于"始点改革"，并为改革提供可持续的动力。有了可分配的"蛋糕"，才可能有"蛋糕"的实际分配。因此，"匹配改革Ⅰ"，即"制度—产业"子机制本身又构成"匹配改革Ⅱ"，即"制度—分配"子机制的前提和基础。只有当改革所形成的收益真正落实到农民的手中，成为实际可触摸、可利用的"实现性收益"，且遵循公平正义原则将改革导向共同富裕的方向，才真正意味着实现了从集体资产股权量化改革"此岸"到农民增收共富"彼岸"的联通。而这一目的的达成，将极大地激发农民的主体性作用发挥，并促进他们更加能动地参与到农村产业的现代化发展进程中，也即，"匹配改革Ⅱ"反过来为"匹配改革Ⅰ"提供了改革的动力。这实质是一个产权改革、生产关系的调整创新，反作用于农村技术创新驱动下的农业生产力革新与农业生产运营方式及农业生产组织结构变革，实现农村产业融合和生产力发展进而做大"蛋糕"的"制度—产业"机制的互动过程；进一步地，产权改革决定的分配关系调整创新及其配套制度改革，又决定相应的分配共享和农民增收共富，并实现"制度—分配"机制互动过程。如此，通过作为始点改革的农村集体资产股权量化改革，经由"改革—产业"的匹配改革Ⅰ、"产业—增收"的匹配改革Ⅱ的传导、联动与反馈，在不同阶段继起性关联、多层面叠加的改革互为条件并协同发挥作用下，从"改革"到"增收"才能得以真正实现。

（二）政策与实践意蕴

1. 始点改革的核心指向

始点改革：促进"集体成员权"（特殊性权利）向"资产股份权"（一般性权利）、政策性改革"探路"向制度性改革"固化"两个"转化"。本书指向的"始点改革"，目的就是进一步厘清农村的产权归属与边界。改革的基本方向在于：坚守"集体所有制不动摇、集体经济不削弱、农民利益不受损"的基本原则和改革底线，在严格认定三级组织的成员资格基础上，折股量化集体经营性资产，并以股份或份额的形式明确到集体成员。这实质是对集体成员之于集体生产资料控制利用权能的结构性调整，是在不动摇集体资产的初始占有权利归属即集体所有制的前提下，对集体产权权利束的进一步分离与分置。

改革在集体与农民两个层面，为集体产权资源要素更加深入地参与市场自由流动、优化配置，并建立城乡要素平等交换关系提供了制度条件。从集体层面来看，改革进一步完善了农村集体产权权能，新型股份合作集体经济组织成为各集体成员实现其集体资产股份权能的组织载体。在满足产权清晰界定、股份权能完善、治理结构现代条件的情况下，这一新型经济组织便具有统筹运用集体资金、资产和资源参与市场竞争、开展经营活动的可能与前景，尤其是具有以规范契约方式与其他市场主体，包括非公有制经济之间产生形式多样的联合的可能。参考当下正在推进的国有企业混合所有制改革，只要产权的集体所有属性不变、集体资产的收益分配机制完善，新型集体经济组织便可能通过发展混合所有制经济，盘活存量的集体资产资源、实现集体资产的保值增值，并发展壮大集体经济，更多惠及集体成员。

从农民层面来看，按照"成员本位"原则将集体资产股权量化到集体成员，既是为新型股份合作集体经济组织建立产权明晰的微观股权基础，又是为农民作为集体成员实现基本权利提供保障。在集体资产折股量化到成员后，成员股份事实上具有收益归属和规则明晰的"物权"属性。对此，改革的制度设计进一步明确："组织实施好赋予农民对集体资产股份占有、收益、有偿退出及抵押、担保、继承权改革试点。"[1]这意味着在股权分配阶段具有"集体成员权"属性的特殊性权利，将进一步向要素市场流动与优化配置阶段具有"资产股份权"属性的一般性权利转化。由此，集体产权资源要素具有以微观股权为载体，冲破社区封闭性并在更广泛的市场主体间进行分置重组和效率运行的可能与前景。

"始点改革"所关切的农村集体所有制基础上的产权配置结构重塑，仅仅依靠各级政府的行政介入、政策背书及试验性改革举措，并不能形成各主体间对资源要素占有、控制和利用关系的稳定预期，从而即便参考现代治理结构搭建起新型股份合作集体经济组织的结构，这一新型集体经济组织仍然难以成为平等的市场交易主体。因此，从法律法规这一上层建筑入手，对历史形成的各种关于农村土地和集体经济组织的规范条文予以适应性修订，加快政策性改革"探路"向制度性改革"固化"的进程，是下一步改革深化的内在要求。只有如此，才能彻底打破城乡二元经济社会格局，连接更广泛的社会资源并使之参与农业农村现代化发展，更好地回应农业农村现代化发展对社会化大生产分工协作的内在要求。

2. 匹配改革 I 的核心指向

匹配改革 I：促进城乡要素双向自由流动和优化配置的农村产业制度环境、集体经济组织和农民现代化转型的微观组织两个"重塑"。"始点改革"通过赋权打开集体产权资源要素参与市场化的制度通道与可能的"预期性收益"通道，为权利结构和利益结构的基础性改革提供了动力。但这只是法律意义上的权利增进，如若法律权利无法切实转

---

[1] 中共中央 国务院关于稳步推进农村集体产权制度改革的意见（2016 年 12 月 26 日）[EB/OL]. 中央人民政府网站，2016 – 12 – 29. http://www. gov. cn/zhengce/2016 – 12/29/content_5154592. htm.

化为实际的经济权利,改革的动力将不可持续。由此,本书将理论思考延伸至"匹配改革I",深入探讨在新的产权权能结构条件下,诱导形成推进农村产业发展、效率提高的制度结构及其协同作用。这一阶段改革的核心内涵在于:适应于新发展阶段农业农村现代化的最优技术规模变迁,以农村产业生产经营方式的结构性创新为主导,推动农村产业发展的技术革新、产业升级、供给优化,提升集体经济组织与农民微观主体融入社会化大生产和现代化大市场的可行能力,从而更有效地利用自有资源禀赋、更能动地参与市场竞争、更稳定地创造财产财富。

当前,以生物技术、信息技术特别是数字技术为特征的新一轮农业产业科技革命,正深刻地影响着各国农业的升级发展。与此同时,我国新的社会主要矛盾具体到农产品需求领域,则是在基本农产品高质量保供的基础上,表现为对农产品更为丰富的品类与功能的追求,尤其是对产品在绿色、标准、品牌及科技等方面的要求日益提升。而建立在身份依附性、社区封闭性、决策分散性基础之上的传统集体经济和农村产业发展,在吸纳应用现代生物、信息、数字、生产等技术实现现代化转型方面,具有先天的"弱质性",即便"始点改革"打开破解集体产权结构"社区封闭性"的制度通道,农村社区以分散农民为核心依托积累生成的要素资源匮乏及其现代性相对缺失,也对转型发展具有较强阻滞性。这对农村生产经营组织体系及农村集体经济的现代化转型提出了迫切要求。

我们所提出的"匹配改革I"的旨趣正是适应新的开放条件下农业农村生产力发展新取向,对农村产业生产经营方式、组织结构及其配套制度予以适应性调整。改革具体指向两个方面。一是为城乡要素双向自由流动和优化配置创造条件的农村产业制度环境重塑,即对"始点改革"所赋权能的流动方式、交易方式、实现方式及其规范、流程的进一步具化,使农村产权配置突破传统经济组织边界,拓展农村产权资源要素的处分权能和运行空间,使之能够在城乡市场间寻求跨集体经济组织的产权交易与联合,加快融入以劳动分工和市场交易为特征的更为成熟与复杂的市场经济。二是为增强集体经济组织和农民可行能力、实现其现代化转型的微观组织重塑，即参照现代企业法人治理结构，构建适应于村庄本土性特征的新型集体经济组织治理结构，发挥集体经济组织的统筹优势，培育现代经营体系、生产体系与产业体系。其中，农民的主体性作用发挥与集体经济组织的有效运行紧密关联，以经济利益为紧密纽带，集体经济的现代化转型将促使农民群体习得性获得协商、合作、协同等能力，以及市场、法治、服务等观念，从而进一步增强集体经济内生的可持续发展能力。

3. 匹配改革Ⅱ的核心指向

匹配改革Ⅱ：促进发展过程、发展结果的两个"共享"。"匹配改革Ⅰ"的作用在于通过农村产业的现代化发展把"蛋糕"做大，为农民持续增收奠定了基础和创造了必要条件，而农民真正因改革而获益，把改革的"形成性收益"切实转化为实际获得的"实现性收益"，还须经由"匹配改革Ⅱ"建立起适应于产业发展结果公平分配、确保农民增收共享共富的制度结构，并充分发挥其协同作用。这正是本书理论探讨视界的进一步延伸。这一阶段改革的核心内涵在于：通过合理的运营机制、治理机制及组织结构设计，将最广泛的小农户纳入农村产业现代化发展的过程之中，使之能够能动发挥其主体性作用，参与到农村产业现代化发展结果的生产中来，即促进发展过程的共建共享；通过构建国家、集体、农民、企业等多元主体间的利益联结和分配机制，充分激发各方主体的市场活力与创新创造能力，并使之按各自贡献公平地参与到发展收益分配中来，即促进发展结果的公平共享。我们从制度创新与组织创新两个方面对"匹配改革Ⅱ"展开讨论。

相较于"匹配改革Ⅰ"聚焦于产业发展从而更强调要素流动配置的效率性，"匹配改革Ⅱ"则更强调基于公平正义原则，对城乡发展不平衡下广大弱质小农户的权利保障与权能实现予以关注。由此，制度创新虽然仍指向如何赋予农村资源要素更大的流动性并实现对农村资源要素更高效率的配置，以提升农村资源要素的经济价值从而使农民获得更高的增收效益，但同时又必须考虑到历史累积因素及农业农村的弱质性实情，从着眼共同富裕强化基础性保障、聚焦历史欠账补齐发展短板入手完善配套体制机制，增强小农户的市场竞争能力与发展能力，保障农民对集体经济的收益分配权利与民主权利，防范外来强势主体或内部精英主体侵犯、侵蚀集体经济和农民利益。同理，组织创新必须将促进小农户与现代农业有机衔接纳入逻辑主线，发展和壮大新型股份合作制集体经济，遂成为实现全体农民共同发展的必由之路，也成为前述混合所有制改革方向上更为丰富的产权实现形式和生产经营方式的基础与依托。虽然组织创新的指向仍然包含农民个体可行能力乃至集体行动能力的提升，但更为重要的考量，则是如何促进农民之间的合作与联合，提高农民的组织化程度与市场博弈影响力，如何建立健全专业化、社会化服务体系，从而突破分散个体或农户办不了、办起来不划算的事务"瓶颈"。

要而言之，不同阶段、多层面叠加的改革互为条件并协同发挥作用，构成适应多元主体需求、具有多层次发展水平与兼顾公平效率要求的综合性制度系统，形成了资产确权（预期性收益）—产业发展（形成性收益）—结果共享（实现性收益），进而"动力—过程—结果"的演进互动机制，从而打通从集体资产股权量化到农民增收共富的链条，实现了"改革—产业—增收"。

二　改革并存性的互促机制：农村集体经济组织"成员本位"转向"股权本位"及其治理与成长的理论与政策意蕴

（一）理论意蕴：综合配套改革的逻辑

"每一历史时代的经济生产以及必然由此产生的社会结构，是该时代政治的和精神的历史的基础"。[①] 集体资产股权量化改革所涉及的农

---

① 恩格斯.1883年德文版序言［M］//马克思，恩格斯.共产党宣言.北京：人民出版社，2018：7.

村生产资料所有制结构与占有、控制、收益关系的实践形态及变迁，既是农业农村生产技术条件及生产力演化的结果，同时也必然引致涵盖农村政治、经济、社会等领域的综合配套改革诉求。一直以来，我国农村改革的核心方向，就是不断打破"身份"农民的制度束缚，充分调动农民的生产积极性，解放和发展农村生产力。持续深化的社会主义市场经济体制改革，对农村集体经济组织提出了"产权明晰"的现代性要求，农村集体经济组织要融入现代大市场并成为具有独立性的市场主体，其产权必须具有明确的责权利主体。但我国农村集体所有制具有"成员本位"的显著特征，集体成员在集体中的一系列个体权利，须经由成员对集体的身份依附性而派生。如此，集体成员首先是集体的一员而非独立的、具体的个体，从而农村集体经济组织的权利主体也难以像其他一般法人组织那样，化约到明确的个人。产权的模糊性与农村集体经济组织长期相伴，并与市场导向的农村改革之间形成张力，成为农村集体经济组织现代化转型的现实障碍。

新时期深化农村产权制度改革，就是要进一步促进农民的身份自由进而发展自由，使之具备冲破村庄限制、融入现代市场并分享发展结果的权利和能力。集体资产股权量化改革的一系列关键举措，进一步明晰和完善了农村集体产权权能及农民对集体资产股份的各项权能。权利的进一步分置，使新型股份合作集体经济组织在保持集体资产所有权不变的基础上，将集体资产经营的收益权化约到个体成员，从而能够以一般性的"股权"财产权为载体，统筹集体"三资"（即农村资金、资产和资源）进入现代大市场开展独立经营性活动，推动农村要素资源在更加广阔的市场空间自由流动和优化配置。但是改革具体如何实施，则"随时随地都要以当时的历史条件为转移"[1]，既是一个基于条件变化与反馈进行适应性调整的过程，也是一个基于认知观念反复试错的观念体系形成与社会建构的过程。受传统观念制约、历史演进累积、利益格局掣

① 马克思，恩格斯.1872年德文版序言［M］//马克思，恩格斯.共产党宣言.北京：人民出版社，2018：4.

肘等多方因素影响，农村集体经济组织仍是集政治、经济、社会等综合功能于一体的，它作为市场经济组织的现代化转型面临诸多障碍。只有持续深化改革，不断革除体制机制束缚，建构产权边界清晰、股份权能完善、治理体系现代的新型农村集体经济组织，才可能推动农村集体经济组织的现代化转型，并使农村产权制度的改革成果落到实处。

但是，经济领域的单一改革并不能达成改革的目的，改革须是涵盖农村政治、经济、社会等领域的综合配套改革。因此，明确农村集体经济组织与村"两委"、村级议事及监事机构等多元主体的职能定位、相互关系，构建具有现代性的农村基层治理体系，对提升农村集体经济运行效率、实现农村集体经济收益的公平分配具有结构性保障意义。一系列的改革是一个不断探索、持续推进的过程，深化改革的路径与政策选择，须经由过往的改革探索与做出。从这个意义上讲，前述不同阶段的改革又具有持续动态演化并"螺旋式"互促共生的特征。前期各地的试点探索，形成了经验性共识并成为改革在全国面上推广的依据，而改革中不断涌现的新问题新挑战，又倒逼改革在各个环节持续深化调整、互动传导，并在新的社会生产力水平之上形成相对均衡。简而言之，改革将一直在路上。

（二）政策与实践意蕴

1. 始点改革旨趣及其回应

始点改革：为农村集体经济组织从"成员本位"转向"股权本位"创造条件。从"始点改革"来看，当前已基本完成的确权赋能基础性改革，事实上具有集体经济组织的社区封闭性特征，无论各地认定集体成员和具体配股的方法如何，均是在集体成员内部进行股份的"落地"。但改革的目的是在明晰产权的基础上，促进农村集体产权资源要素成为能够有效配置的市场要素，使新型股份合作集体经济组织成为具有独立从事市场经营活动能力的经济主体。相应地，村庄开放性必将日益增强，并必然挑战集体成员资格的封闭性。如部分原社区成员及其继承者已移居城区、其他城市或国外，甚至其中一部分已不具农村居民身份，有学者把这类只享受股金分红而不参与社区治理的原社区成员称为"不在地股东"。当这类股东的占比不断增加甚而超过"在地股东"时，如何界定现有集体经济组织的属性将面临挑战。[①] 再如当前已经普遍出现的集体经济组织外聘职业经理人及其股份激励；以及集体经济组织与其他集体经济组织或各类非集体经济组织之间的股份制合作关系的形成，即前面提及的混合所有制经济的形成；等等。改革势必引致农村集体产权资源要素的市场化配置范围不断拓展，从而不可避免地使农村集体产权的权能结构、集体成员的身份及其股权结构趋于复杂化，并使农村社区居民构成趋于多样化。[②] 这些发展中的新问题，日益凸显出集体经济组织的社区封闭性与村庄开放性，以及集体成员权与资产股份权之间的张力，并已经导致现实中关于农村集体经济股权纠纷的现象。

改革深化必须对此予以回应，如参考国有企业改革，明确关于集体资产所有权、农村集体经济组织等领域的物权边界与内涵；设立一定比例的集体股以保持集体经济组织的凝聚力和延续性，将集体资产量化确权到户而不是确权到人，并明确长期不变，促使集体经济组织从具有封闭性、特殊性的"成员本位"转向更具一般意义和市场契合性的"股权本位"；明确股权流转及保护原始股东权利的规范；等等。打破现存的身份和地域限制，形成产权的长期稳定预期，使股权及附着其上的资源要素权能在城乡市场自由流动与优化配置，是改革的必然方向。尤其重要的是，前期的政策性改革累积的实践经验及行动规范，必然以现有法律修订或新的立法方式予以固化，形成更具持续性和可预期的制度性改革。

2. 匹配改革旨趣及其方向

匹配改革：为农村集体经济组织和农村治理能力、治理体系的现代

---

① 孔祥智. 合作经济与集体经济：形态转换与发展方向 [J]. 政治经济学评论，2021（7）：83－108.

② 陆雷，赵黎. 从特殊到一般：中国农村集体经济现代化的省思与前瞻 [J]. 中国农村经济，2021（12）：2－21.

化转型创造条件。与产权权能结构的调整紧密联系，匹配改革也必然需要持续地进行动态调整。基础性改革所普遍建立的新型股份合作集体经济组织，仅是形式上的改革完成，而改革所指向的"共建""共富"目标能否真正有效实现，则取决于这些新型集体经济组织及与之关联的村庄治理体系能否有效可持续运行。

历史演进中形成的我国农村经济组织、政治组织、社会组织三类主体相互交叠及三种功能相互交织的现状治理结构，进一步制约了改革效能的发挥。城乡二元结构背景下，农村的基础设施与公共服务投入长期不足、历史欠账问题累积，村"两委"、村级议事及监事机构、村集体经济组织等组织之间在主体定位、组织关系、权能界定等方面关系复杂、边界交叠。尤其是在伴随家庭联产承包责任制而出现农村"分"有余而"统"不足等问题的同时，村级基层组织所承担的社会、政治等职能不但没有减少，反而因脱贫攻坚、乡村振兴等战略实施，事务范畴不断拓展、任务事项不断增加，长期担负着支付村庄管理成本和提供村庄公共产品、社会服务、社区保障等综合性职能。

在此背景下，改革在股份重新界定的基础上建立起新型股份合作集体经济组织，《中华人民共和国民法典》也将农村集体经济组织确立为"特别法人"。目前大部分集体经济组织已完成登记赋码的工作，但其职能边界及运行模式并未实质性改变，且集体经济的社区封闭性特征使之在破产重组等方面实际具有不可操作性，加之现行制度体系下集体经济组织因集体成员吐故纳新等所致的微观产权基础变动不居，现行运营团队专业化程度不足、人才匮乏、市场运营管理水平低等原因，集体经济组织仍然难以得到其他市场主体的普遍认可，并真正作为自主独立的市场主体参与市场竞争。

目前普遍存在的董事会和监事会负责人主要由村干部兼任，事实上是"一班人马两块牌子"新的表现形态。党委政府倾斜性聚焦"三农"工作，通过选派"第一书记"、大学生村官等方式推动村"两委"干部队伍的年轻化、专业化、知识化，通过建立村干部薪酬制度增强农村基层工作激励，通过"村财乡管"等措施加强对农村集体经营活动的监管，等等。这些改革和措施在提高村庄人力资本水平、提升村庄治理能力、维护村庄稳定等方面发挥了积极作用，但也在相当程度上强化了村级治理的行政化。行政力量难以避免地在集体经济运行中介入较多，不利于集体经济组织的市场化能力发育，而村级各组织之间的关系交织，也容易造成责权利不清甚至基层权力腐败。前述社区封闭性等原因所致的股权难以流转、市场价值低等问题，则进一步导致农户股东对集体经济运营及村庄治理的参与意愿不强，"搭便车"心态普遍存在。进一步地，集体经济组织在政治、社会方面的综合功能及由此产生的社区福利主义导向，易于产生短视行为，即集体成员往往更关心当下分红等即时可见的利益，漠视集体经济组织的长远发展①，更愿意享受集体权利而不愿意承担集体义务；集体经济组织也可能在社区福利主义的分配刚性压力之下，重短期分利而轻长期发展，甚至出现部分举债分红的现象②。以上问题的存在，必然阻碍集体经济的现代化转型，同时，也不利于村庄公共物品的供给和基层治理能力的提升，我们所期望的"改革—产业—增收"也将遭遇实践阻滞。

面对发展中的一系列问题，须以建立健全适应社会主义初级阶段市场经济体制的、形成完备的自主经营能力和独立的市场主体地位的新型农村集体经济组织及体制机制，以及"政经分开"的基层党组织领导下的现代治理体系为改革方向，从村域内外两个方面着手深化改革。中共中央办公厅、国务院办公厅印发的《深化农村改革综合性实施方案》(2015 年 11 月 2 日)提出："在进行农村集体产权制度改革、组建农村股份合作经济组织的地区，探索剥离村'两委'对集体资产经营管理的职能，开展实行'政经分开'的试验"。据此，需依据城乡融合一体的理念，加大财政对乡村基础设施及公共服务的投入力度，进一步明确

---

① 刘守英. 直面中国土地问题 [M]. 北京：中国发展出版社，2014：45，342.
② 陆雷，赵黎. 从特殊到一般：中国农村集体经济现代化的省思与前瞻 [J]. 中国农村经济，2021（12）：2~21.

村"两委"、农村集体经济组织、村级议事及监事机构等基层组织的职能定位、相互关系，将农村基层政治、社会、文化、生态等公共性综合职能及组织剥离出来，参考行政或准行政组织的定位予以公共经费拨付。在此基础上，以资产性质和经营方向为依据，按照现代企业的法人治理结构，将农村集体经济组织重组为产权明晰、治理有效的市场经济主体，切实保障农民财产权的保值增值；针对集体经济组织现状弱质的特征，有条件的地方可以探索"政府＋市场＋第三方组织"多元力量介入的农村集体经济组织"孵化与成长陪伴"，扶持农村集体经济组织、提升它们入市的可行能力。应对标"高标准市场体系"的建设要求，持续建立健全农村产权市场体系，破除制约农村要素资源流动及市场化配置、妨碍农产品流通服务的体制机制障碍，推动集体经济组织与其他集体、非集体经济组织的农村混合所有制改革，促进集体经济组织从地域性、封闭性、综合功能性的农村社区中"脱嵌"出来，实现集体资产和股权的跨地域、跨社区流动与配置，广泛吸引和聚合社会资本、人才等要素向乡村流动，等等。

三 改革开放性的关联制约：农业农村内外双重循环及其现代化转型的理论与政策意蕴

（一）理论意蕴：双重方法论的逻辑

本书提出的"改革—产业—增收"分析框架，是以农村产业的现代化发展作为改革促进增收即从"此岸"到"彼岸"的物质基础和介质依托。实现改革促进增收共富目标的根本路径，本质上在于不断解放和发展农村生产力。所有制及产权配置结构是生产关系中的主要矛盾方面，对农村生产效率与分配公平具有决定性的影响。产权作为特定的社会事实，是不同产权主体的系列理性行为及其互动关系的社会建构。但是，这种"建构"并不能完全依据产权主体的主观意志而进行，而是必然从属于产权主体所处的特定制度情境、利益关联、社会关系、宗教信仰、社会文化等结构性因素。① 脱离这些结构性因素来谈产权问题，没有任何意义。正因如此，我们必须坚持运用马克思主义的整体主义分析范式，历史地、宏观地、系统地对农村集体资产股权量化改革促进农民增收问题展开研究，并强调乡域内外、城乡之间的外在、内在两个向度的"嵌入"性分析视角。

但是，产权的实现必须经由产权主体的理性行动和能动性实践，对此，我们又需要科学借鉴西方产权理论的个体主义分析范式，对集体经济发展、集体资产经营、集体收益分配的行动规则、组织结构、效率提升等问题予以微观视角的讨论。更进一步地，构建国内国际双循环互促的新发展格局，极大地拓展和丰富了农业农村现代化发展的内涵。外部环境的复杂严峻与内部发展的不均衡不充分，势必要求改革所激发的要素活力，不仅体现于城乡间的双向自由流动和优化配置，也须体现于国内国际市场间的流动配置。而创新驱动下的农村产品提质增效与价值实现，也不仅在于满足城乡居民日益升级的消费需求，而且在于防范我国农产品在全球产业链价值链中"卡脖子"的风险及切实提升国际竞争力。因此，贯穿本书对集体资产股权量化改革及促进农民增收共富研究的一个双重方法论的逻辑在于：基于整体主义与个体主义的双重分析范式，通过探寻宏观制度环境与微观组织结构及其体制机制的双重重塑，推动农业农村在国内国际、乡村内外（城乡）双重循环体系中的现代化转型。

（二）政策与实践意蕴

1. 城乡间"内外结合""内外一体"循环与"三重融合"的关切

我们坚持将农村产业现代化转型发展与农民增收置于农业农村"双现代化"发展的崭新时代背景中，基于城乡间"内外结合""内外一

① 田鹏. 嵌入视角下农村集体产权治理的实践逻辑及反思［J］.农业经济问题，2021（9）：45－57.

体"意义的"三重融合"（即城乡融合、三生融合、三产融合），从内外两个向度"嵌入"的角度，对农村集体资产股权量化改革的作用机理和效能予以考察。外在向度即将问题置于城乡融合发展下的城乡新型共生关系，以及由此而来城和乡在空间功能、要素流动、产业体系等多元维度的体系式融合框架下予以讨论；内在向度则是聚焦于乡村地域本身，强调在充分发挥乡村传统智慧和地方性知识作用的基础上，谋求与外来资源的有效融合与协同发展，推动传统村落、传统社群向现代化的"习得式"转型。由此，本书虽然侧重于改革在经济领域的路径创新及效能提升，但并未"脱嵌"于与农村产业发展紧密关联的城乡社会、政治、文化、生态等结构性事实讨论纯粹的经济问题，而是将改革与增收置于城乡融合、三生融合、三产融合的"三重融合"情境下，把理论视角延伸至产业发展、公平分配等问题进行系统性讨论、寻求综合性解决方案，并期望在农村集体资产股权量化改革、乡村产业振兴与农民增收和多方合作共富之间建立起一种深层的时代意义关联。

历史累积性因素，以及农业固有的基础保供公共属性，决定了农业的"弱质性"特征，从事农业生产经营的农民则是一个弱质群体。经由改革推动农民增收共富的目标，并不能仅仅通过"三农"的内部动员而实现，只有秉持城乡融合发展的思路和理念，跳出"三农"谋求"三农"问题的破解之道，"才能切实打破农业增效、农民增收、农村发展的体制机制制约，从根本上破解'三农'难题，进一步解决和发展农村生产力，加快农业农村现代化建设"[①]。针对农业农村现代化转型发展的市场困境与社会困境，稳步提升城乡基本公共服务的均等化水平，建立健全城乡融合一体的要素流动机制、产权市场体系、劳动就业体制、社会保障体系、基层治理体系，进一步促进农村集体产权的开放性创新、农村集体经济的功能转型与组织重构，并在此基础上，延伸农业产业链条、对接现代化大市场，促进小农户向新型职业农民整体转型

---

① 习近平. 之江新语［M］.杭州：浙江出版联合集团，浙江人民出版社，2007：43.

并有机衔接现代农业，推动集体经济组织在更广阔的市场空间与多元主体有机联结、发展壮大集体经济，确保农民增收共富等权利的实现，才可能真正实现我们所关切的从"形式正义"向"实质正义"的迈进。

在此基础上，本书对微观产权主体的理性行为及其互动关系的社会建构的关注及讨论，见诸不同阶段改革的具体组织建构与机制设计，尤其是在匹配改革Ⅱ"过程—结果"共享发展意义下"三个融合"（即要素融合、主体融合、利益融合）的具体问题研究。微观视角下改革的核心意义在于：以新型股份合作集体经济组织与农民可行能力提升为目的的微观组织重塑，以促进农村产业现代化转型、农民职能性收入与非职能性收入增长为目的的组织结构重塑、制度环境重塑。

2. 纳入国内国际循环中农业农村现代化转型与发展的关切

开放条件下的讨论不仅要跳出农村社区边界，而且须具有国际视野。当前，外部环境的不确定性不稳定因素明显增多、形势复杂严峻，这把我国粮食安全问题与种业安全问题提高到前所未有的战略高度。作为14亿人口的超级人口大国，我们只能把饭碗端在自己手上，并且碗里必须装自己的粮。目前，我国的粮食供求处于紧平衡格局，在今后一个时期供求平衡还会更加趋紧，结构与总量问题兼而有之；作为农业现代化基础的种子领域，我国在诸多关键方面仍面临"卡脖子"威胁，如大豆、玉米，以及蔬菜、水果、肉类等更为广泛的领域。我们在成都周边某重要柑橘产区所在城市调研发现，整个片区内的水果种植几乎没有使用本土种苗的，实践中的局部片段令我们极为震惊，并给予了极大警醒。

如前所述，以生物、信息、数字技术为特征的新一轮农业产业科技革命将决定各国在全球农业产业竞争中的位势，对于我国这样的农业大国，农业关键核心技术的攻关及广泛应用，更是尤为迫切和紧要。在此背景下，改革深化须置于服务国家战略的更大框架内予以考量。农村产权要素资源的自由流动与优化配置势将面对国际国内两个市场更广阔的空间，农村集体经济混合所有制改革的合作主体也可能具有外资背景，守住集体所有的制度基础、保障小农户的合法权利与切身利益，势必面临更大挑战，提升农村集体经济组织与农民的可行能力也将更为迫切。农村产业的现代化转型，也不仅是对城乡居民日益多样化和品质化的消费需求予以回应，也须积极回应于我国基础农产品安全保供和防范农产品"卡脖子"风险、切实提高国际竞争力。这对加快破除体制机制障碍，推动形成与新一轮技术革命更为契合的农村产权权能结构、农村集体经济组织形态、农村基层治理体系的要求也更为迫切。这一改革不可能经由农村封闭社区的内部动员得以完成，而是必须在更加开放的条件下，由科技创新、市场运营、农业生产、政策保障等多方多层级主体协同才可能实现。

在新时期，中国已具备农村改革新突破的宏观制度场域条件，整体经济社会发展正朝着更具包容性、更有利于城乡融合的政治、经济、社会、文化协调并进的变迁方向；而乡村内部从物质基础、组织机制到社会结构等各个方面，也日益具备现代化的生成条件；社会各层级参与者在前期持续改革中累积的经验与认同，也利于将改革可能引发的负面影响降低到可承受的区间。我们可以较为乐观地预期，伴随农村集体经济现代化转型的束缚逐步被打破，以及城乡之间的体制机制和利益"樊篱"彻底被破除，农业农村现代化发展势必加速前行，农民也势将依托农村集体经济的发展壮大进一步增强合作与联合，以独立、对等、能动的姿态参与到我国现代化发展的进程之中。如此，才可能真正畅通我们所关切的城乡经济循环、实现城乡协调发展、形成统一的国内大市场，并在更高价值链层级上参与全球竞争，最终实现我国的全面现代化。

图书在版编目（CIP）数据

农民共同富裕的中国叙事：改革—产业—增收 / 李
萍等著. -- 北京：社会科学文献出版社，2023.12
ISBN 978 - 7 - 5228 - 2431 - 4

Ⅰ. ①农… Ⅱ. ①李… Ⅲ. ①农民 - 共同富裕 - 研究
- 中国 Ⅳ. ①F124.7

中国国家版本馆 CIP 数据核字（2023）第 165111 号

农民共同富裕的中国叙事
改革—产业—增收

著　　者 / 李　萍　胡　雯　田世野　王　军　韦　锋

出 版 人 / 冀祥德
责任编辑 / 田　康
责任印制 / 王京美

出　　版 / 社会科学文献出版社 · 经济与管理分社（010）59367226
　　　　　地址：北京市北三环中路甲 29 号院华龙大厦　邮编：100029
　　　　　网址：www. ssap. com. cn
发　　行 / 社会科学文献出版社（010）59367028
印　　装 / 三河市尚艺印装有限公司

规　　格 / 开本：787mm × 1092mm　1/16
　　　　　印 张：15.5　字 数：222 千字
版　　次 / 2023 年 12 月第 1 版　2023 年 12 月第 1 次印刷
书　　号 / ISBN 978 - 7 - 5228 - 2431 - 4
定　　价 / 98.00 元

读者服务电话：4008918866